Ivan Moudov

Trick or Treat

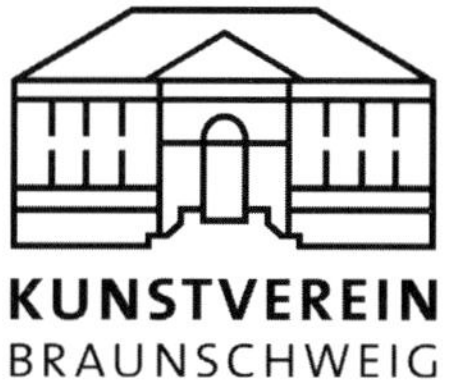

Ivan Moudov
Trick or Treat

Inhalt | Content

Vorwort 4
Preface 7
HILKE WAGNER

Die Bonmot-Realitat des Ivan Moudov 10
The Bon Mots Reality of Ivan Moudov 15
IARA BOUBNOVA

Romanian Trick 22
Romanian Trick 26
DESSISLAVA DIMOVA

Werke | Artworks 28

Die kulturellen Lektionen von Ivan Moudov 128
The Cultural Learnings of Ivan Moudov 134
DESSISLAVA DIMOVA

Biografie | Biography 140

Impressum | Imprint 144

Vorwort

Hilke Wagner

Beim Betreten des Kunstvereins fällt der Blick vom herrschaftlichen Foyer aus in den Gartensaal. In dessen Zentrum: ein Tisch mit leeren Weinflaschen und Gläsern, stehen geblieben nach der Eröffnungsfeier. Über 100 Flaschen Rotwein wurden da entkorkt und kredenzt, ein bulgarischer Cabernet Sauvignon, ein *Wine for Openings* mit Spezialetikett für den Kunstverein.

Auch zur Biennale in Venedig gab es 2007 eine derartige „Special Edition", von Ivan Moudov persönlich in alle Länderpavillons gebracht, wo sie zu den jeweiligen Eröffnungspartys ausgeschenkt wurden. Wer die Biennale einmal zur Preview besucht hat, weiß: Dies heißt, von Party zu Party zu taumeln, am nächsten Tag mit leerem Blick über das Biennale-Gelände zu schlendern. Ivan Moudov macht einfach das zur Kunst, was ohnehin meist im Mittelpunkt steht.

Ebenfalls im Gartensaal des Kunstvereins, hoch an der Wand installiert, glänzen große Aluminium-Lettern: Moudovs deutsche Handynummer. Vielleicht erhält der Käufer später gar die SIM-Card dazu, die jede Telefonnummer, jeden Kontakt des Künstlers während seines Deutschlandaufenthaltes dokumentiert. Wird nicht die Selbstoffenbarung vom Künstler gefordert? Das Werk reicht nicht. Atelierbesuche mit Förderkreisen und Sponsoren, der Blick hinter die Kulissen, das ist es, was reizt. Ivan Moudov hinterfragt durch die Provokationen, die seine Interventionen hervorrufen, auch die Mechanismen der Kunstszene und seine eigene Identität als Künstler.

Ein Geländer leitet den Besucher im Erdgeschoss vorbei an Objekten, Videos und Dokumentationen, die allesamt mit seinem Langzeitprojekt, dem (noch) fiktiven Museum für zeitgenössische Kunst (kurz „MUSIZ"), zu tun haben. Dessen Eröffnung hatte Moudov bereits 2005 mit einer PR-Kampagne angekündigt: Hunderte Journalisten, Diplomaten und Kunstinteressierte folgten der Einladung und strömten zur angeblichen Eröffnung zu einem Vorortbahnhof Sofias, wo dann nichts passierte. Später füllte das bekannte Champagner-Haus Pommery für Ivan Moudov Champagner ab: 150 Flaschen für die „große Eröffnung des MUSIZ", wie das Etikett verrät. Bis es soweit ist, verbleibt der Champagner eingelagert in den Gewölben von Pommery.

Wie die Sammlung des noch nicht existenten Museums eines Tages aussehen könnte, führt uns Moudov mit seiner, in Koffern verwahrten, Kunstsammlung vor: In seinem prozessualen Projekt *Fragments* (seit 2002) betreibt er eine zeitgenössische Archäologie: Gezielt entwendet er in den Museen der Welt kleine Elemente aus Installationen berühmter Kollegen, wie ein Dia von Douglas Gordon, ein Stück Stoff von Yinka Shonibare oder eine Eierschale von Marcel Broodthaers. Die Diebesgüter werden katalogisiert und in einem Koffer, ähnlich dem Duchamp'schen *Boîte en valise*, präsentiert. Der Raum der Kunst wird zum Tatort, das gestohlene Fragment zur Reliquie und gleichermaßen zum Tatbeweis. Eine Appropriation der anderen Art, doch neben der enthaltenen Institutions- und Repräsentationskritik verweist diese „Raubkunst" zugleich auf Moudovs Rolle als Künstler in einem Land – dem einzigen in der europäischen Union – das über kein Museum für zeitgenössische Kunst verfügt.

Und Moudov arbeitet weiter an seiner Kunst-Raub-Sammlung: Vor den Wänden im linken Flügel des Erdgeschosses stapeln sich geheimnisvolle Päckchen: Der Absender verrät: Ivan Moudov hat sie an die jeweils ausstellende Institution gesandt, die Absenderadresse: Kunstmuseen in aller Welt. Enthalten sie weitere gestohlene Kunstfragmente? Wer weiß. Moudov provoziert, belustigt und enttäuscht. Das Geländer, das uns durch die Ausstellung zu leiten scheint, endet in einer Sackgasse und wer – angesichts des verheißungsvollen Ausblicks auf die Koffersammlung im strahlenden Spiegelsaal – die Absperrung überwindet, läuft vor eine Glaswand, die zur Umkehr zwingt.

Daneben arbeitet Ivan Moudov an einer eigenen, realen Sammlung, die er – Balkan-Klischees bewusst bedienend – über einen Taschenspielertrick (*Romanian Trick*) finanziert und in Ausstellungen gleichberechtigt neben eigenen Arbeiten präsentiert. Moudov wechselt hier die Seiten – vom Künstler zum Sammler – und treibt auch hier ein Spiel mit der Macht. Es sind die Käufer, die den Markt bestimmen, die zunehmend Einfluss gewinnen auf die Entwicklung auch der zeitgenössischen Kunst, sie lenken und es vermögen, mäzenatisch auch junge Positionen zu fördern. Eine Aufgabe, die öffentliche Institutionen aufgrund des zunehmenden Drucks, immer höhere Besucherzahlen und immer mehr Presseberichte zu erlangen, kaum noch erfüllen können. Der Trick – Ein- oder Zwei-Euro-Münzen einhändig zu „entkernen" – wurde von der jeweils ausstellenden Institution (etwa Moderna Museet in Stockholm, dem Schloss Solitude in Stuttgart oder eben auch dem Kunstverein Braunschweig) erworben und kann von dieser dem Ausstellungsbesucher über Videodokumentationen offenbart werden. Vom erspielten Geld kaufte Moudov – welche Arbeit könnte passender sein – im Braunschweiger Fall Christoph Kellers *Visiting a Museum of Contemporary Art under Hypnosis* ein. Das Video zeigt Keller, wie er unter Hypnose gesetzt, das Museum seiner Träume beschreibt.

Gemeinsam mit Sibin Vassilev präsentierte Ivan Moudov in der City Gallery in Sofia 2006 (sowie später in der Weimarer ACC Galerie) mit der Arbeit *Guides* lediglich Audioguides, die über physisch nicht vorhandene Kunstwerke informierten. Die Texte waren aus Audio Guides verschiedener internationaler Museen kopiert. Moudov schuf ein absurdes Bild: Besucher mit Kopfhörern ausgestattet, mit leerem Blick vor leeren Wänden. Natürlich geht es auch hier um das fiktive Museum, das Moudov sich in Bulgarien erträumt, ausgestattet mit seinen Favoriten. Doch ganz unabhängig davon thematisiert *Guides* auch die aktuelle Übervermittlung, die den Blick nicht unbedingt immer zu schärfen vermag.

Dem eigenen Blick, der eigenen Wahrnehmung und der Intuition zu vertrauen, darum ging es auch in früheren Performances, in denen Moudov den Betrachter direkt einbezog: Im Rahmen seiner Performance *Traffic Control* (seit 2001) regelte er als bulgarischer Polizist verkleidet in verschiedenen europäischen Städten den Verkehr und dokumentierte die je nach kulturellem Kontext unterschiedlichen Reaktionen der Autofahrer und Behörden in Videos. Wild gestikulierend, aber durch seine Uniform mit kyrillischer Aufschrift „Polizei" mit zweifelhafter Macht ausgestattet, unterlief Moudov augenzwinkernd unsere Autoritätsgläubigkeit. In *14:13 Minutes Priority* blockierte er mit einer zirkulierenden Autokolonne einen Kreisverkehr, bis die Aktion von empörten Autofahrern und der Polizei gestoppt wurde. Letztlich zielen Moudovs Aktionen darauf, absurde Situationen in unserem alltäglichsten urbanen Umfeld und dessen Organisationsstruktur aufzuspüren.

Der Not der ständigen Referenzen – oder im besten Falle des ständigen Neuerfindens – stellt Moudov ein anderes Prinzip entgegen: Die Serie *Already Made* zeigt bereits Gemachtes, stets jedoch mit neuem Inhalt gefüllt und verweist damit auf eine andere Art des Diebstahls: den allseits verbreitenden Plagiarismus, den Ideen-Klau. Doch auch der reale Diebstahl hat in der Kunst Tradition. Timm Ulrichs ist das große Vorbild, nicht nur mit seinen bekannten *Stolen Objects* (1969-72). Ulrichs inszenierte den realen Diebstahl des Werkes eines Künstlerkollegen und dokumentierte die vier Schritte dieser Aktion in einer Fotografie-Serie. Auf dem ersten Bild sieht man, wie Ulrichs das Gemälde vermisst, um festzustellen, ob es in seine Tasche passt. Tautologisch nimmt Moudov nun das erste Bild dieser Arbeit Ulrichs zum Ausgangspunkt seiner eigenen Quadrologie. Die erste Fotografie zeigt Moudov beim Ausmessen des Ulrichs`schen Bildes, auf der zweiten sieht man wie Moudov wiederum die Fotografie ausmisst, die von seiner vorherigen Vermessungsaktion gemacht worden ist. Die folgenden zwei Fotografien führen den „Mise en Abyme - Effekt" fort, das Bild im Bild im Bild, bis das Ulrichs'sche Original nicht mehr zu erkennen ist.

Auch das klassische Sujet des Portraits unterläuft der ursprünglich als Maler ausgebildete Moudov hintersinnig wie humorvoll: Anstatt zu Portraitsitzungen lädt er die Portraitierten zum gemeinsamen Kaffeetrinken. Den fotografierten Kaffeesatz aber lässt er von einer Wahrsagerin analysieren und präsentiert diesen als zugleich abstraktes wie fiktiv-intimes Portrait in Manier der Kosuth'schen Konzeptkunst als Foto- und Textgegenüberstellung.

Trick or treat ist die erste institutionelle Einzelausstellung Moudovs in Deutschland und erscheint uns, angesichts Moudovs Präsenz in zahlreichen internationalen Gruppen- und Einzelausstellungen, längst überfällig. Denn bereits in Ausstellungen wie im Moderna Museet (Stockholm, 2008), der 52. Biennale von Venedig (2007), der ersten Moskau-Biennale für Zeitgenössische Kunst (2005) oder der Manifesta 4 in Frankfurt/M. (2002) überzeugte Moudov mit frischen wie klugen Interventionen.

Wir danken der Stiftung Braunschweigischer Kulturbesitz und dem Land Niedersachsen für die großzügige Unterstützung, ohne die diese Ausstellung nicht zu realisieren gewesen wäre. Ich danke den Autoren Iara Boubnova und Dessislava Dimova für ihre Textbeiträge. Mein persönlicher Dank gilt Katrin Meder für ihren Einsatz vom ersten Tag an, sowie dem gesamten Team mit Rainer Bullrich, Christine Gröning, Iris Schneider, Elisabeth Schuchardt, Anke Wenzel, unseren studentischen Mitarbeitern Yvonne Reiners und Anna Loeser sowie dem Aufbauteam: Monika Aumann, Kristof Baranski und Dagmar Hauth. Großer Dank für die Unterstützung auch an die Galerien, allen voran Ida Pisani und der Prometeogalerie sowie ARC Projects in Sofia. Mein größter Dank jedoch gilt Ivan Moudov für diese kluge, überzeugend inszenierte und nicht zuletzt auch unterhaltsame Ausstellung.

Preface

Hilke Wagner

Upon entering the Kunstverein, the viewer's glance is directed from the grand foyer over to the garden room. At its center: a table covered with empty wine bottles and glasses from the opening ceremonies remains standing. Over 100 bottles of red wine were uncorked and proffered there, a Bulgarian Cabernet Sauvignon, a *Wine for Openings* with a special label for the Kunstverein.

There was also a similar "Special Edition" on the occasion of the 2007 Venice Biennale that Ivan Moudov personally brought to all the national pavilions where it was served at the respective opening parties. Whoever attended a Biennale preview knows what this means: staggering from one party to the next and sauntering about the Biennale grounds with an empty expression the next morning. Ivan Moudov simply makes art out of that which is really its core.

Also in the Kunstverein's garden room: large aluminum letters gleam from high up on the wall with Moudov's German cell phone number. Perhaps the buyer will later also receive the corresponding SIM card that documents all of the artist's contacts during his stay in Germany. Doesn't the artist encourage self-revelation? The work is not enough. Studio visits with special membership groups and sponsors, the looks behind the scenes; that is what's so tempting. Ivan Moudov also questions the mechanisms of the art scene and his own identity as an artist through the provocations invoked in his interventions.

A banister guides the visitor on the ground floor past objects, videos, and documentaries that all deal with his long-term project, the (still) fictitious "Bulgarian Museum of Contemporary Art!" (abbreviated "MUSIZ"), the opening of which Moudov announced in 2005 by means of a PR campaign: Hundreds of journalists, diplomats, and art enthusiasts followed the invitation and came to the supposed opening at a train station in a suburb of Sofia where nothing happened. The famous Champagne house Pommery later filled champagne for Ivan Moudov: 150 bottles for the "grand opening of MUSIZ," as the label indicates. Until the time is right, the champagne will remain stored in Pommery's vaults.

Moudov shows us how the collection of the not yet existing museum could look like one day with his art collection stowed away in suitcases: In his processual project *Fragments* (since 2002), he operates a form of contemporary archeology: he steals small especially targeted elements belonging to installations by famous colleagues like a slide by Douglas Gordon, a piece of fabric by Yinka Shonibare, or an eggshell by Marcel Broodthaers from museums around the world. The stolen goods are cataloged and presented in a suitcase resembling Duchamp's *Boîte en valise*. The space of art becomes a crime scene and the stolen fragment is simultaneously a relic as well as a piece of evidence. A different type of appropriation, but alongside the attached criticism of institutions and representation these "stolen" artworks simultaneously reference Moudov's role as an artist in a country—the only one in the European Union—that does not have a museum of contemporary art.

And Moudov continues to work on his collection of stolen art. Mysterious packages are piled up in front of the wall in the left wing of the ground floor: The sender gives them away: Ivan Moudov sent them to the respective exhibiting institution, the return addresses: art museums from all over the world. Do they contain further stolen art fragments? Who knows? Moudov provokes, amuses, and disappoints. The banister that seems to guide us through the exhibition ends in a cul-de-sac and whoever—in the face of a promising view of the collection of suitcases in the radiant hall of mirrors—overcomes the cordon, walks in front of a glass wall that forces one to turn back.

Ivan Moudov additionally works on his own factual collection which he—making conscious use of Balkan clichés—finances by means of a sleight of hand (*Romanian Trick*) and presents in exhibitions on an equal footing alongside his own works. Moudov changes sides here—from artist to collector—and operates a power play. It is the buyers who determine the marketplace and increasingly also win influence over contemporary art, who steer it and are also in the position to also patronize young artists. This is a task that public institutions can hardly fulfill any longer due to the increasing pressure to raise visitor statistics and media reports. The sleight of hand—to "core" 1 or 2 Euro coins with one hand—were acquired by the respective exhibition institution (for example the Moderna Museet in Stockholm, Schloss Solitude in Stuttgart or even the Kunstverein Braunschweig) who can reveal them to the exhibition visitor by means of video documentaries. In the case of Braunschweig, Moudov purchased from the money earned in this fashion—what piece could be more suited—Christoph Keller's *Visiting a Museum of Contemporary Art under Hypnosis*. The video shows Keller describing the museum of his dreams while under hypnosis.

Moudov's exhibition at the City Gallery in Sofia, which he realized together with Sibin Vassilev in 2006, consisted solely of the *Guides* that provide information about artworks which are not physically present. The texts were copied from the audio guides from various international museums. Moudov created an absurd image: visitors equipped with earphones with empty glances in front of empty walls. This naturally also concerns the fictitious museum that Moudov dreams of in Bulgaria, fitted with his favorites. But independent of this, *Guides* also deals with the contemporary overabundance of information transmission that does not necessarily do much to sharpen our view.

Trusting one's own view, one's own perception, was also the concern of his early performances in which Moudov also directly integrated the viewer: In conjunction with his *Traffic Control* performance (since 2001), Moudov directs traffic in various European cities dressed as a Bulgarian policeman and documents the diverse reactions of the motorists and authorities according to the respective cultural context in videos. Wildly gesticulating, but fitted with doubtful power by means of his uniform with the Cyrillic inscription "Policija," Moudov undermines our trust in authority with a twinkle in his eye. In *14:13 Minutes Priority* he blocked roundabout traffic with a circulating motorcade until the performance was stopped by courageous motorists and the police. Moudov's performances are ultimately aimed at tracing absurd situations in our everyday environment and its organizational structure.

Moudov confronts the necessity of constant references—or in the best case constant rediscoveries—with another principle: The *Already Made* series shows things that already exist, but which are now filled with new contents, thus referencing a different type of thievery: the all-pervasive plagiarism, the theft of ideas. But factual theft has a tradition in art. Timm Ulrichs is the central model here, not only with his well-known *Stolen Objects* (1969-72). Ulrichs staged the actual theft of the work by an artist colleague and documented the four steps encompassed in this action by means of a series of photographs. The first shows Ulrichs measuring the painting to determine if it fits in his bag. Moudov now tautologically takes the first picture from Timm Ulrichs's piece as the starting point of his own tetralogie. The first photograph depicts Moudov measuring Ulrichs's picture and the second shows how Moudov in turn measures the photograph that was taken of his previous measuring action. The two subsequent photographs present the "Mise-en-Abyme Effect," the picture in the picture in the picture, until Ulrichs's original is no longer recognizable.

Moudov, who was trained as a painter, also undermines the classical subject of portraiture in a clever as well as humorous manner: Instead of inviting the sitter to a portrait session, he invites him to go out for coffee. But he has a fortuneteller analyze the photographed coffee grounds, presents them as an abstract as well as fictitious and intimate portrait in the manner of Kosuth's concept art as a juxtaposition of photograph and text.

Trick or Treat is Moudov's first institutional exhibition in Germany. In the face of Moudov's presence in numerous international group and solo shows, it also seems long overdue because of his convincingly fresh and clever interventions in exhibitions at the Moderna Museet (Stockholm, 2008), the 52nd Venice Biennale (2007), the first Moscow Biennale for Contemporary Art (2005) and Manifesta 4 in Frankfurt/M. (2002), among others.

We are grateful to the Stiftung Braunschweigischer Kulturbesitz and the State of Lower Saxony for their generous support, without which it would have been impossible to realize this exhibition. I thank the authors Iara Boubnova, and Dessislava Dimova for their contributions. My personal thanks go to Katrin Meder for her dedication from day one, as well as the entire team consisting of Rainer Bullrich, Christine Gröning, Iris Schneider, Elisabeth Schuchardt, Anke Wenzel, our student assistants Yvonne Reiners and Anna Loeser, in addition to the installation team: Monika Aumann, Kristof Baranski, and Dagmar Hauth. Special thanks also go to the galleries for their support, especially Ida Pisani and the Prometeogalerie as well as ARC Projects in Sofia. But my deepest thanks go to Ivan Moudov for this clever, convincingly staged, and not least entertaining exhibition.

Die *Bonmot*-Realität des Ivan Moudov

Iara Boubnova

Ivan Moudov wurde 1975 in Bulgarien geboren. Seine künstlerisch prägende Zeit fiel in die Jahre nach den politischen Veränderungen des Jahres 1989 und in jene posttotalitäre beziehungsweise ungezügelt kapitalistische Phase, die wir noch immer als „Übergangszeit" zu definieren verdammt sind. Diese Periode war von einer radikalen Neugestaltung der politischen Geographie und der wirtschaftlichen Grundstruktur des Landes und der gesamten Region gekennzeichnet, aber auch von einigen typischen posttraumatischen Veränderungen im Bewusstsein der Gesellschaft und ihrer Mitglieder. Vieles, was sich in dieser Periode ereignete, harrt bis heute einer gesellschaftswissenschaftlichen Analyse. Dennoch lässt sich sagen, dass die Epoche des Wandels zweifellos zahlreiche Wertesysteme und Autoritäten aushebelte. Die meisten der kulturellen Werte und Traditionen waren ebenso wie die „Aufzeichnungen" des offiziellen kulturellen Gedächtnisses verdächtig geworden. Natürlich beschränkt sich dieser Vorgang nicht auf eine regionale Ebene. Für jüngere Künstler bedeutet er eine Art der Befreiung von herrschenden ideologischen, nationalen, schulischen und anderen Vorstellungen einer kulturellen Identität sowie von den Institutionen, die als Hüter derartiger Vorstellungen fungierten. Gleichzeitig bot sich den jüngeren Künstlern die Gelegenheit zur Erkenntnis und Würdigung der Tatsache, wie umfangreich und mannigfaltig, wie von Produktion geprägt jene Welt da draußen ist, die wir mit dem Wort „Kunst" definieren.

Vielleicht aus den oben angeführten Gründen beschränkt sich Ivan Moudovs künstlerische Praxis von Beginn an weder auf ein einziges Medium noch auf ein konkretes Thema oder eine konkrete Ausrichtung. Seine Arbeitsweise hat mit *Bonmots* zu tun, mit jenem geistreichen Witz, wie er sich in Äußerungen findet, die sich dem Kontext der Umgangsformen einer gelehrten großbürgerlichen Oberschicht verdanken. Im 18. Jahrhundert nahm die Schöpfung von *Bonmots* gewissermaßen eine Stellung zwischen wissenschaftlichem Versuch (Erforschung möglicher Themen und allgemeiner Fakten) und künstlerischem Akt (Suche nach der knappsten Form und den unmittelbarsten kontextuellen Konnotationen) ein. Die Meister des *Bonmots* genossen internationale Anerkennung, während man ihre Produkte beispielsweise als maßgebliche politische Meinung deutete.

Die genannte Assoziation stellte sich ein, als wir mit dem Künstler über seine Teilnahme an der 1. Moskauer Biennale unter dem Motto „Dialektik der Hoffnung" im Jahr 2005 sprachen. Nach seinem ersten Aufenthalt in Moskau, jener posttotalitären Megalopolis, während eines eisigen, verschneiten Winters, nach Gesprächen über Putin, über den neuen Wohlstand, geschlossene Wohnanlagen und den gigantischen

Staat, der die Kontrolle über seine Bürger verloren hatte und sie nun aktiv wiederzuerlangen versuchte, schlug Ivan Moudov die Installation *Winds of Change* vor. Sie besteht aus einem kleinen eleganten Windrad, das auf dem Dach des ehemaligen Lenin-Museums auf dem Roten Platz (einem der Veranstaltungsorte der Biennale) angebracht worden war und den Strom für einige Überwachungskameras mit zugehörigen Monitoren lieferte. Die in den Ausstellungsräumen der Biennale installierten Kameras funktionierten nur bei Wind, während die Bildschirme schwarz blieben, solange Windstille herrschte. Dies war die amüsante Interpretation des Künstlers im Hinblick auf all die Verschwörungstheorien und die geradezu mythische Paranoia während der Zeit des Chaos, aber auch im Hinblick auf den gleichzeitig herrschenden Respekt vor neuen Technologien.

Ivan Moudovs künstlerische Methode lässt sich mit dem Begriff der „Appropriation" beschreiben. Eine seiner frühesten Multimedia-Installationen, *The 2000 Syndrome*, entstand zu einer Zeit, als die gesamte Welt mit der Katastrophe rechnete – dem Anbruch des Jahres 2000. Die Erwartungen hinsichtlich des Ausmaßes der drohenden Verheerung reichte von der Furcht vor einem globalen Zusammenbruch der digitalen Netzwerke, insbesondere der Finanznetzwerke, bis hin zum befürchteten Verschwinden von Streichhölzern und Seife (angeblich die wichtigsten Hilfsmittel für das Überleben des Einzelnen) vom Markt.

Das zentrale Element von Moudovs Installation war eine grobe, aufrecht stehende Brüstung, ähnlich den Haltevorrichtungen in Bussen, durch welche die Details der Arbeit auf Distanz zum Betrachter gehalten wurden. Da es nicht gestattet war, näher zu treten, standen die Besucher wie hypnotisiert vor/hinter dem Videoelement, das eine Tür zeigte, die sich unablässig öffnete und schloss und dabei in einem pausenlosen rhythmischen Loop frontal gegen den Künstler schlug.

Den Arbeiten von Ivan Moudov gelingt eine Unterwanderung der Realität und des Alltagsraums und gleichzeitig die Schaffung einer winzigen Unterbrechung/Öffnung, durch welche es möglich wird, das Gewöhnliche aus einem anderem Blickwinkel zu betrachten, wenn auch etwas ungläubig und mit einem didaktischen Schmunzeln. Der Künstler will nicht kritisch sein, er sucht keine Distanz, noch fordert er dazu auf, auf die Realität herabzublicken. Vielmehr zwängt er sich in eine bestimmte Situation hinein, um sich deren Sprache und Instrumente zunutze zu machen.

Auf diese Weise entsteht ein Zyklus von Videoarbeiten, die auf das einfache Thema des Straßenverkehrs verweisen. Der „Autoverkehr", bis vor kurzem ein Fremdwort im Bulgarischen, wurde nach 1989 zu einem Synonym für Verkehrsstau, als die Möglichkeit, ein Auto zu besitzen, seinen Privilegcharakter verloren hatte. In seiner frühesten Performance, *One Hour Priority* (2000), nutzt der Künstler eine Grundverkehrsregel, das Vorfahrtsrecht innerhalb eines Kreisverkehrs, zur Beobachtung der gesellschaftlichen Interaktion zwischen seinen Mitbürgern. Während Moudov eine Stunde lang den Kreisverkehr umfährt und dabei sein Vorfahrtsrecht nutzt, fixiert seine Kamera Macho-Attitüden, das Recht des Stärkeren und Wohlhabenderen, die Angst vor den Großen und/oder einfach nur die Nach-mir-die-Sintflut-Haltung gegenüber allem und jedem, einschließlich dem eigenen Leben.

Ivan Moudov untersucht diese Verkehrsregeln fünf Jahre später in Weimar noch einmal. Bei dieser Arbeit blockieren einige eigens dazu eingeladene Freunde des Künstlers den Verkehr in einem zentralen Rondell außerhalb der Stadt, indem auch sie im Kreis fahren und dabei ihr Vorfahrtsrecht (aus)nutzen (*14:13 Minutes Priority*, 2005). Während sie dies tun, ähnelt die Kreuzung immer mehr einer Zirkusarena, wobei die sich stauenden Autos mit ihren stur die Regeln befolgenden Fahrern eine Linie von annähernd 3 km Länge bilden. Es vergehen fast 15 Minuten, bevor die Polizei am Ort des Geschehens eintrifft, um jener trotzigen Einhaltung der Gesetze ein Ende zu bereiten – die exakte Dauer der Aktion ist wie bei einem Laborversuch im Titel der Arbeit festgehalten.

Bei *Traffic Control* handelt es sich um eine Performance, die der Künstler in den Städten Graz (2001), Cetinje (2002) und Thessaloniki (2003) realisierte. Verkleidet als bulgarischer Verkehrspolizist (eine Tatsache, die durch die kyrillischen Abzeichen an seiner Uniform besonders deutlich wird), versucht Ivan Moudov, den realen Straßenverkehr in diesen Städten zu regeln. Die Autorität der Uniform wird, unabhängig von ihrer Art, zu Beginn der Aktion uneingeschränkt anerkannt. Allerdings dauert es nicht allzu lange, bis der falsche Verkehrspolizist zum Verlassen der Szene gedrängt wird, häufig von echten Ordnungshütern. Abgesehen davon, dass sich diese Arbeiten mit der Ausübung der Verkehrs-„Vorfahrt" befassen, fungieren sie als eine Art vergleichender Test in Bezug auf Nationalcharakter und/oder Rechtskultur verschiedener Staaten.

Auch die Umsetzung der Performance/Happening-Arbeit *MUSIZ* (2005)[1] geschieht innerhalb des Rahmens der Wirklichkeit. Dabei wird (erfolgreich) versucht, die öffentliche Meinung in Sofia zu manipulieren, indem dort die Eröffnung eines neuen Museums für zeitgenössische Kunst simuliert wird. In ganz Bulgarien jedoch existiert keine permanente Ausstellung zur Gegenwartskunst. Es gibt im ganzen Land weder ein Museum noch eine Ausstellungshalle, geschweige denn eine dauerhaft funktionierende Galerie für derartige Arbeiten. Die Debatte um das Fehlen eines Museums für zeitgenössische Kunst bildet eines der interessantesten und dringlichsten Themen für örtliche Künstler und Kulturschaffende. Traditionelle Instrumente der Werbung im öffentlichen Raum nutzend – Plakate, Werbetafeln, Flyer und so weiter –, lud der Künstler unter Angabe eines konkreten Datums und Ortes die Bürger von Sofia zur feierlichen Eröffnung eines Museums für zeitgenössische Kunst ein („MUSIZ" ist dessen bulgarische Abkürzung). Mehr als 300 Besucher, unter ihnen ranghohe Vertreter des Kultusministeriums, ausländische Botschafter und prominente offizielle Künstler fanden sich schließlich an einem Ort ein, an dem in Wirklichkeit so gut wie nichts passieren sollte. In den Medien wurde dieses „Ereignis" ausführlich behandelt. Allerdings verurteilten einige Medienvertreter das Event mit der Begründung einer unbefugten Verwendung ihrer eigenen Manipulationsstrategien, während andere sich darüber freuten, dass die zeitgenössische Kunst in Sofia wieder einmal gescheitert sei – übrigens existiert bis heute kein bulgarisches Museum für Gegenwartskunst.

Das „verschwundene Museum" ist eines von Ivan Moudovs Lieblingsthemen. Dabei erklärte der Künstler einmal, dass die Installation/Assemblage *Fragments* (2003/2004) für ihn ein Ersatz für ein echtes Museum zeitgenössischer Kunst in Bulgarien sei: „Seit anderthalb Jahren trage ich Teile von verschiedenen Kunstwerken aus unterschiedlichen Museen, Galerien und anderen Kunsteinrichtungen in Europa zusammen. Ich habe diese Koffer angefertigt, um die Sammlung stets bei mir tragen und sie allen zeigen zu können, die sie sehen möchten. Sie sind mein tragbares Museum und meine Arche Noah."

[1] Die Arbeit war Bestandteil des *Visual Seminar* (2003–2006), eines interdisziplinären Projektes des Instituts für zeitgenössische Kunst und des Wissenschaftskollegs in Sofia, das von der Kulturstiftung des Bundes initiiert wurde.

Tatsächlich hat Moudov die Teile seiner Sammlung durch Diebstahl in öffentlichen Kunstausstellungen erworben. Der Künstler beteuert, nur unbedeutende Teile zu stehlen, deren Fehlen weder die Integrität noch die Ganzheit der jeweiligen Arbeit beeinträchtige. Der symbolische Gehalt der Geste ist ihm dabei wichtiger als ästhetische oder künstlerische Gesichtspunkte. Das Anordnen so erworbener Stücke der Sammlung in Kisten, die große Ähnlichkeit mit Marcel Duchamps *Boîte-en-valise* haben und diese Stücke als „Werk" ausweisen, bildet einen scharfsinnigen und geistreichen Kommentar im Hinblick auf das Wesen des Sammelns und seine ethischen und juristischen Aspekte.

Durch eine ähnliche kompensatorische Arbeitsweise und minimalistische Ästhetik, wenn auch gegensätzlich, was die konzeptuelle Ausrichtung angeht, zeichnet sich die Arbeit *Audio Guide* (2006) aus. Sie besteht aus einem Audioführer, wie man ihn gewöhnlich in den großen Museen der Welt ausleihen und nutzen kann. Über Knöpfe an den eleganten Ohrstöpseln kann der Besucher Interpretationen oder Informationen zu ausgewählten Werken zeitgenössischer Kunst abrufen. Allerdings war der Ausstellungsraum völlig leer, abgesehen von etwa 40 Etiketten an den Wänden. Im Grunde bietet der Künstler hier einen Gang durch ein nichtexistentes Museum an; einen Gang durch ein Traummuseum, in dem jene Kunst zur Schau gestellt wird, welcher sich der Künstler verbunden fühlt.

Ivan Moudovs Projekt *MUSIZ* verfügt bereits über eine eigene Telefonnummer, unter der man anrufen kann, um weitere Informationen zu erhalten oder eine Nachricht zu hinterlassen. Diese Nummer existiert allerdings bislang nur auf dem Papier und in Form von Moudovs Skulptur. Eigens für dieses Museum hat Moudov *Wine for Openings* (2007) produziert und abgefüllt. In den Kellern von Pommery lagern bereits zahlreiche Flaschen Champagner für die Museumseinweihung (der Künstler hebt insbesondere Elemente aus der Welt des Konsums hervor und bedient sich dabei der Strategie aggressiver Lifestyle-Trends, die mit Hilfe attraktiver Gebrauchsartikel oder Objekte bisher unbekannte Bedürfnisse schaffen).

Als einer der offiziellen Künstler des bulgarischen Pavillons auf der 52. Biennale in Venedig (2007) schien Ivan Moudov das diesem Ereignis innewohnende Paradox zu thematisieren – einerseits soll hier eine globale Kunstszene repräsentiert werden, andererseits wird diese in Form zahlreicher Länderpavillons segmentiert. Eine der Arbeiten, mit denen Moudov bei der Biennale vertreten war, trug den Titel *Wine for Openings*. Dabei handelte es sich um einen eigens in Bulgarien gekelterten und abgefüllten Rotwein der Sorte Cabernet Sauvignon, durch den diese nationale Zersplitterung überwunden beziehungsweise gestört werden sollte.

Wie die meisten hält auch der Künstler das gesellschaftliche Ritual der Ausstellungseröffnung für eine wesentliche gemeinschaftsbildende Kraft innerhalb der Kunst und des Kunstmarktes. Dabei ist es für ihn wie für die meisten nicht so sehr von Bedeutung, wer dem Ereignis beiwohnt und wie viele Besucher zur Vernissage erscheinen. Entscheidend ist vielmehr jene zarte, schwer zu fassende Stimmung aus Verbundenheit, Kameradschaftsgeist und Jubel, die für die Lebendigkeit jeder Kunstszene, insbesondere der bulgarischen mit ihrer rückständigen Infrastruktur, eine so wichtige Rolle spielt. Der bei Eröffnungen ausgeschenkte Wein ist für Ivan Moudov sowohl Mittel als auch Symbol dieser äußert spannungsvollen Übereinkunft und dieses professionellen Gemeinschaftsgefühls.

Moudovs *Wine for Openings* fungierte im Rahmen der Venedig-Biennale 2007 nicht als bloß passives Exponat. Vielmehr setzte der Künstler hier besessen seine gemeinschaftsbasierten Vorstellungen um und konnte diese nach komplizierten Verhandlungen mit Kuratoren und Kommissionsmitgliedern der übrigen Länderpavillons letztlich in einen „gemeinschaftlichen Umtrunk" einfließen lassen. Der Künstler belieferte persönlich all jene schwer angesagten Orte in Venedig kartonweise mit seinem Wein (im Sinne eines Potlatschs), und so tranken bei der Eröffnung von mehr als 65 Länderpavillons der Biennale 2007 zahllose „Kunstmenschen" ein Gläschen von Ivan Moudovs *Wine for Openings*.

Während es bei der Appropriation als eine der wesentlichen Strategien einer postmodernen Kunst und Kunstpraxis in der Regel um ihre eigene Geschichte und ihren eigenen Kontext geht, zeichnet sich Ivan Moudovs Art der Aneignung durch eine größere Freiheit und Offenheit gegenüber unterschiedlichen Milieus und Situationen aus. Häufig weist sein Ansatz Ähnlichkeiten zu einer „Open Source"-Ideologie auf, bei der nicht nur jeder Benutzer sein kann, sondern auch jedes Benutzen einen Impuls zur Weiterverbesserung liefert. Naturgemäß wird bei dieser Art der Kommunikation mit der Umwelt der Eigenwert der Dinge – von den Klassikern der Kunst bis zu Popkultur und Turbo-Folk; vom Gesellschaftsrecht bis zur urbanen Jugend- und Subkultur – nicht unbedingt anerkannt. In einem Fall appropriierte Ivan Moudov beispielsweise den Film „The Matrix" (2004), indem er ein Video auf der Grundlage der Erinnerungen einiger Mitarbeiter an den realen Film produzierte. Ein anderes Mal übernahm er eine Sequenz aus „Star Wars" für seine Arbeit *New Hope* (2006), bei der es sich eigentlich um einen Raum handelt – einen Fahrstuhl, der seine Insassen von unten nach oben, vom Boden an die Decke zusammenstaucht. Und schließlich entstand sein Zyklus *Already Made* (2007/08), für den er sich die *Fountain* und die Signatur von Marcel Duchamp aneignete, außerdem die berüchtigten Bierdosen von Jasper Johns und so weiter. In einem ultimativen Akt der Selbstreflexion und Ironie ging Ivan Moudov gar soweit, sich selbst „auf frischer Tat" beim Stehlen erwischen zu lassen, indem er sich beim Versuch fotografierte, für seine Sammlung Arbeiten des Künstlers Timm Ulrichs zu „beschaffen", der bereits 1971 den versuchten Diebstahl von Werken seiner Kollegen dokumentiert hatte.

Mir fällt kein gutes Ende für diesen Text ein – andererseits haben auch die Bonmots dieses Künstlers kein Ende ... Eine Retrospektive seiner Arbeiten ist ein ebenso geistreiches, wenn auch ungewöhnliches Bonmot wie jede einzelne seiner Arbeiten selbst.

The *Bon Mots* Reality of Ivan Moudov

Iara Boubnova

Ivan Moudov was born in 1975 in Bulgaria. His formative years as an artist fall on the time after the political changes of 1989 and during the post-totalitarian or wild-capitalistic period that we are still somehow doomed to define as "transition". A drastic redesigning of the political geography and the economical structure of life of the country as well as of the region mark this period. But it is also marked by some typical post-traumatic changes in the consciousness of society and its members. There is a lot in this period still waiting for the analytical eye of the social sciences. Yet we can say that the period of transformation did cancel out for sure a lot of value systems and figures of authority. It made a suspect most of the values and traditions of culture as well as the "record" kept by the official cultural memory. Naturally, this process is not restricted to the local level alone. For the younger artists that meant a kind of liberation from the prevailing ideological, national, school-related and other notions of cultural identity and from the institutions that used to be the gatekeepers of all these. At the same time, the younger artists had a chance to realize and acknowledge how big and diverse, how flooded with production actually is the world out there, the world we define through the word "art".

Maybe because of all of the above ever since he started out the art practice of Ivan Moudov is restricted neither by a one-only medium nor by a concrete theme or direction. His way of working has something to do with the *bon mots*, the so-called *witticism* of smart and wisecrack statements born in the context of an erudite high society conversation. In the 18th century the creation of *bon mots* is something halfway between a scientific endeavor (it involves research of possible topics and popular fact) and an artistic action (one is looking for the shortest form and most direct contextual connotations). The masters of *bon mots* were recognized internationally while their best hits had been interpreted as significant opinion, for instance in politics.

The above association was born when together with the artist we were discussing his participation in the 1st Moscow Biennial titled "Dialectics of Hope" in 2005. After his first visit to Moscow, this post-totalitarian megapolis, during the cold and snowy Russian winter; after taking part in talks about Putin, about the new wealth, the gated communities, and the giant state that had lost and was now actively searching for control over its citizens, Ivan Moudov suggested the installation *Winds of Change*. It consists of a small elegant propeller positioned on top of the former Lenin's Museum on the Red Square (which was one of the venues used by the Biennial) as well as the surveillance cameras and their control monitors rigged up to it. The cameras, positioned in the Biennial exhibition halls were functioning when there was wind and were displaying black screens whenever there was quite in the atmosphere. This was the artist's amusing interpretation of all those conspiracy theories and paranoia of mythic proportions during the time of chaos and at the same time respect for the new technology.

One of the words one can use to describe Ivan Moudov's artistic methodology is appropriation. One of his earliest multimedia installations *The 2000 Syndrome* came at a time when the whole world was waiting for a catastrophe—the coming of the year 2000. The scale of the dawning cataclysm was measured from the fear of a global collapse of the digital networks, especially financial ones, all the way to the disappearance of matches and soap (supposedly the most important elements of individual survival) from the market.

The main element of Moudov's installation was a rough upstanding railing similar to the handle bar on a bus, which separated the art work details from the viewers. Not being allowed to get closer, we were standing hypnotized before/behind the video component in which a door kept on opening and closing while banging on the artist head-on in a non-stop rhythmical loop.

The works of Ivan Moudov manage to infiltrate reality and the space of everyday life while creating a small pause/opening that provides the opportunity to see the ordinary at a different angle, with certain disbelief and slightly didactic chuckle. The artist does not aim to be critical, he is not searching for a distance nor does he claim to look down on reality. He is just squeezing into the situation while using its own language and means.

In this way his cycle of video works related to such a simple thing as the street traffic is created. The car traffic, which until recently was a foreign to Bulgarian language expression, became synonymous with traffic jam only after 1989 when the chance to own a car was no longer a privilege. In his earliest performance *One Hour Priority* (2000) the artist is using one basic traffic regulation, the right of way while in a roundabout, in order to observe the social interactions between his co-citizens. Driving in a roundabout for an hour while using his priority, his camera is fixing the macho attitudes, the right of the strong and rich, the fear of the big and/or just the "devil may care" attitude towards all and everything, including your own life.

Ivan Moudov is checking once again this traffic rule five years later in the city of Weimar. In this work several of the artist's friends whom he has invited especially for the purpose, are actually blocking the traffic in a key round about just outside of the city by driving in a circle and (ab)using their right of way (*14:13 Minutes Priority*, 2005). While they are doing so, the road intersection starts looking like a circus arena where a line of nearly 3 km is forming of backed up cars and their rule-abiding drivers. Nearly 15 min pass before the police arrive on the scene to put an end to this stubborn rule compliance—the exact time of the action is recorded in the title of the work just like in some laboratory experiment.

Traffic Control is a performance work realized by the artist in the cities of Graz (2001), Cetinje (2002) and Thessaloniki (2003). Dressed up as a Bulgarian traffic cop (a fact confirmed by the Cyrillic insignia on his uniform) Ivan Moudov is trying to regulate the real car traffic on the streets of these cities. The authority of the uniform, no matter what kind of a uniform, is totally acknowledged at the beginning of the action. However, it does not hold up long while the fake traffic cop is quickly pressured to leave, often by the real police itself. Along with the work concerning the exercise of the traffic "right of way", these works are a kind of a comparative test for the national character and/or the legal culture of certain peoples.

The performance/happening titled *MUSIZ* (2005)[1] is also realized within the very body of reality. It is attempting (and succeeding) to manipulate the public opinion in Sofia by simulating the opening of a brand new museum of contemporary art. There is no permanent display of contemporary art in Bulgaria whatsoever. There is neither a museum nor an exhibition hall and not even a permanently functioning gallery for this kind of art in the country. The debate about the lacking Museum of Contemporary Art is one of the most hotly attractive topics among local artists and cultural workers. Using the traditional instruments of advertisement in public space—posters, billboards, flyers and so on, the artist invited the Sofia audience to attend a formal opening of a new MCA (MUSIZ is the same abbreviation in Bulgarian) and he also mentioned a concrete date and place for that. More than 300 people including representatives of the Ministry of Culture, foreign ambassadors and notorious official artists gathered on the spot where in fact nothing much of anything was taking place. The media covered the "event" at length. However, some media personnel condemned the "event" on the grounds of unauthorized use of their own strategies for manipulation, while others rejoiced that contemporary art in Sofia failed once again—after all there is still no museum of contemporary art, right?

The missing museum is one of the "favorite" themes of Ivan Moudov. The artist himself would claim that the installation-assemblage titled *Fragments* (2003/2004) is for him a substitute for a real collection of contemporary art in the country: "For one year and a half I have been collecting parts of different artworks from various museums, galleries and art centers in Europe. I made these suitcases in order to have my collection with me everywhere I go and to be able to show it to everyone who might wish to see it. It is my portable museum and Noah's ark."

In fact the elements of the collection have been acquired by theft committed in public art expositions. The artist maintains that he is only stealing insignificant elements that are damaging neither the integrity nor the wholeness of the work. The symbolic weight of the gesture is for him more significant than the aesthetic or the artistic aspects. The assembling of thus acquired entries from the collection into boxes that look much like Marcel Duchamp's *boîte-en-valise* as well as exposing them as oeuvre is turning into a sharp and witty commentary on the nature of collecting and its ethical and legal aspects.

A similar but opposite in conceptual drive compensatory practice and minimalist aesthetic is at play in the work *Guide* (2006). It represents an audio tour that can usually be purchased and enjoyed in the large world museums. Smartly designed earpieces with buttons do offer in this work the choice of listening to a prerecorded interpretation and info on selected works of contemporary art. However, the exhibition hall was otherwise empty. Only 40 or so typical and plain labels were filling up its space. Actually, the artist offers a tour within a non-existing museum; a tour in a dream museum, museum that showcases the kind of art that the artist feels attached to.

[1] The work was part of "Visual Seminar" (2003 – 2006), the multidisciplinary project of the Institute of Contemporary Art – Sofia and the Centre for Advanced Study in the framework of relations, the project initiated by German Federal Cultural Foundation.

Ivan Moudov's project *MUSIZ* already has a phone number you can dial into for more info and where you can leave messages too. However, this is only visible in written words and as Moudov's sculpture so far. The artist has especially produced and bottled *Wine for Openings* (2007) of this museum too. In the cellars of Pommery (France) a number of bottles of Champaign are kept in storage to bust at the museum's inauguration. The artist is actively emphasizing the accessories from the world of consumption while borrowing the strategy of aggressive lifestyle trends that are pushing unknown necessities with the help of attractive consumables and objects.

As one of the participating artists in the Bulgarian national pavilion at the 52nd Venice Biennial in 2007 Ivan Moudov seemed to realize the paradox ingrained in this event — it is supposed to represent the global art scene and yet it is split up into so many national pavilions. One of the works of the artist for his Biennial participation titled *Wine for Openings*, which is none other but a Cabernet Sauvignon red wine vintage that was especially produced and bottled in Bulgaria, is attempting to overcome and transgress this nation-based fragmentation.

As most of us, the artist considers the social rituals at exhibition openings to be an important community building force in the life of both art and the art world. For him, as for most of us, it is not so important who attended the event and how many attendees were there at the vernissage. The main aspect is the delicate and elusive spirit of fellowship, camaraderie and jubilation that is so crucial for the vitality of any art scene especially one with an underdeveloped infrastructure such as the scene in Bulgaria. The wine that people consume at openings, according to Ivan Moudov, is an agent as well as the best symbol for this high-voltage understanding and professional community spirit.

At the time of the Venice Biennial in 2007 the artist's *Wine for Openings* was not merely a passive exhibit. The artist realized obsessively his community based idea and through a series of complex negotiations with curators and commissioners of the other national pavilions he was ultimately able to involve them in the "communal feast of drinking"... The artist himself hand-delivered and distributed for free a great number of cardboard boxes full of his wine (potlatch) bottles to all those hard-to-get-to places in Venice; thus at their openings more than 65 national pavilions of the 2007 Biennial and many more art people from all over the world were having a glass of Ivan Moudov's *Wine for Openings*.

So, the unique gift presented by an artist to other artists transformed for a few minutes, hours, or days — the time needed to have a glass of wine; or to open a national pavilion at the Venice Biennial; or for the length of the professional preview days, was able to transform the Biennial into a community affair thus giving back to the event some of its original purpose and meaning.

While appropriation as one of the utmost strategies of postmodern art and practices is usually dealing with its own history and context, in the case of Ivan Moudov the act of appropriation is rather more free and open to various spheres and circumstances. Very often his approach to appropriation is similar to the "open source" ideology where not only anybody may use but also each new use is a stimulus for improvement. This kind of communication with the surrounding world quite naturally and understandably does not recognize the sacredness of anything — from the classics in art to pop culture and turbo-folk music; from the societal law to the urban youth culture and subculture. Once Ivan Moudov appropriated the movie "The Matrix" (2004) by turning it into a video clip made according the memories from the real movie of a number of collaborators. On another occasion he took over a fragment from "Star Wars" in order to made the work *New Hope* (2006), which is actually a space—an elevator that is squeezing its passengers from bottom to top, from floor to ceiling. And finally he made: the cycle *Already Made* (2007/08) where he is using the water fountain and the signature of Marcel Duchamp; as well as the infamous bear cans of Jasper Johns and so on. In an ultimate act of self-reflection and irony Ivan Moudov went so far as to get himself "caught in the act of stealing" by photographing himself while attempting to "acquire" for his collection the works of Timm Ulrichs, an artist who in 1971 documented his try to steal his colleagues work.

I have no good ending to this text... But then again, there is no ending to this artist's *bon mots*... A retrospective of his works is just as witty though unusual a *bon mot* as any other works of his.

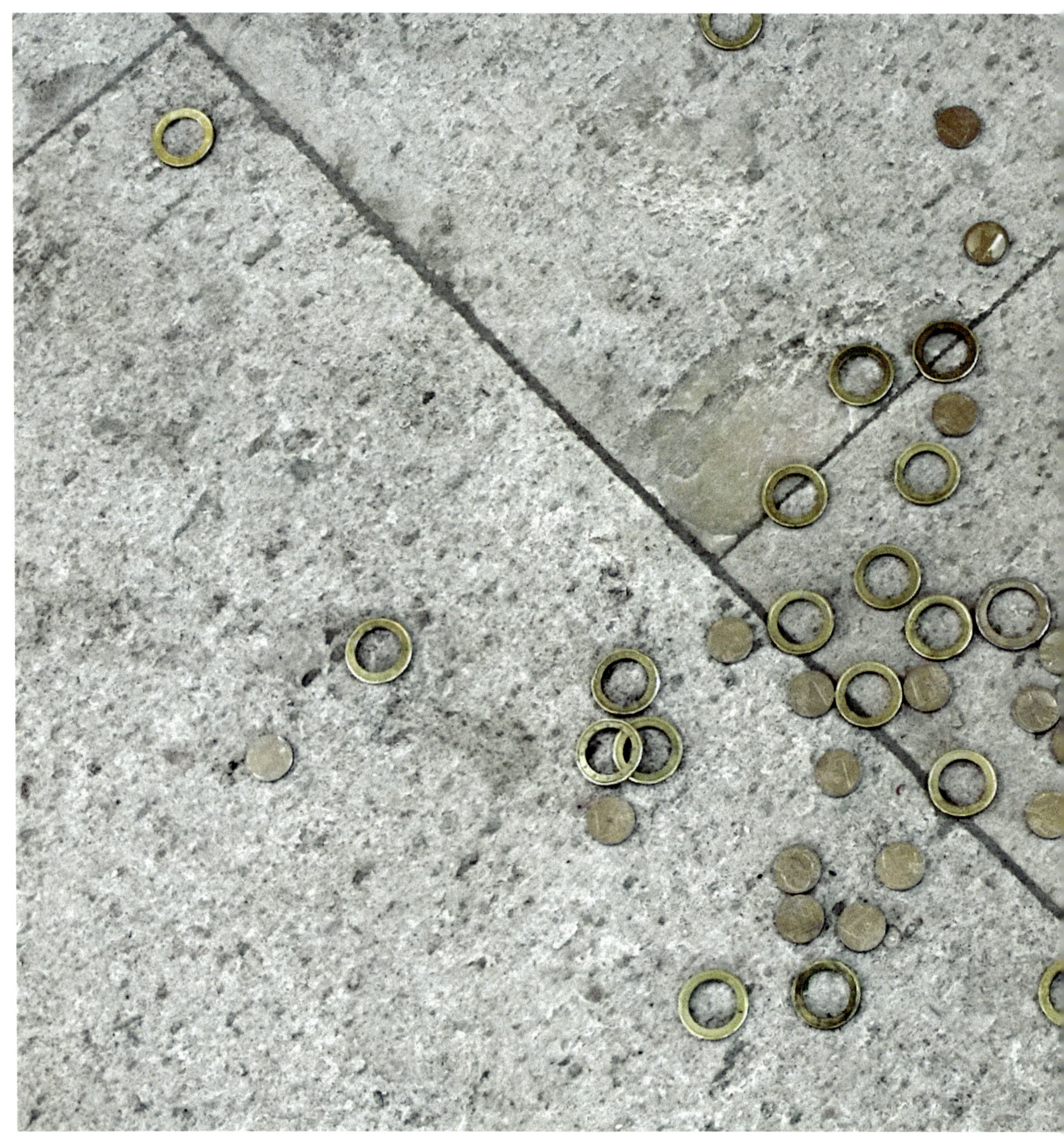

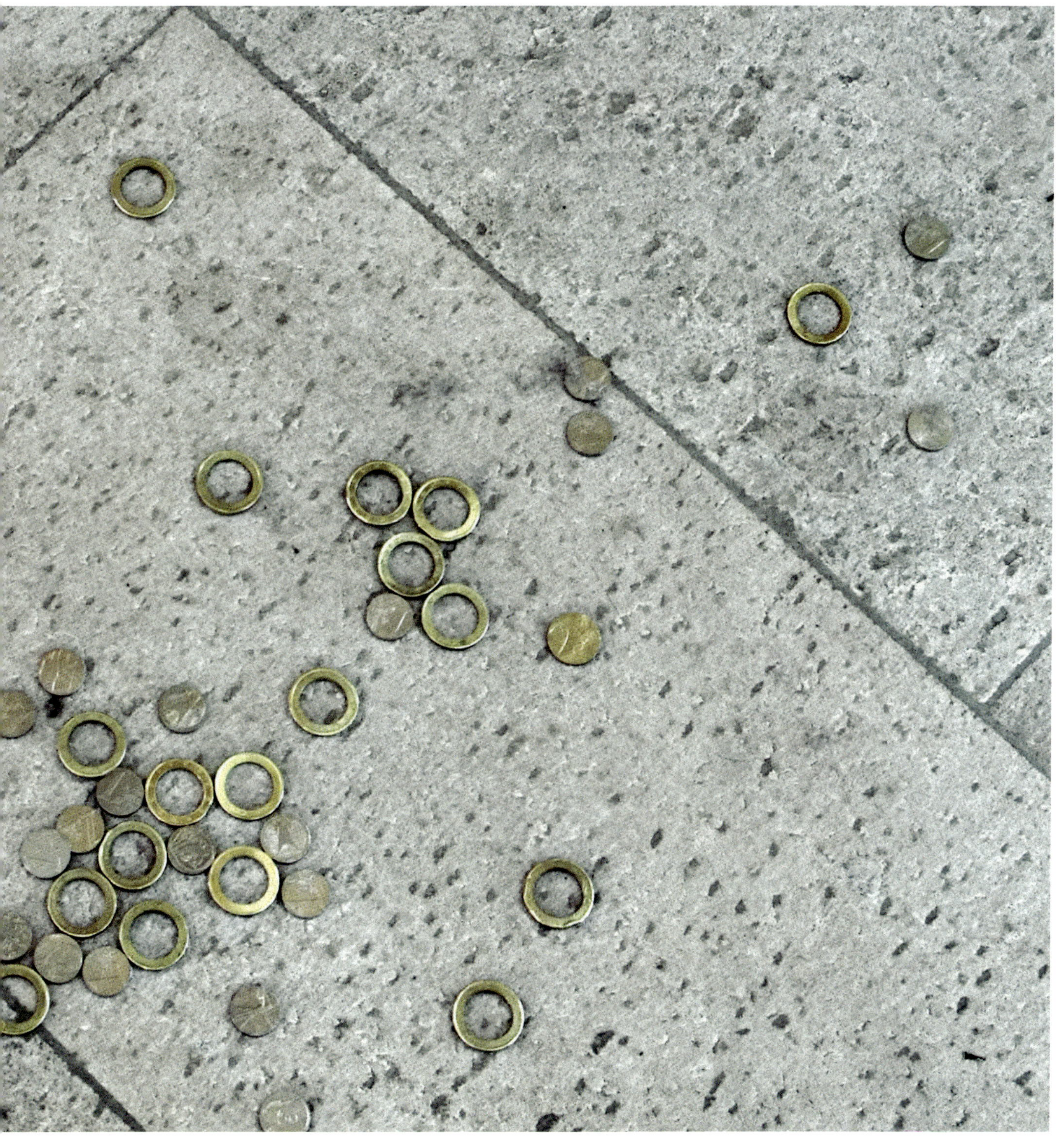

Romanian Trick – Moderna Museet, 2008
Installationsansicht | Installation view, getrennte Münzen | broken coins
Moderna Museet Stockholm
Foto | Photo: Åsa Lundén

Romanian Trick

Dessislava Dimova

In vielen seiner Werke analysiert Ivan Moudov jene Elemente, die die Zirkulation und Valorisierung von Kunst in der heutigen Zeit bestimmen: die Rolle der Kunstsammlung, der Name des Künstlers oder der Künstlerin, die Institution Museum und das Ritual der Ausstellungseröffnung.

In seiner Serie *Fragments* entwendete der Künstler kleine Teile von Kunstwerken aus bekannten Museen in Europa, um sie dann in Koffern auszustellen, die gleichsam sein eigenes, kleines Museum darstellen. Der Schwerpunkt dieser Arbeit liegt in der Wechselbeziehung zwischen den gestohlenen Fragmenten und der „Aura" der originalen Werke sowie der Namen jener Künstler, die sie schufen. 2005 simulierte Moudov die Eröffnung des Bulgarischen Museums für zeitgenössische Kunst im Podujane Bahnhof in Sofia, der noch immer als solcher genutzt wird. Das als *MUSIZ* bekannte Projekt umfasste eine Reihe raffinierter Pressemitteilungen, ein Logo, Plakate, usw., die das fiktive Museum öffentlich ankündigten und bewarben. Als Teil seines Beitrags für die Biennale in Venedig 2007 ließ der Künstler einen eigenen Wein produzieren. Als Marke *Wine for Openings* bot er diesen den Kuratoren und Kuratorinnen aller Nationalpavillions für ihre offiziellen Eröffnungsfeiern an.

In *Romanian Trick* werden all diese Strategien in einer komplexen, eigenen Ökonomie weiterentwickelt. Die Arbeit konstituiert das Modell einer allumfassenden künstlerisch-ökonomischen Praxis, deren zugrunde liegenden Mechanismen ähnlich mystifiziert und verschlüsselt wirken wie der marxistische Waren- und Wertbegriff.

Ausgangspunkt von Moudovs Arbeit ist ein rumänischer Taschenspieler, der dem Künstler für 5 Euro das „Know-How" verkaufte, wie man 1- und 2-Euro Stücke in ihre beiden Metallkomponenten (das silberne Innenstück und der Messingring der Zwei Euro Münze beziehungsweise das Messinginnere und der Silberring der 1-Euro-Münze) zerlegt. Dabei gilt das Grundprinzip, dass zuerst 5 Euro bezahlt werden, um den geheimnisvollen Trick zu erlernen, aber die Käufer zugleich versprechen müssen, ihn niemandem zu verraten ohne die selbe Summe zu verlangen. Wie sich herausstellt, ist der Kniff ziemlich unspektakulär, aber als Trost kann man die eigenen Verluste wettmachen, indem man das „Geheimnis des Tricks" an andere weiterverkauft. Das Element des Geheimnisvollen und die Enttäuschung, die sich bei der Auflösung dieses Geheimnisses einstellt, geben einem das Gefühl, Mitglied eines geheimen Bundes zu sein. Es ist dieser Eindruck von Mysteriösität, der das Unternehmen aufrechterhält und weiterträgt.

Moudov transferiert den Taschenspielertrick in mehreren Schritten in die Kunstwelt. Der erste beinhaltet die Ausstellung einer Performance, einer Videodokumentationen, eines Zertifikats und einer Objektinstallation in Form eines Haufens zerlegter Münzen. Die Auflösung des Geheimnisses vor einem großen Publikum zerstört einerseits den Mythos und bedroht die Kontinuität des *Romanian Trick*. Doch anderseits - und hierin liegt Moudovs eigener Trick - wird der ökonomische Aspekt (Austausch - Profit) des Unterfangens erhalten und sogar verstärkt. In der Kunstwerdung des simplen Tricks wird sein wirtschaftlicher Wert um ein Hundertfaches vermehrt.

In diesem nächsten Schritt wird der Trick zum Paradigma der Wertschöpfung in der Kunst. Seine Situierung in den Kontext einer Ausstellung impliziert einen gewissen Schwindel: Die Einzelteile eines 2 Euro Stücks kann man zum Preis von 5 Euro kaufen und Moudovs Haufen kaputter Münzen ist zum Preis eines Kunstwerks erhältlich. In einer Welt dematerialisierten Kapitals lenkt der Künstler die Aufmerksamkeit auf die materielle Qualität von Geld, auf seine Form und Funktion als ein Objekt und Symbol des Austauschs. Moudovs Akt der Zerstörung von Geld ist letztendlich ein Akt der Dekonstruktion der finanziellen Wertigkeit der Münzen und damit des Kunstwerks an sich. In *Romanian Trick* ist Geld nicht mehr ein Zahlungsmittel, sondern wird vielmehr selbst zur Ware.

Sobald die Logik des Tricks beginnt transparent zu werden – die De- bzw. Rekonstruktion des Wertes von Kunst als Ware durch den Künstler – schlägt Moudov eine neue Richtung ein, die dem Projekt eine weitere Ebene an Komplexität verleiht. Anstatt *Romanian Trick* bloß dem Kunstmarkt zu überlassen, führt er seine Arbeit zurück auf die Ebene des Austauschs, indem er sie als Zahlungsmittel benutzt, um andere Kunstwerke zu erwerben. Dieses Vorgehen bezieht (oft öffentlich finanzierte) Kunstinstitutionen mit ein und verwandelt den Künstler letztendlich in einen Sammler und damit Endkonsumenten eines Kunstwerks. An diesem Punkt dient *Romanian Trick* dem Erwerb von Arbeiten anderer Künstler und Künstlerinnen, die ein Teil von Moudovs eigener Kunstsammlung werden. Dies mag auf den ersten Blick wie ein gutes Geschäft wirken, doch die meisten Institutionen, die an dem Projekt teilnehmen, verfügen nur für die Dauer einer Ausstellung über den *Romanian Trick*. So ist es nicht das Kunstwerk selbst, das ausgetauscht wird, sondern vielmehr seine Präsentation. Moudovs stetig wachsende Sammlung wird dabei ein Teil der Ausstellung.

Bemerkenswert ist, dass sich die Werke, die erworben werden, ebenfalls mit der Frage der Wertigkeit der Kunst befassen oder eine ähnliche Verspieltheit aufweisen: Olaf Nicolais *Mirror - Cover (Vogue)*, zum Beispiel, ermöglicht es jedem Zuschauer auf dem Titel der Milleniumsausgabe der Vogue abgebildet zu werden. Italo Zuffi verschmilzt in *A Master's Span (Ronni Horn Rebecca)* die Namen zweier Künstler und vergrößert (bzw. verkleinert) so deren Ruhm. Maria Lindbergs wirrer Haufen aus rotem Faden in *60 Meters* zwingt das Publikum gewissermaßen, ihrer Behauptung und Abmessung zu vertrauen. Christoph Kellers Video *Visiting a Museum of Contemporary Art Under Hypnosis* zeigt wie der Künstler hypnotisiert eine Ausstellung zeitgenössischer Kunst besucht.

Ivan Moudovs Ziel ist es sicherlich nicht, ein der Ökonomie der Kunst zugrunde liegendes Prinzip aufzudecken oder vereinfachte Kritik zu üben. Vielmehr erschafft er sein eigenes Modell bestehender Zusammenhänge innerhalb dieses Systems. Die exzentrische Vorgehensweise des Künstlers lässt seine Kritik daran bewusst unklar – auch wenn sie gewissermaßen evident ist – und oft mit verwischten Grenzen zu ökonomischen Interessen erscheinen, die vermeintlich die Kritik untergraben.

Der Künstler bestreitet seine Kritik an der Kunstwelt in Form eines kontinuierlichen Experiments, das keinen Aspekt seines Themas unangetastet lässt. Dies ist heute wahrscheinlich und paradoxerweise die einzige kompromisslose Strategie für Künstler, Kritik zu üben. Sie verlässt sich nicht auf Theorien oder Positionen von außen, sondern verschiebt und strapaziert die bestehenden Möglichkeiten und Grenzen, bis Risse und Brüche entstehen, die hoffentlich bestehen bleiben.

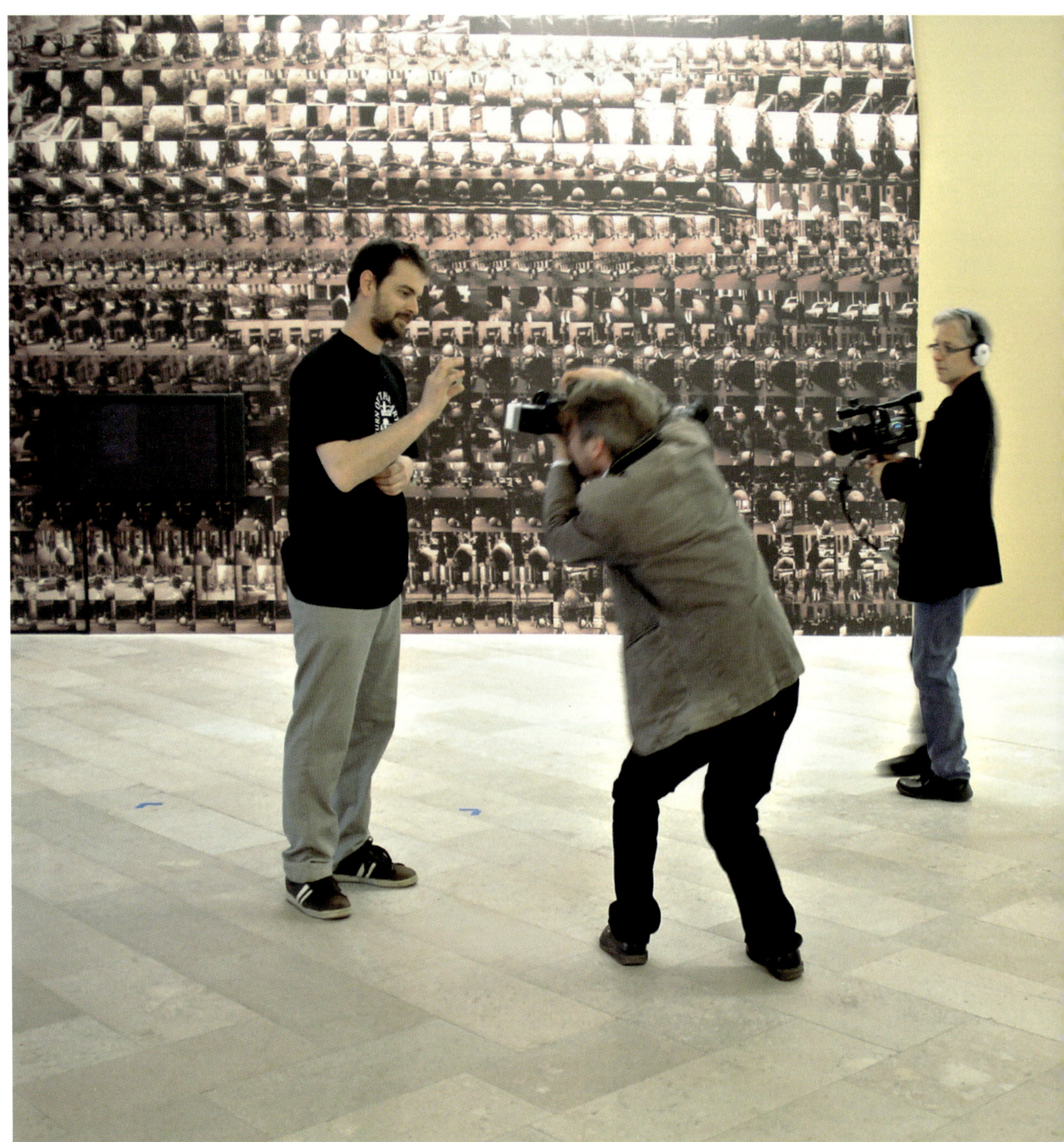

Romanian Trick, 2008
Performance, Moderna Museet Stockholm

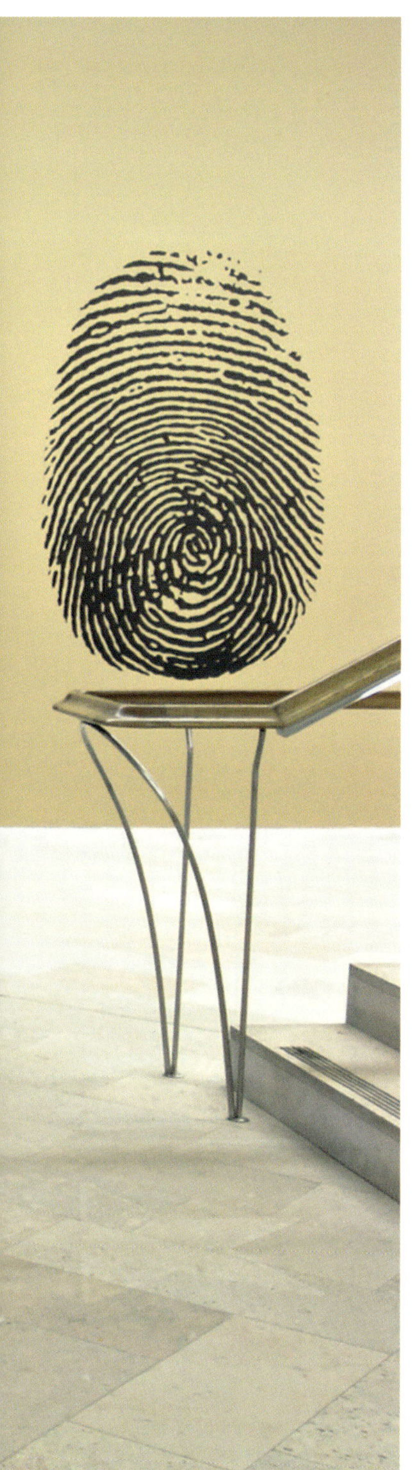

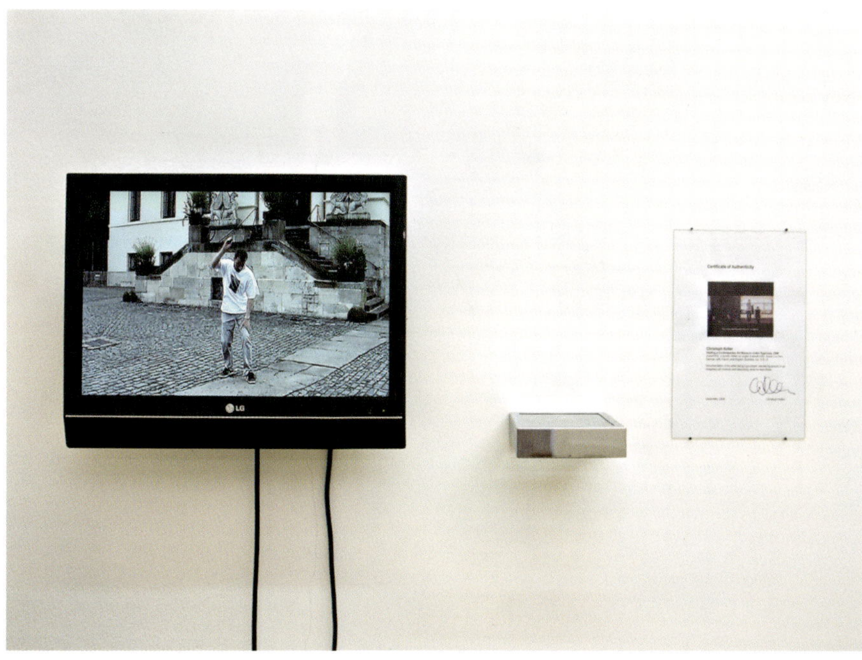

Romanian Trick, 2008
Installationsansicht | Installation view, Videodokumentation der Performance im Kunstverein Braunschweig
Box mit getrennten Münzen, Authentizitäts-Zertifikat für die Arbeit von Christoph Keller, die mit dem Erlös der
Braunschweiger Performance angeschafft wurde | Video documentation from the performance at
Kunstverein Braunschweig, a box with broken coins, certificate of authenticity for the work by Christoph Keller
purchased with the profits from the performance Kunstverein Braunschweig

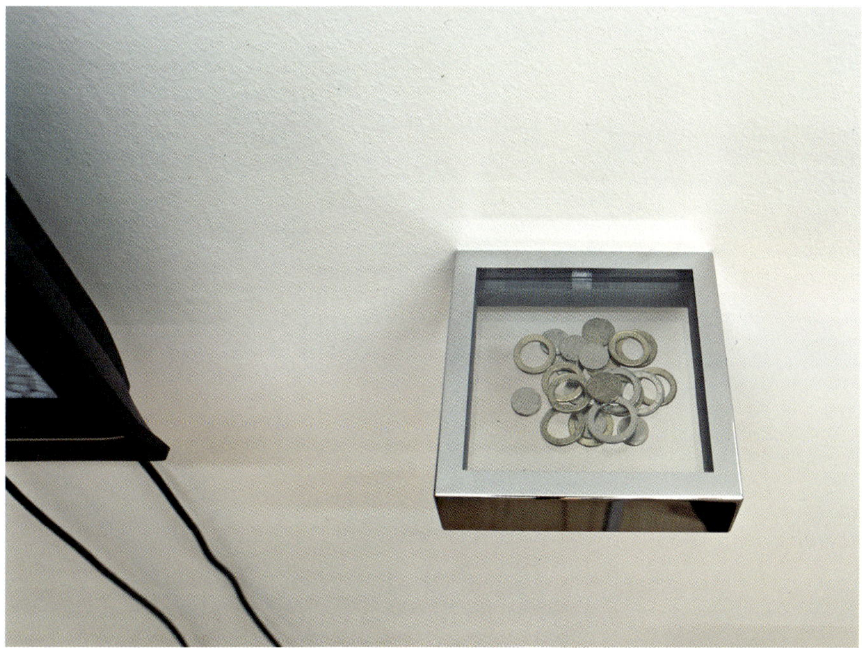

Romanian Trick, 2008
Installationsansicht | Installation view, getrennte Münzen | broken coins
Kunstverein Braunschweig

Romanian Trick

Dessislava Dimova

In many of his works, Ivan Moudov analyzes elements that shape the circulation and valorization of artworks in today's world: the role of the art collection, the artist's name, the institution museum and the ritual of exhibition openings.

In his *Fragments* series, he pilfered small parts of artworks from a number of established European museums and displayed them in briefcases—miniature museums of his own devising. The value of this work lies in the relationship between the stolen fragments and the "aura" of the original artworks as well as the "aura" of the artists who created them. In 2005, the artist simulated the opening of a Bulgarian Museum of Contemporary Art in the still-functioning Podoueneh Railway Station in Sofia, a project known as *MUSIZ*. Clever press releases, a new logo, posters, etc. publicly advertised and announced the fictitious museum and its opening. As part of his participation in the Venice Biennale in 2007, Moudov had his own wine produced. Branding it as *Wine for Openings*, he offered it to the curators of all national pavilions for their official openings.

In *Romanian Trick* all these strategies are developed further into a complex economy of their own. *Romanian Trick* constitutes a model of an all-encompassing artistic/economic practice with underlying mechanisms that appear almost as mystified and enigmatic as Marx's theory of commodities and their value.

The story of this piece begins with a Romanian protagonist who sold the artist the "know-how" of how to break down 1 and 2 euro coins into their two metal components (the silvery inner cores and the outer brass rings for the 2 euro and vice versa for the 1 euro coins) for the price of 5 euros. The principle is that you pay five euros to learn the mysterious trick, but as a condition you must promise not to reveal the trick to anyone else without asking for the same price. The trick, as it turns out, is quite unspectacular, but you have the consolation of being able to recoup your losses by passing on "the secret of the trick" to others. The secret and the disappointment accompanying its disclosure are enough to make you feel as if you were a member of a secret society. It is this sense of mystique that sustains and furthers the enterprise.

Moudov transfers the trick into the art world in different stages. The first one includes the exhibition of a performance, video documentation, a certificate and an object—a pile of separated coins. Revealing the secret to a large audience spoils the mystery and threatens the logic and continuation of the "Romanian Trick". However, and this is Moudov's own trick, the economic aspect (exchange-profit) of the enterprise is sustained and even improved. As the trick becomes an art piece its economic value is multiplied by hundreds.

At this next stage the trick is a paradigm for the creation of value in art. Its placement in the context of an exhibition implies a kind of swindle: you can buy the broken pieces of a 2 euro coin for 5 euros, or Moudov's pile of broken 2 euro coins for the price of an artwork. In a world of dematerialized capital, the artist draws our attention to the material quality of money, to the form and function of an object of exchange, of a token. Moudov's act of destroying money is ultimately an act of deconstructing the monetary value of the coins and by extension of the artwork. In *Romanian Trick* money is no longer a token of exchange but rather becomes a commodity itself.

As soon as the logic of the trick starts to seem obvious—the artist deconstructing (and reconstructing) the value of art as a commodity—Ivan Moudov takes an unexpected turn that makes matters even more complex. Instead of just leaving *Romanian Trick* on the art market, he returns it to the level of exchange relationships by using it as a replacement for money in order to buy other artworks. This move involves (often publicly financed) art institutions and ultimately turns the artist into a collector and thus into the final consumer of an artwork. At this stage the *Romanian Trick* serves to finance the acquisition of another artist's piece of work that is to become part of Ivan Moudov's own collection. It might almost seem like a fair deal, but most of the institutions that take part in the project only have *Romanian Trick* at their disposal for the duration of a show. It is not the piece itself, but rather its exhibition that is exchanged. Moudov's growing collection subsequently becomes part of the exhibition.

It is interesting to note that the artworks Moudov acquires also question the value of art or imply a certain sense of trickery. Olaf Nicolai's *Mirror—Cover (Vogue)* for instance, puts any viewer on the cover of the millennium edition of Vogue magazine. Italo Zuffi, *A Master's Span (Ronni Horn Rebecca)* fuses the names of two artists into one, thus inflating (or deflating) the fame of both. Maria Lindberg's messy pile of *60 Meters* of red thread on the floor leaves the audience with no other choice but to trust the artist's claim and measurement. Christoph Keller's video shows the artist *Visiting a Museum of Contemporary Art Under Hypnosis.*

Ivan Moudov's aim is certainly not to unveil an underlying principle of the art economy or to offer a simple critique. He rather recreates his own model of existing relationships within this system in such an eccentric fashion that his critique—although somehow evident—purposely remains unclear and mixed with a confused business interest which seems to undermine the criticism.

The artist's critique of the art world is pursued as an ongoing experiment where no aspect of the subject is left untouched. This is probably and paradoxically the only uncompromised way of critique for the artist today: One that does not fall back on any theoretical back-up or assume an outside position, but rather one that pushes and stretches the existing possibilities to their limits, until ruptures and breaches appear and hopefully persist.

ROMANIAN TRICK

Bei der Performance *Romanian Trick* zerlegt der Künstler 1 und 2 Euro Münzen in jeweils zwei Teile. Der Taschenspielertrick wird demjenigen offenbart, der bereit ist, für dieses Privileg eine bestimmte Summe zu zahlen. Dieser ist dann berechtigt, den Trick an andere weiterzuverkaufen. Ziel des Künstlers ist es, über den Verkauf des Tricks Kunstwerke anzukaufen und so eine eigene Kunstsammlung zu finanzieren.

ROMANIAN TRICK

Romanian Trick is performed by the artist with the aim of splitting 1 and 2 EUR coins into their corresponding parts. The trick is being revealed to anyone prepared to pay for the privilege at a negotiable rate, who in turn can 're-sell' the trick to someone else. The artist has been performing the Romanian Trick in order to make money used for the purchase of artworks and the creation of his own art collection.

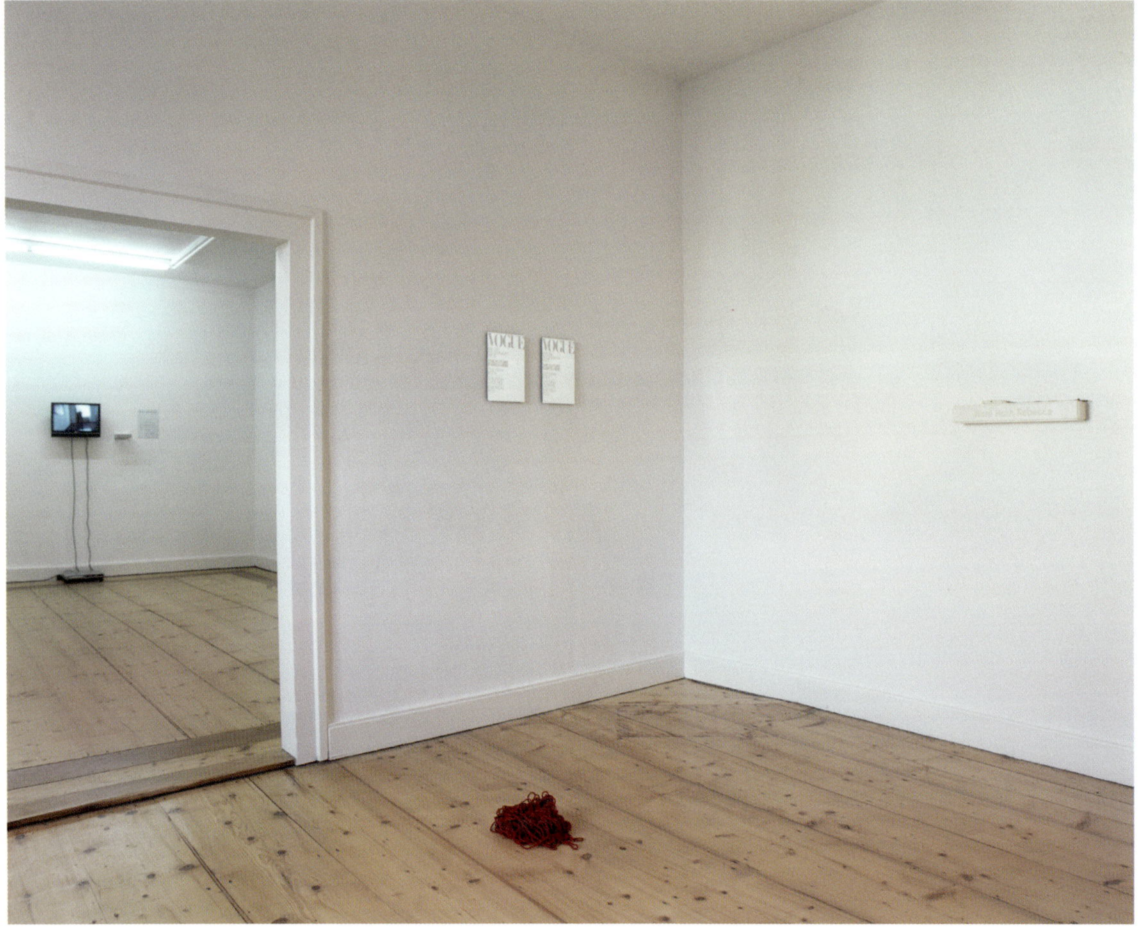

Romanian Trick, 2008
Installationsansicht | Installation view
Kunstverein Braunschweig

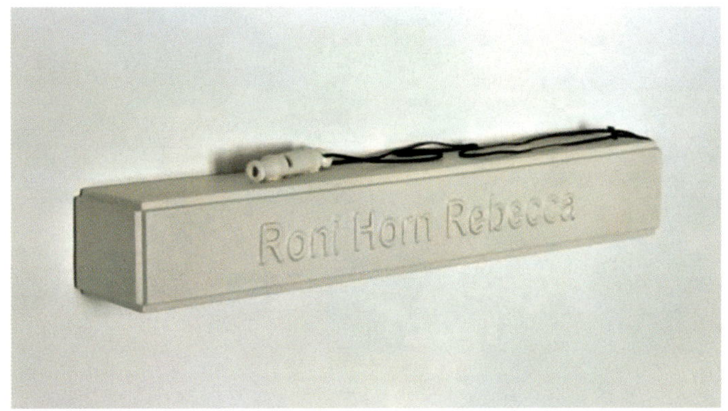

Italo Zuffi, *A Master's Span [Roni Horn Rebecca]*, 2007
Keramik, Schnur | Ceramics, string
Angekauft mit dem Erlös der Performance in der Galerie Arteicambi, Verona |
Purchased with the profits from the performance at Artericambi, Verona

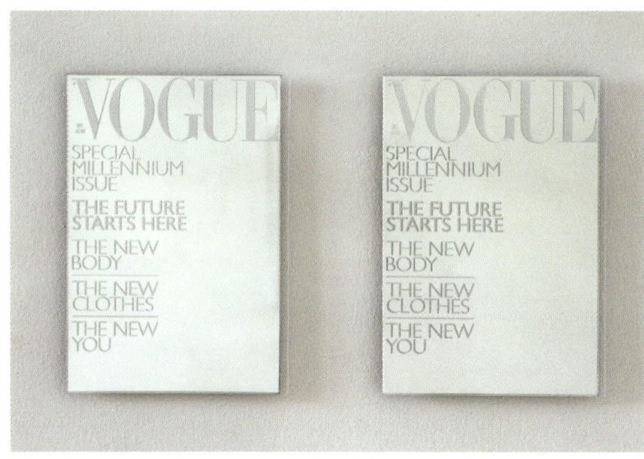

Olaf Nicolai, *Mirror – Cover [VOGUE]*, 2000
Weiße Schrift auf Spiegel | White letters on mirror, 2 teilig | 2 pieces
Angekauft mit dem Erlös der Performance in der Akademie Schloss Solitude |
Purchased with the profits from the performance at Academie Schloss Solitude,
Stuttgart

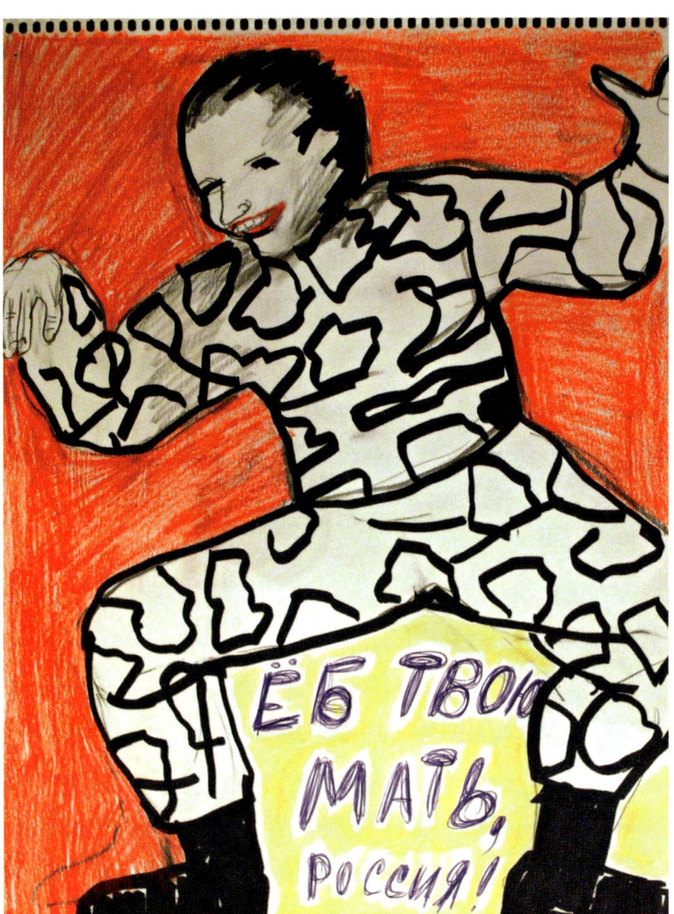

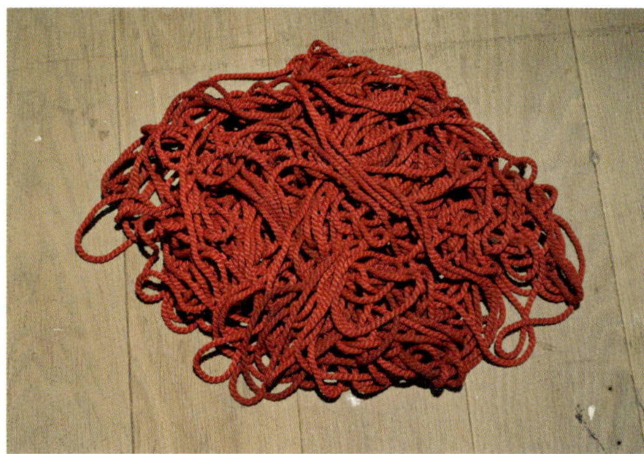

Maria Lindberg, *60 meters*, 1994
Schnur | Cord
Angekauft mit dem Erlös der Performance im Moderna Museet, Stockholm |
Purchased with the profits from the performance at Moderna Museet Stockholm

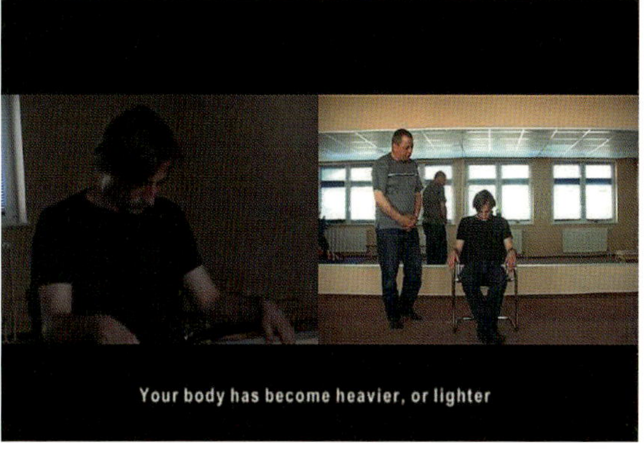

Alexander Brenner, Barbara Schurz
ЁБ ТВОЮ МАТЬ, РОССИЯ! [Fuck You Mother Russia], 1997
Zeichnung auf Papier | Drawing on paper
Angekauft mit dem Erlös der Performance bei KulturKontakt, Wien |
Purchased with the profits from the performance at KulturKontakt, Vienna

Christoph Keller
Visiting a Museum of Contemporary Art under Hypnosis, 2006, Video, 23 min
Angekauft mit dem Erlös der Performance im Kunstverein Braunschweig |
Purchased with the profits from the performance at Kunstverein Braunschweig

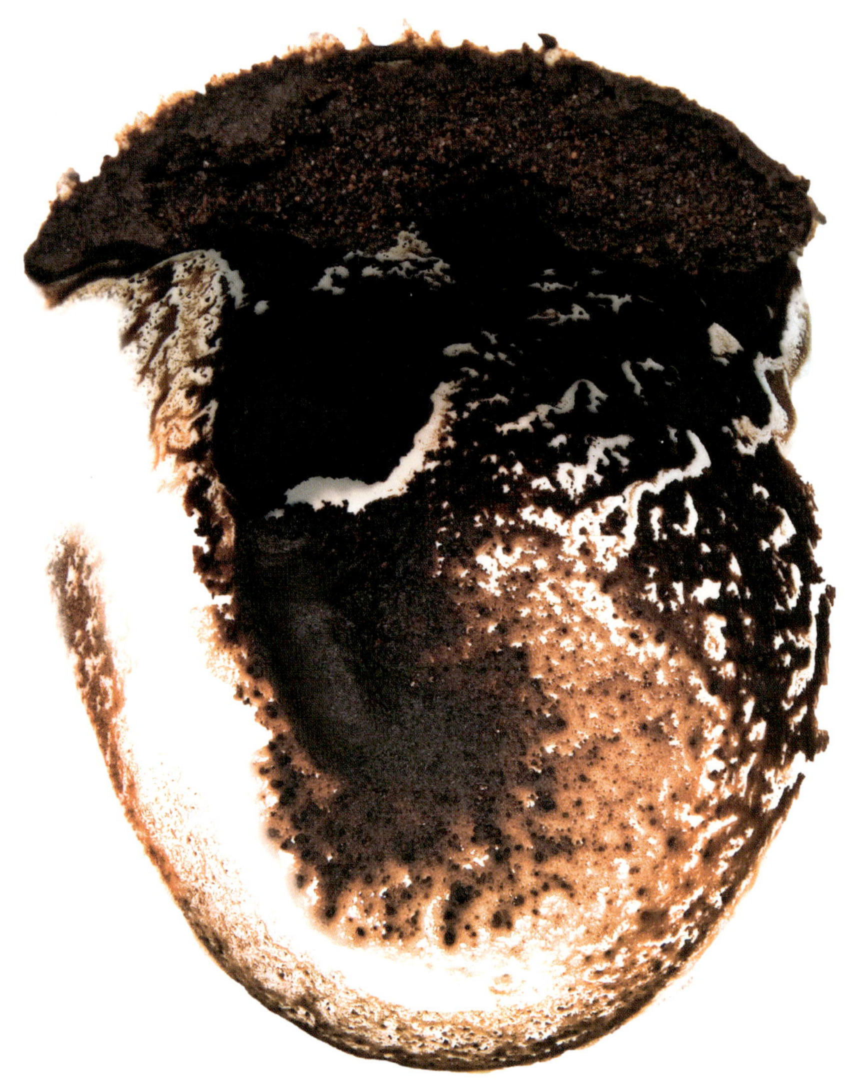

This is a man of deep understanding but he lacks in perseverance. He gets tired easily and he is impatient. He should be more patient as there is an expansion later in his life. There is an indication that this year is a bit strained for him, but there are also some nice triangles in the cup. Which means there will be victory, but that'll be between May and September and also next year. November this year is an important month, until the 20th. After that I see some small obstacles. He is expecting to hear from someone – to get someone's approval for something. He doesn't like to be bossed around, to be told what to do. And he doesn't like to imitate what other people do. He may borrow something small discreetly, but never the whole thing. His confidence was trampled on at home, perhaps when he was a child. There will be changes [regarding his confidence] after his 30th birthday. I am not sure he is married. He falls in love easily. He cares about women deeply, but gets disenchanted quickly. [When problems arise] he is impatient for things to sort themselves out. He may turn his eyes from one woman to another quite swiftly. Love is important for him, but he is not a Don Juan.

Coffee Portraits (Kunstverein Braunschweig Board Members), 2008
42 x 29 cm, Digitaldruck und Text auf Papier | Digital print and text on paper

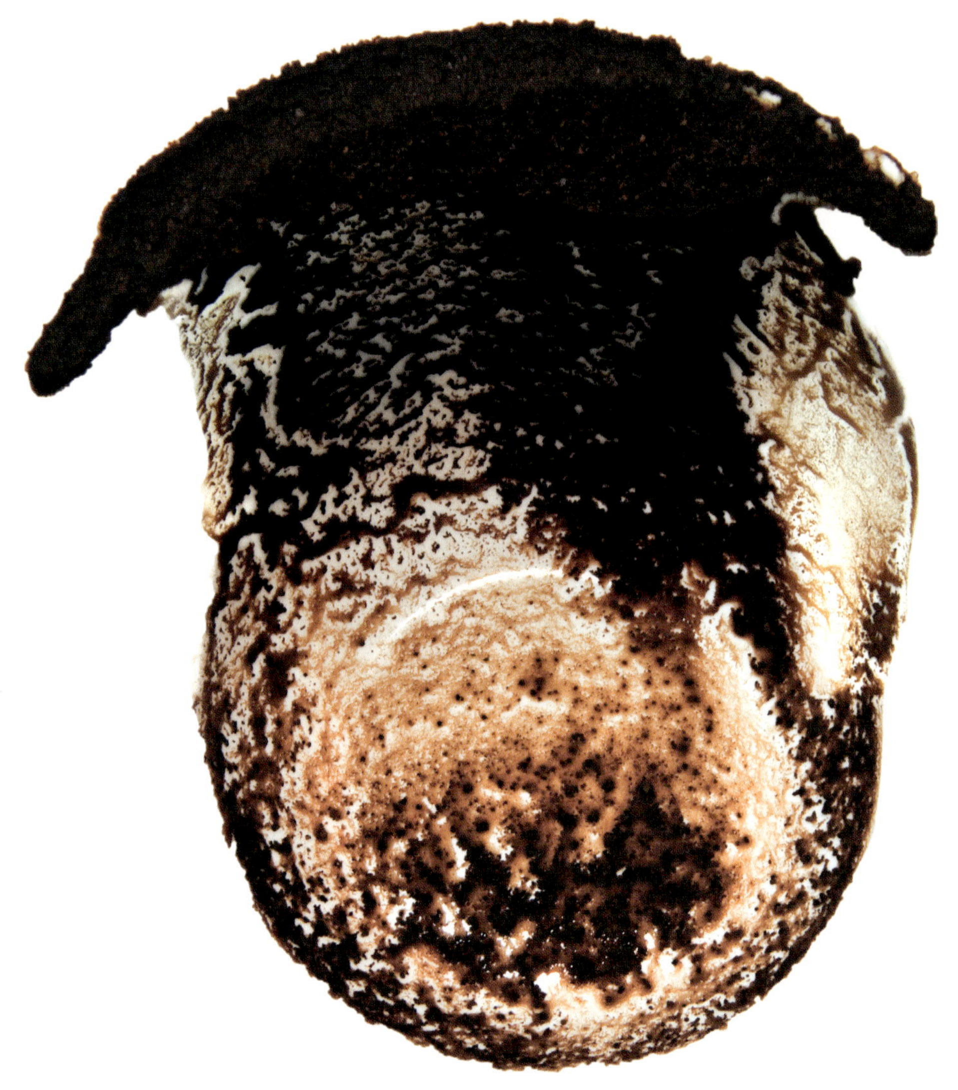

This man travels a lot. He is fated for travel – both for tourist purposes and on business. He has a sharp eye. He also has a talent for communicating with people of high social status. He is very well educated. He might have two university degrees. He has achieved quite a lot in the material sphere. He is not cut out for team work. He always strives to find independent work. He won't let other people keep him on a chain, even if he has a boss. His thighs hurt him. He should be careful with them. He should also be careful with his liver. He has problems with a close relative. His off-spring will be good, but there is sadness about him. He is fated for two marriages. There are two tempests in his life – one when he is 35-45, the other when he is around 50. He is/can be a dedicated father. He likes to give and receive – emotionally, not materially. His head is giving him a hard time from time to time; his blood pressure is not steady. He doesn't overeat – he's learned to take care of himself – that's in the last few years. He's had health scares twice before and he may have undergone surgery.

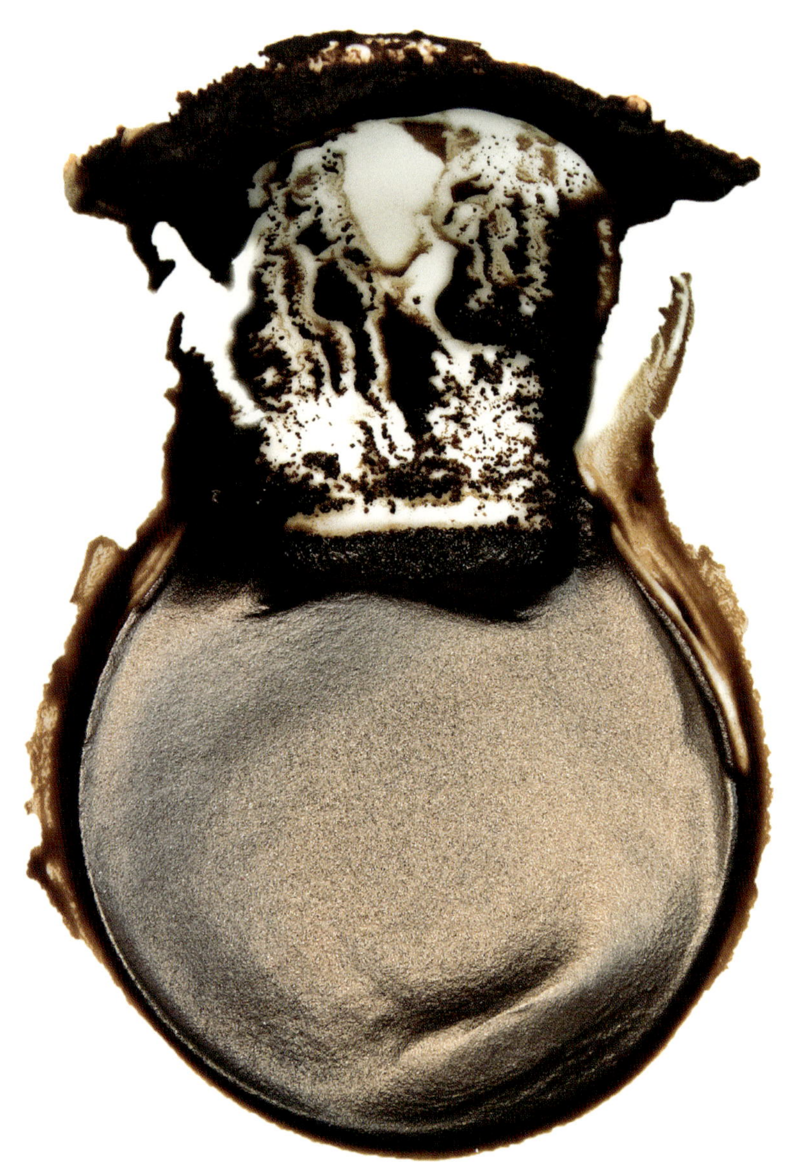

This man likes to postpone, to wait and see [before he makes a decision]. This year, until his birthday, was hard for him. He is worried. He gets stirred up easily, but he doesn't hold a grudge. In the past he's had disappointments from people he's worked with and he doesn't trust people easily. He should be careful with alcohol. He shouldn't allow himself the extra glass. His weak spot is his head. He might have fallen on it as a child, or been in a car accident – when he was around 30. Love is important for him but his confidence as a lover developed later in life. He is now hesitating whether to start a new project or not. From December onwards he is entering a business-oriented year. He likes to give. When he is in love, he buys a lot of gifts. In the last five years he has been through a lot of changes and this year is a year of giving. He might make a baby – it's a good year for conception. He is worried about money. The money he is worried about is trapped in a business that's not taking off or somebody owes it to him. Small-scale is not his game. He has a talent for building. He should focus on the large-scale. He doesn't live where he was born. He might even be of mixed ethnic background. There might be conflict in his marriage, his wife is very obstinate. There is a power struggle between the two.

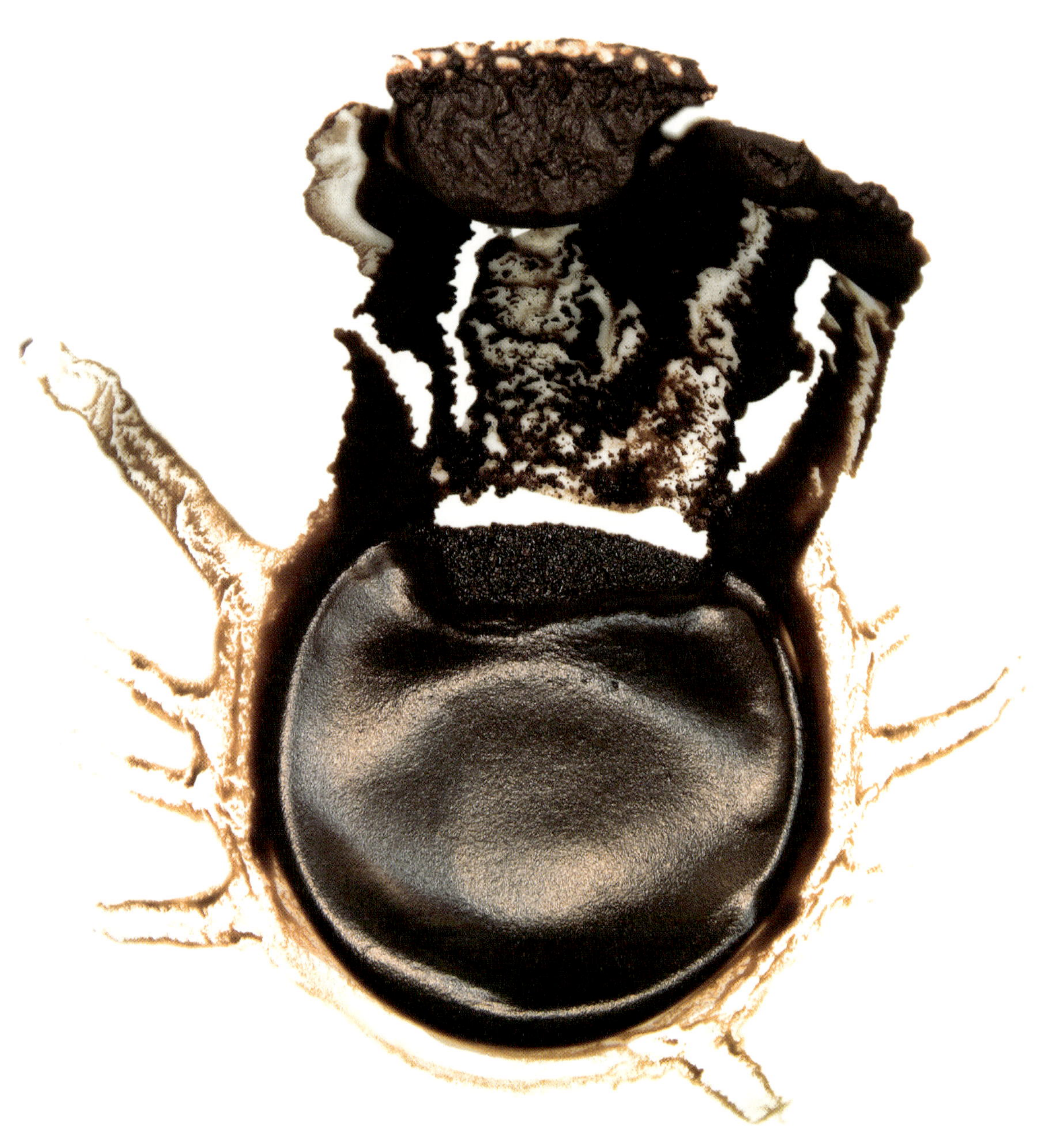

This man has a very interesting cup. He is fair-skinned, with hazel eyes, he is not dark-skinned. His character is quite changeable. He experienced some difficulties when he was 27-28. After that his character changed significantly. After 34-35 he developed a sense of black humour. He has a talent for making things work out in the end. He loves receiving money very much... When he has to return money, he cries. He loves material things, especially in the last 7-8 years. He had a hard time at the end of last year and in September this year. He was under a lot of stress which he is now slowly getting rid of. I see a very important cross here. He must have faith; he must act in a Christian fashion. He should not be against religion. There are times when he has a lot of faith and times when he rejects everything. He must be consistent and from time to time he should give/do charitable things. He dreams about a purchase of some kind – of real estate. This year is a "year of the state" – he will have to conform to various state requirements, laws and reforms – from which he will learn how to steer his business, if he is a businessman. He is a practical man and doesn't like to work on his own. He has a main job and something on the side too. He should take care of his waist and kidneys. He is a bit jumpy. He falls in love easily, but if he sees that dating involves spending a lot of money he expects to be kept amused in order to go on. He is a calculating type. It's difficult for him to maintain friendships because of his big ego and his sharp eye. But he is very dedicated to the friends he doesn't do business with. If he is a first child, he will be more like his mother. If he is a second child, he may take after his father too. He will experience some health problems in his fifties, but they won't be fatal.

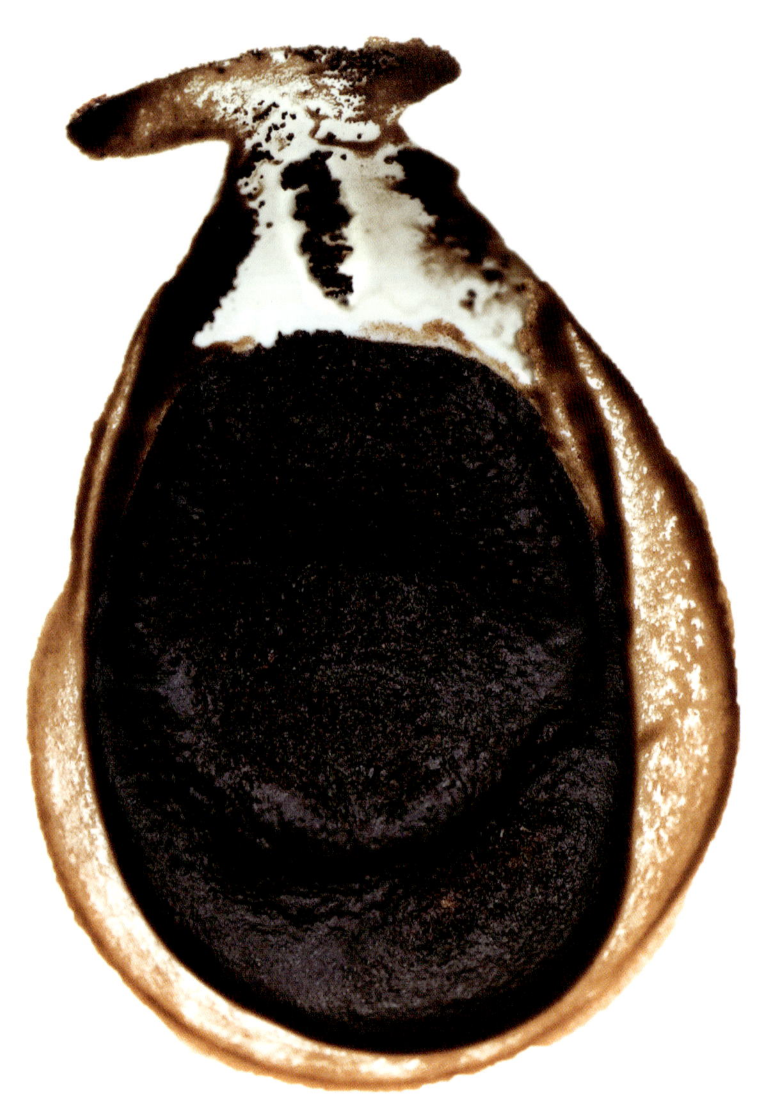

This is a tough woman. She has inherited many of her character traits from her father's line. After she is forty she will become more practical. Before then she will have a tendency to give more than she takes. There are times when she feels very lonely. Her hair is a light colour, not dark – she may be dying it… She is quite organised for her age. She is not someone who relies on other people. In the last three to four years she has taken up something new. She may have children… I see two children; one of them is somehow on the side. She's had health problems in the past and she takes better care of herself now. In the last ten years she has lost important people. There was a wedding… And a divorce – something she started anew. She's been through a separation. Following that, she made some changes in her life. She wants to put money into something… perhaps into real estate. A problem will be resolved in February. It's something related to both her work and her family. She should be careful with her respiratory system and her urine. She should observe her kidneys, but there is nothing fatal in store.

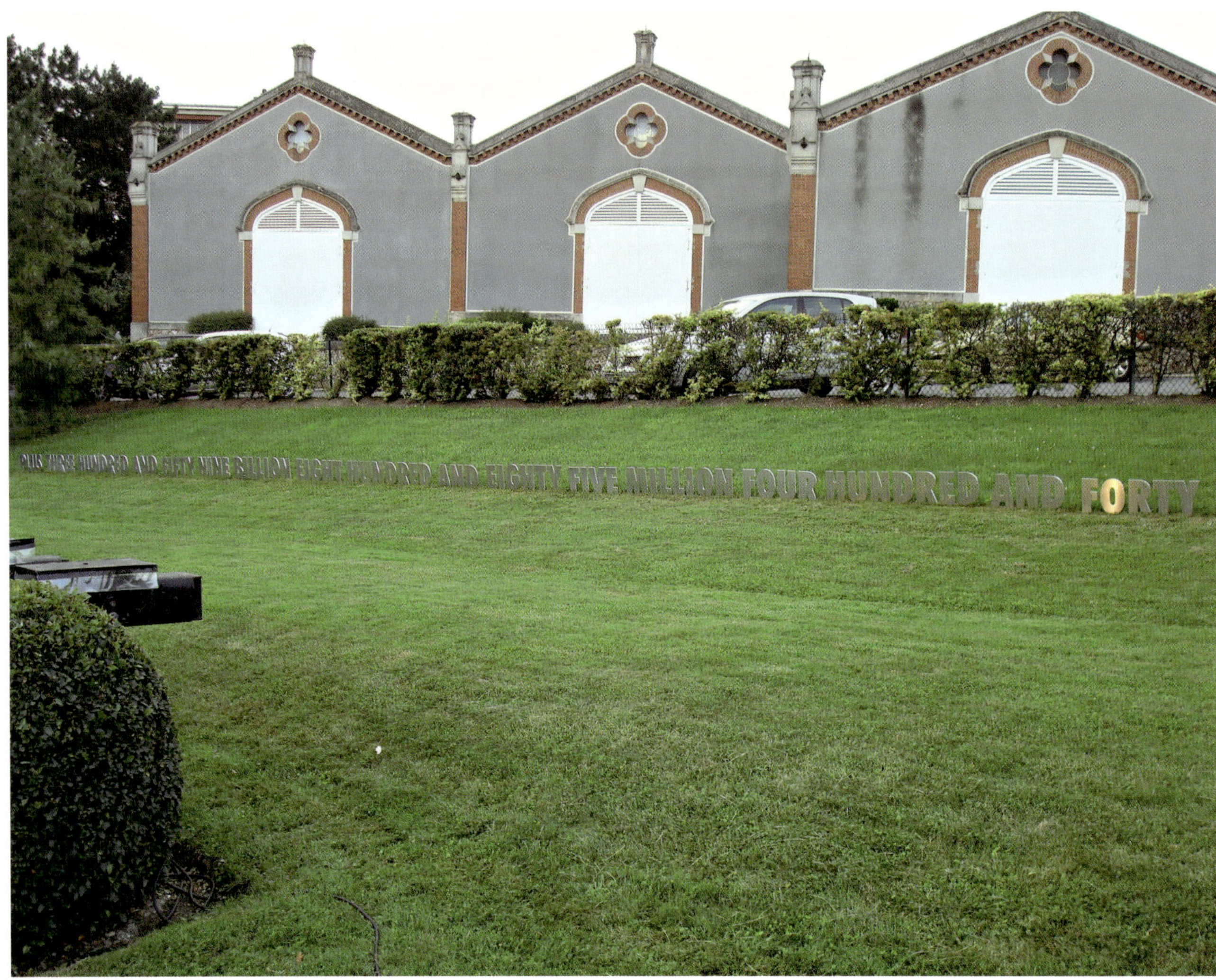

MUSIZ (plus three hundred and fifty nine billion eight hundred and eighty five million four hundred and forty thousand six hundred and seventy four), 2008
Aluminiumbuchstaben | Aluminium letters
Produziert von Pommery S.A. für die Ausstellung «L'Art en Europe: Expérience Pommery#5» | Work manufactured by Pommery S.A.
and for the Exhibition «L'Art en Europe : Expérience Pommery#5»

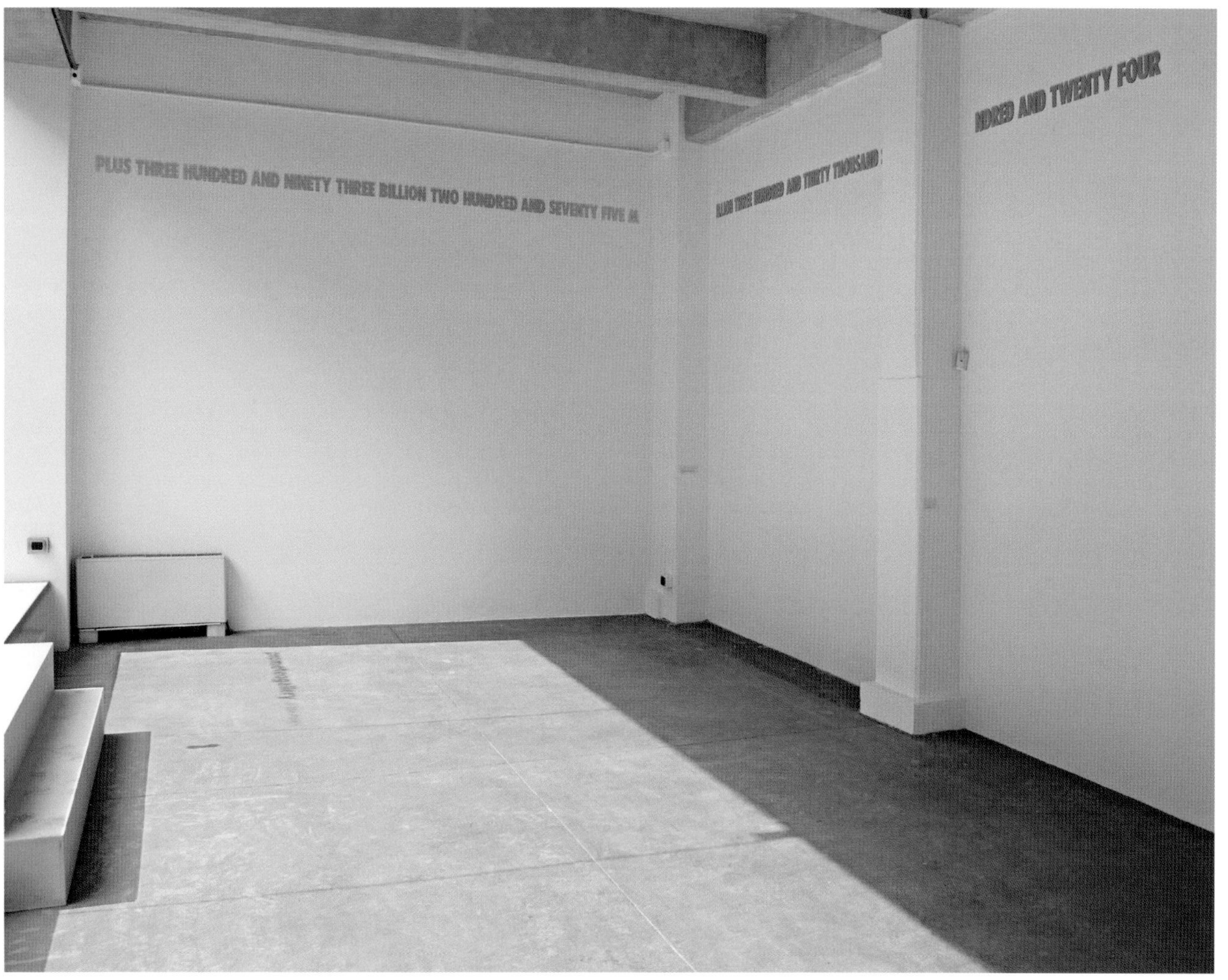

Plus three hundred and ninety three billion two hundred and seventy five million three hundred and thirty thousand six hundred and twenty four, 2008
Plexiglasbuchstaben | Plexiglas letters
Courtesy Prometeogallery di Ida Pisani, Mailand | Milan und der Künstler | and the artist

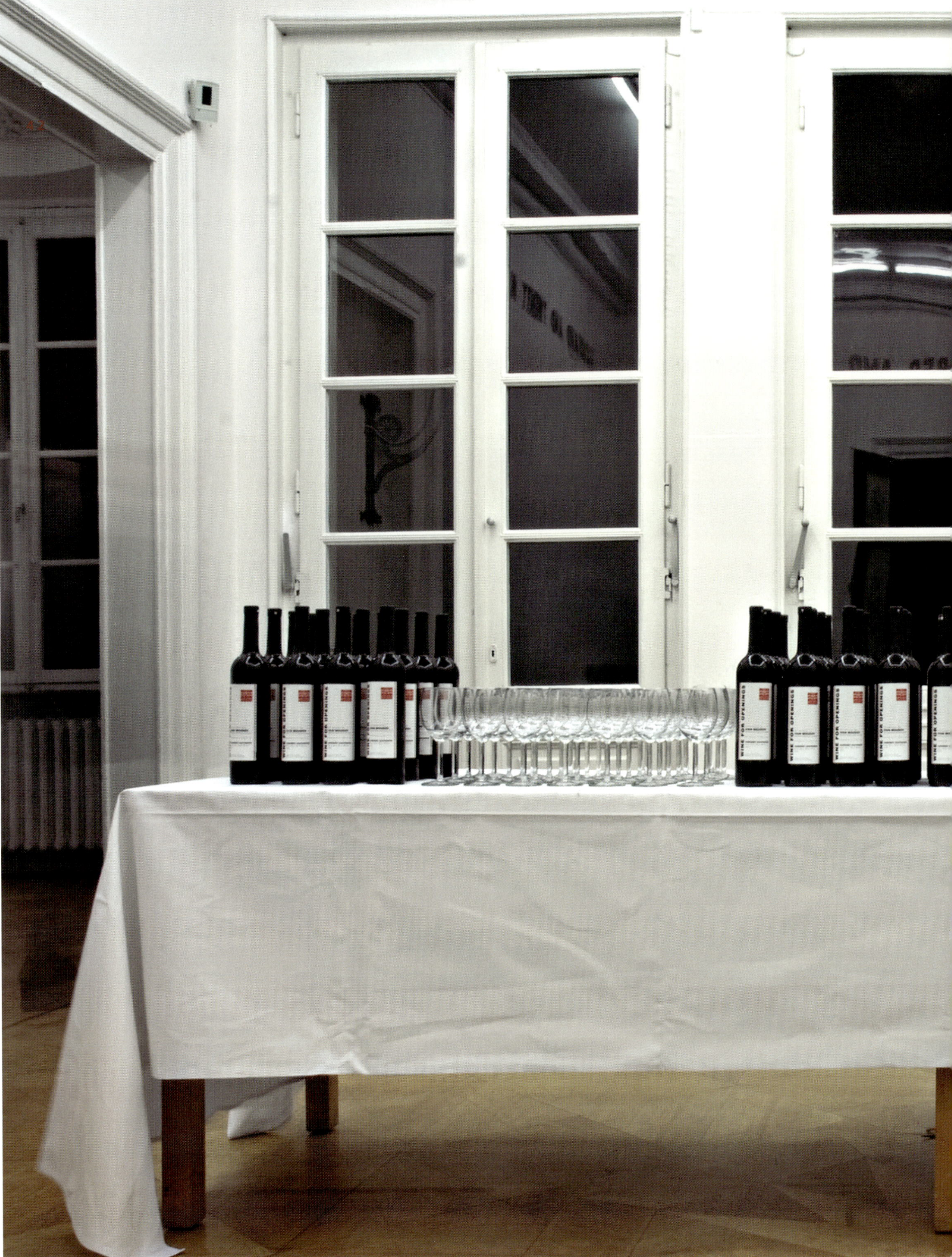

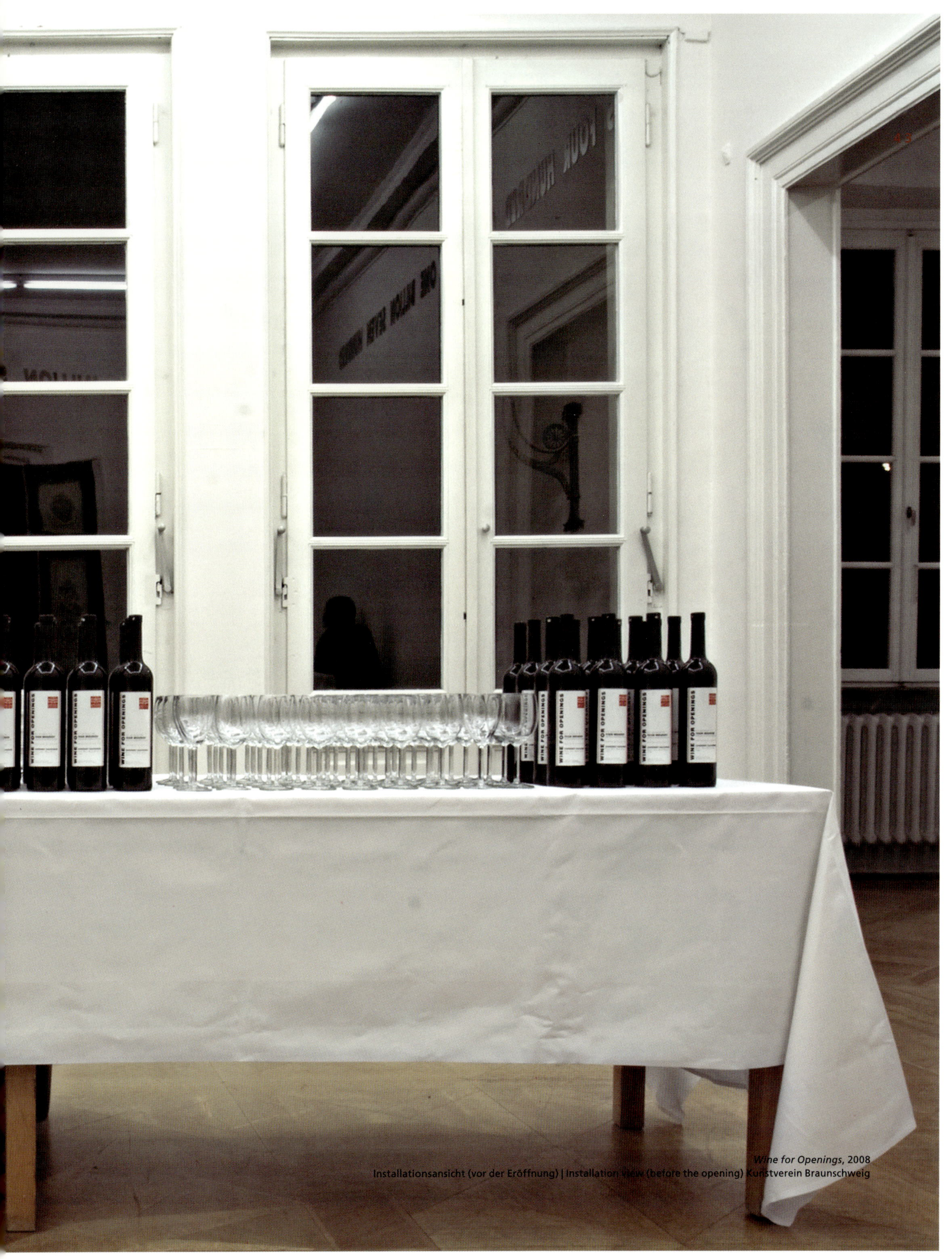

Wine for Openings, 2008
Installationsansicht (vor der Eröffnung) | Installation view (before the opening) Kunstverein Braunschweig

ILLION SEVEN HUNDRED
AND SIX MILLION SIX

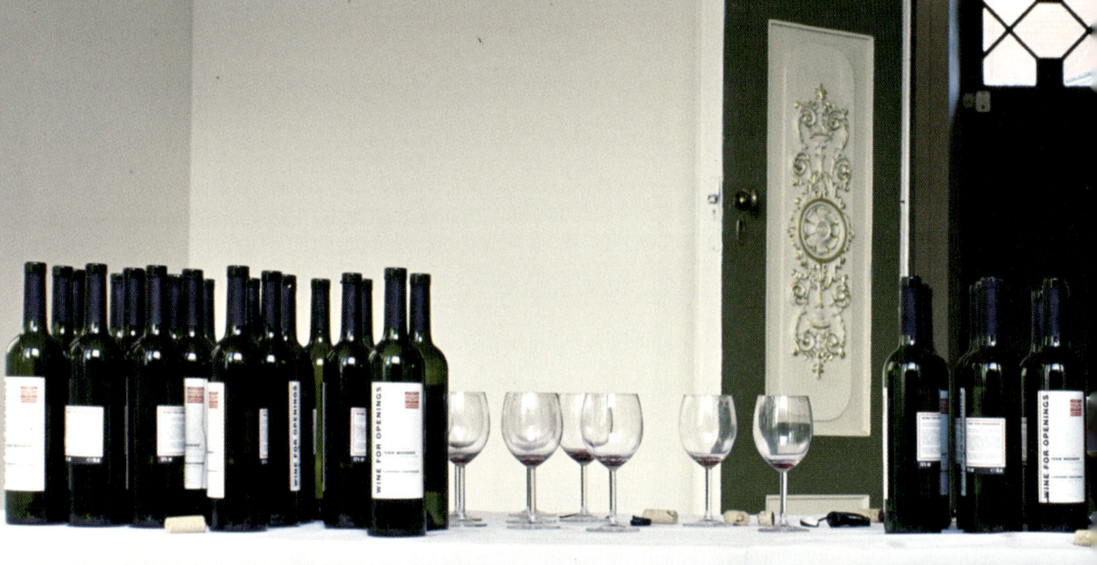

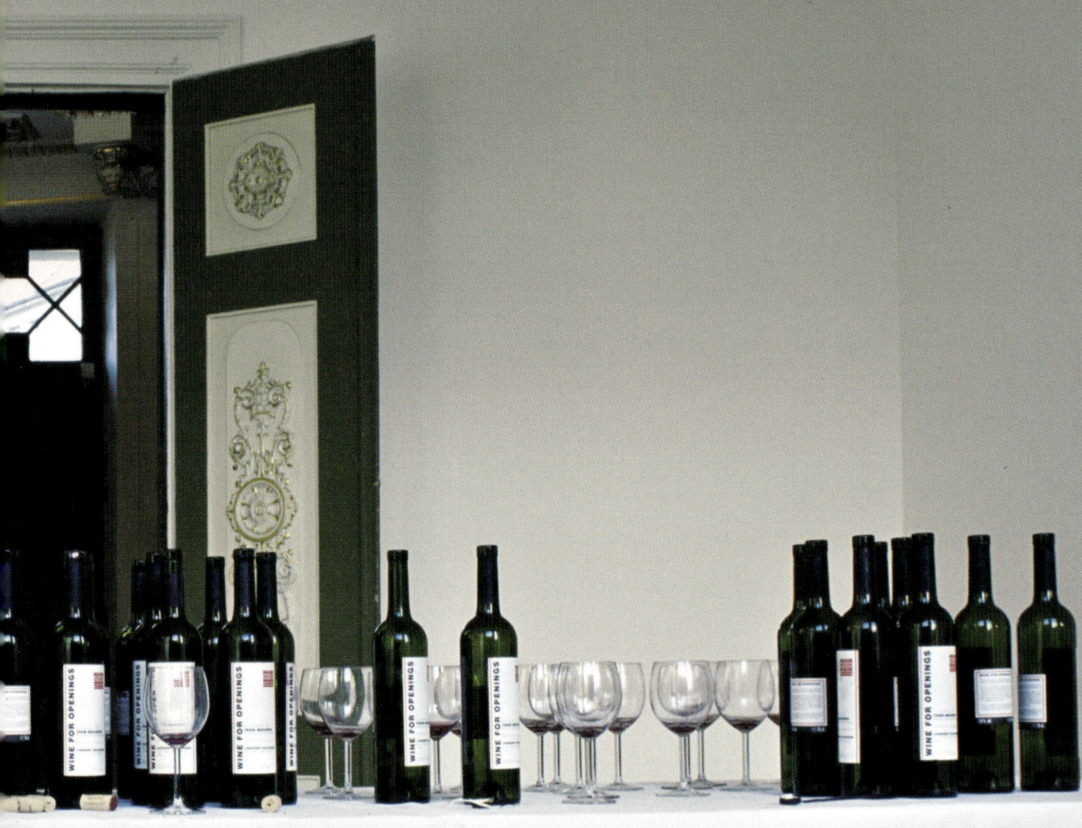

Wine for Openings, 2008
Plus four hundred and ninety one billion seven hundred and six million six hundred and fifty seven thousand and twenty nine, 2008
Aluminiumbuchstaben | Aluminium letters
Installationsansicht (nach der Eröffnung) | Installation view (after the opening) Kunstverein Braunschweig

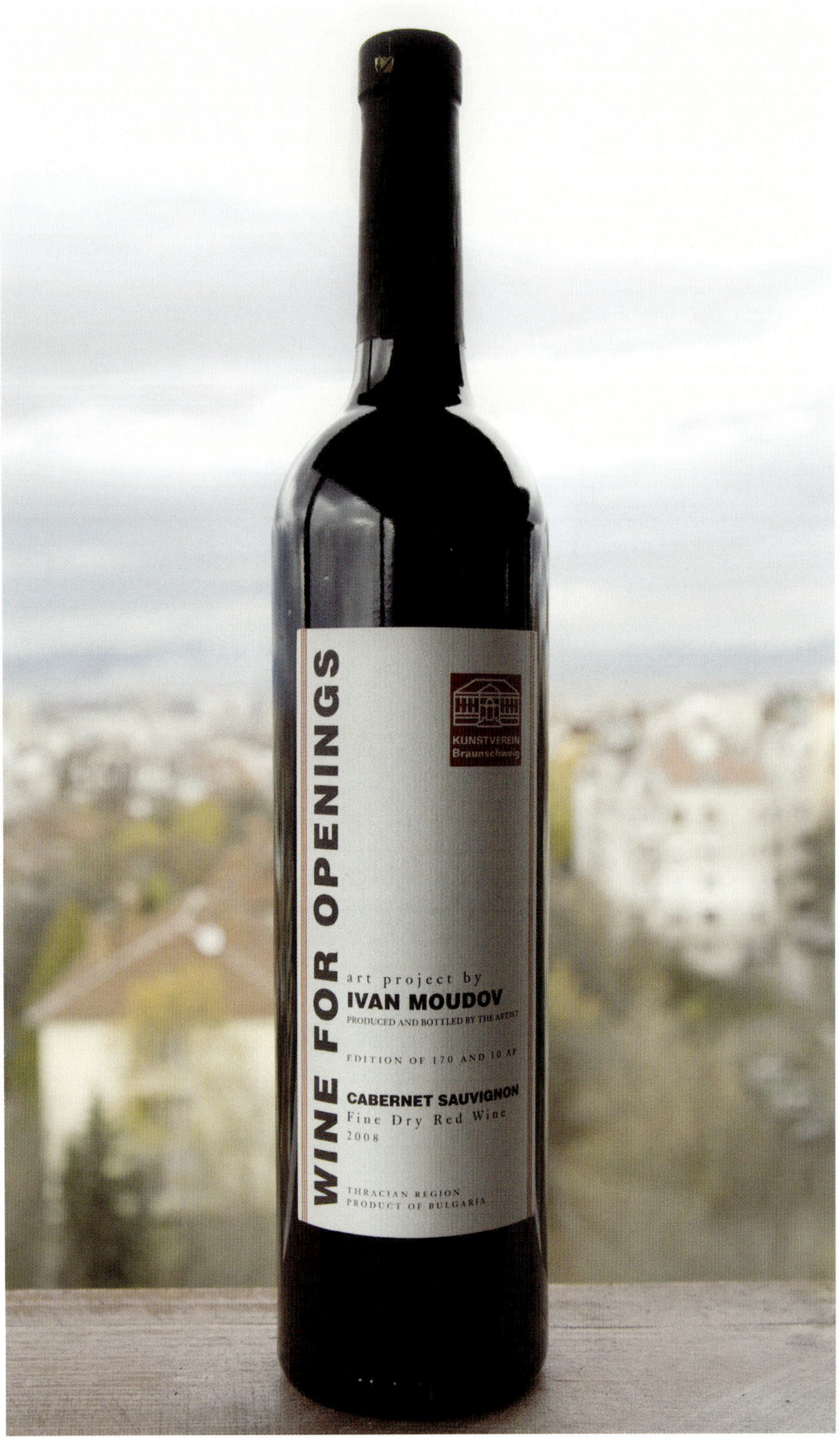

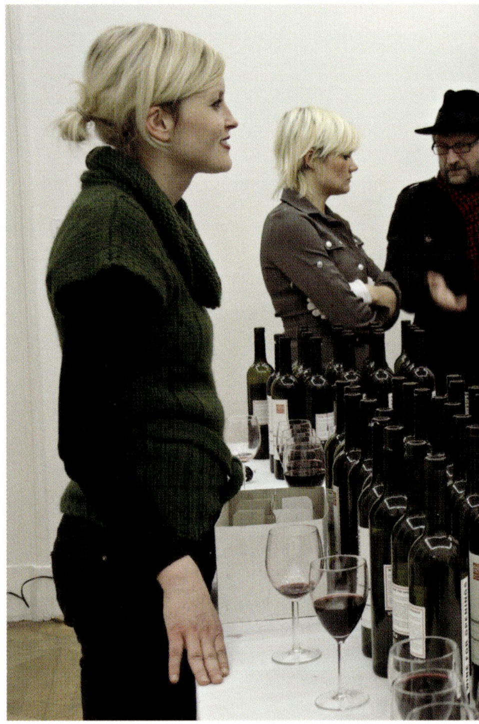

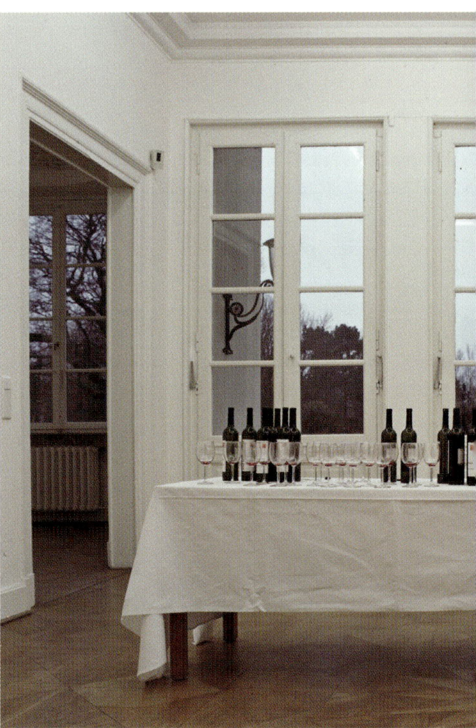

Wine for Openings – Kunstverein Braunschweig, 2008

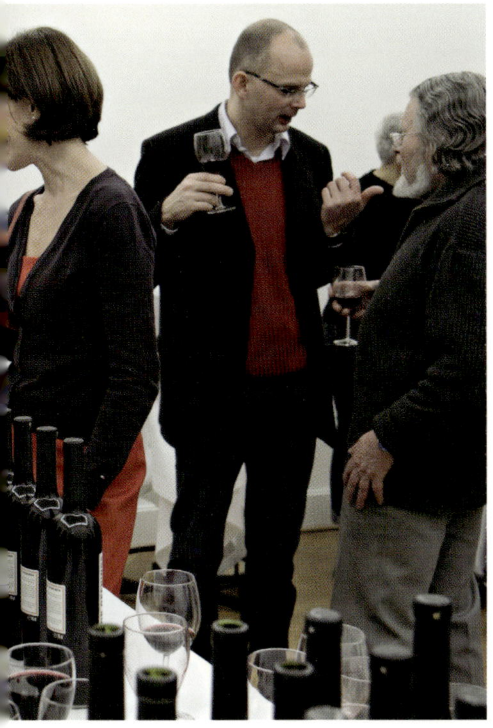

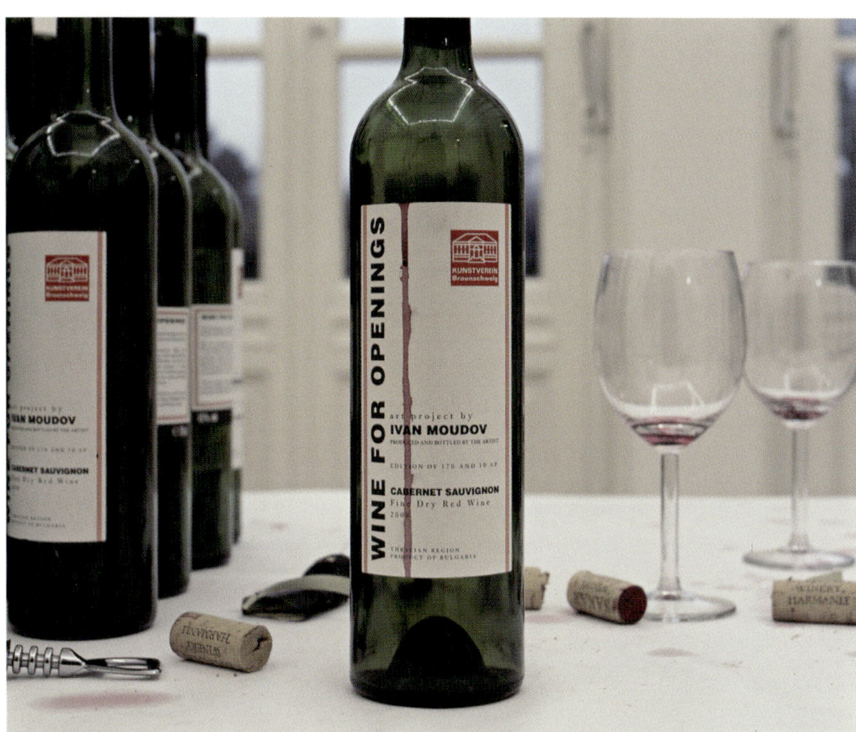

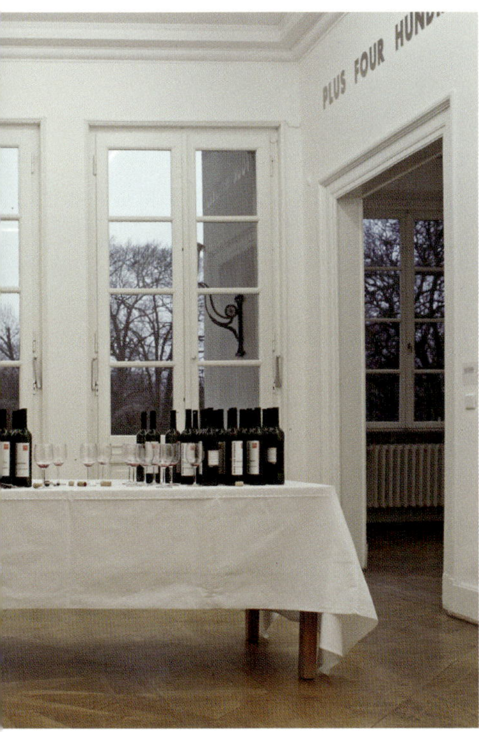

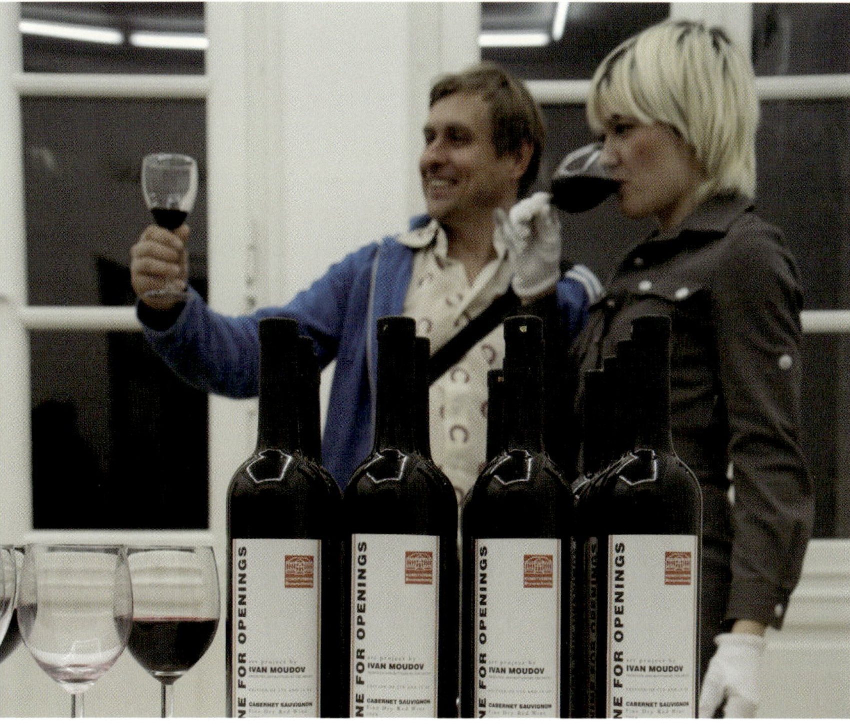

Wine for Openings – Kunstverein Braunschweig, 2008
Installationsansichten | Installation views Kunstverein Braunschweig

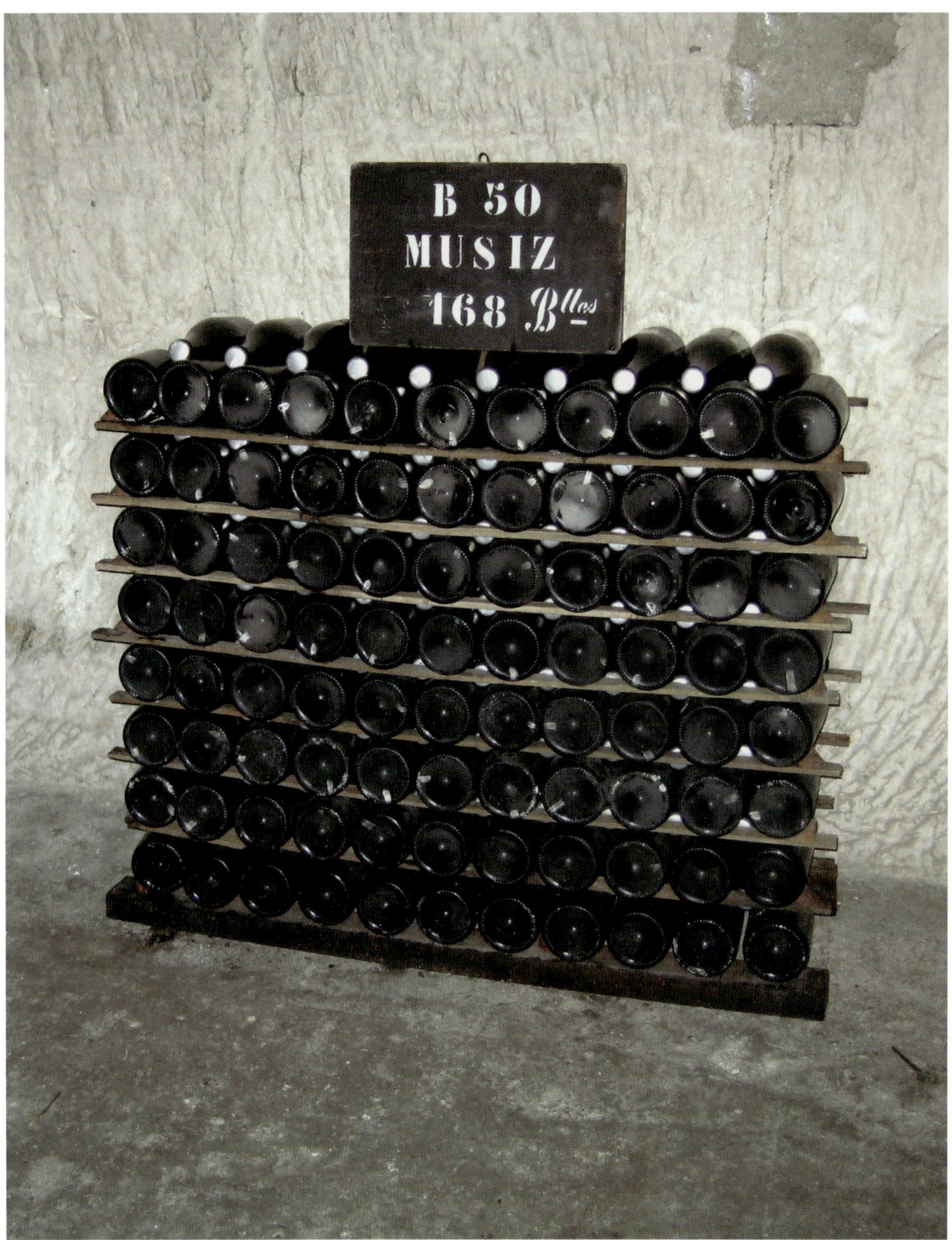

MUSIZ (Champagne Pommery for the Grand Opening of MUSIZ Museum of Contemporary Art – Sofia), 2008
Produziert von Pommery S.A. für die Ausstellung «L'Art en Europe: Expérience Pommery#5» |
Work manufactured by Pommery S.A. and for the Exhibition «L'Art en Europe : Expérience Pommery#5»

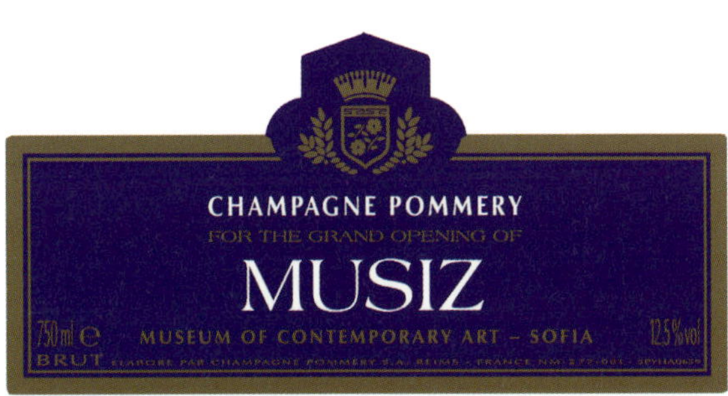

CHAMPAGNE POMMERY
FOR THE GRAND OPENING OF
MUSIZ
MUSEUM OF CONTEMPORARY ART – SOFIA
750ml e   12,5 % vol
BRUT

Champagne Pommery has bottled 150 bottles
of Brut Royal especially for the Grand Opening
of MUSIZ, the Museum of Contemporary Art -
Sofia. The bottles are stored in the Pommery
caves until the time of the official inauguration of
the Museum. A project by Ivan Moudov 2008 ©

Brut
Royal

750ml
CONTAINS SULPHITES   www.pommery.com   12,5% vol.

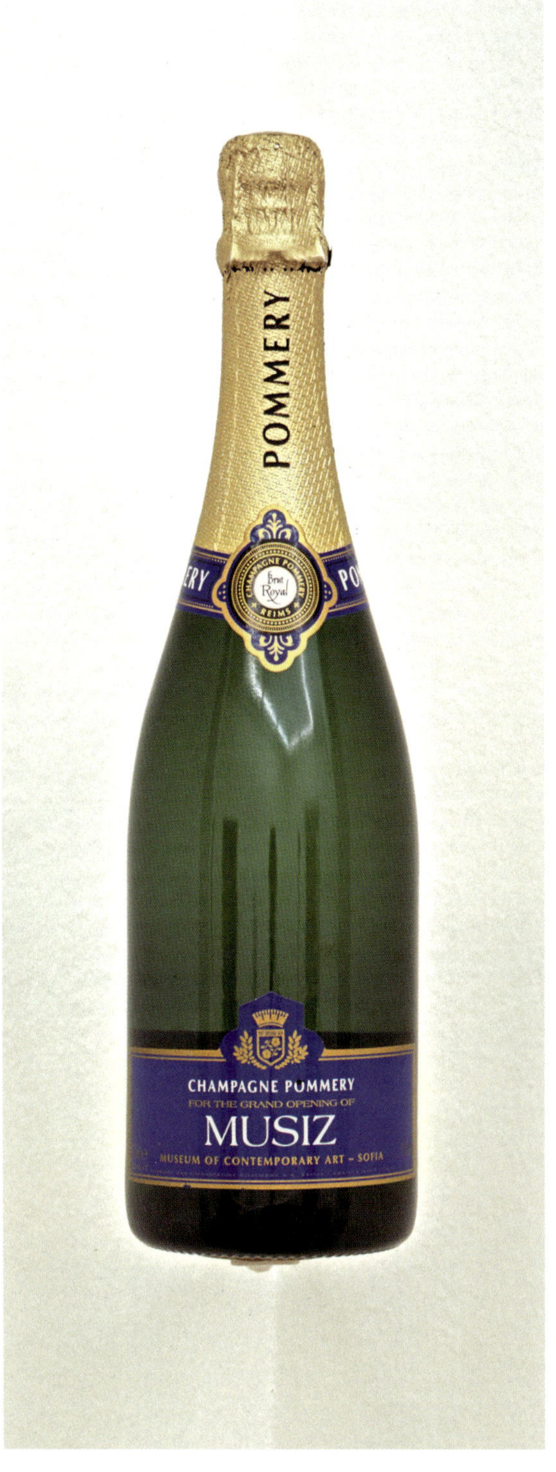
POMMERY
CHAMPAGNE POMMERY
FOR THE GRAND OPENING OF
MUSIZ
MUSEUM OF CONTEMPORARY ART – SOFIA

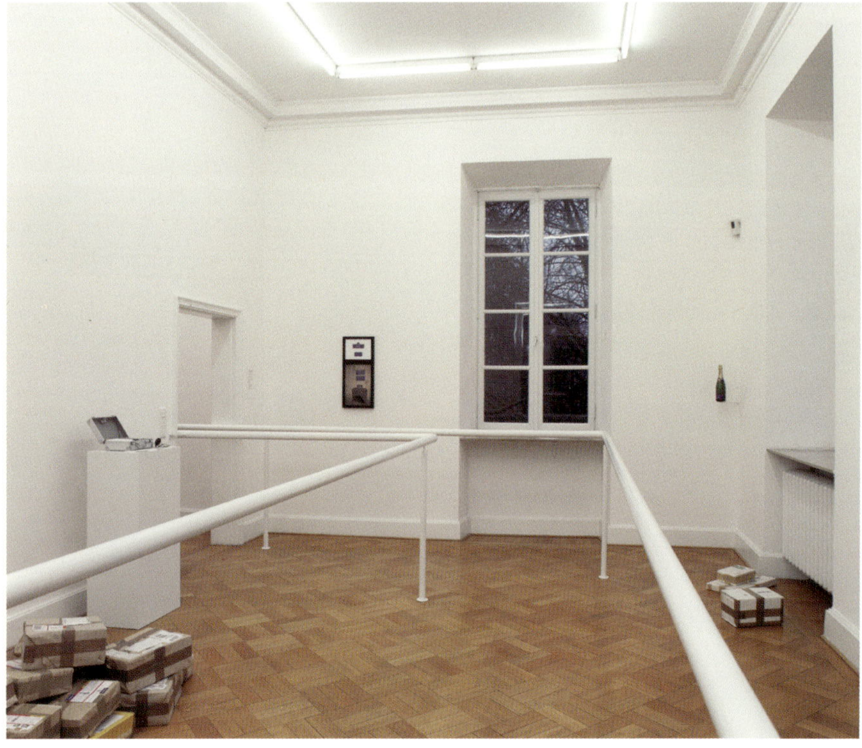

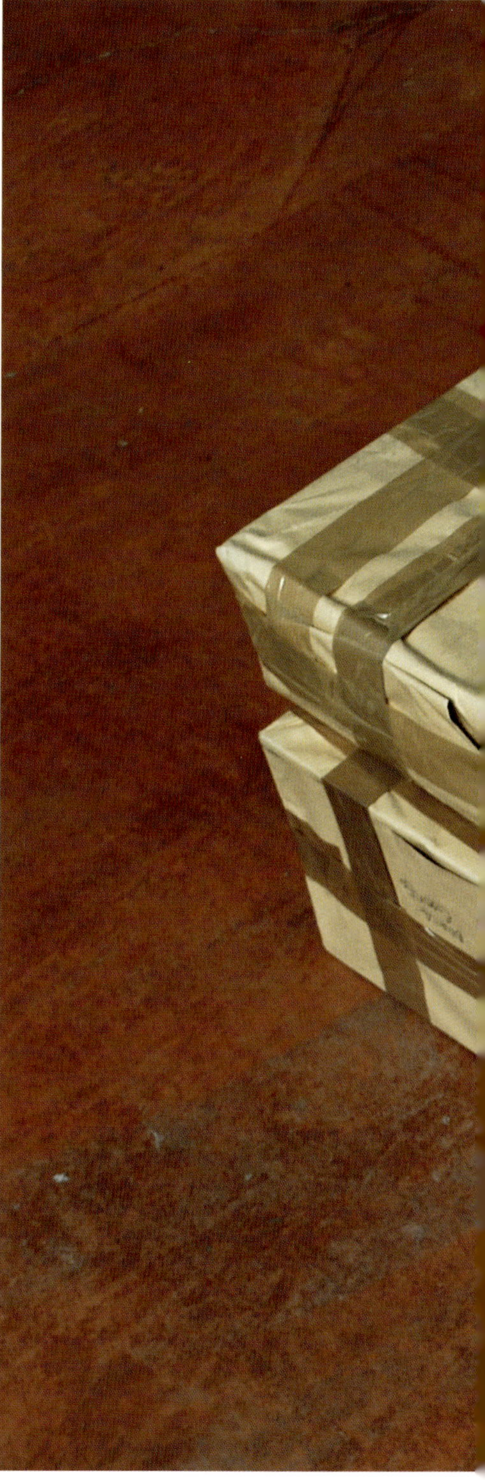

Installationsansicht | Installation view Kunstverein Braunschweig, 2008/2009
Arbeiten v.l.n.r. | works clockwise: *Back and Forward*, 2008, Pakete, gestohlene Fragmente | Packages, stolen fragments;
Guide, 2006, Aluminiumkoffer, Label, Audio guide | Aluminum box, labels, audio devices;
MUSIZ (Champagne Pommery for the Grand Opening of MUSIZ Museum of Contemporary Art – Sofia), 2008,
Foto und Originalflasche | Photo and bottle

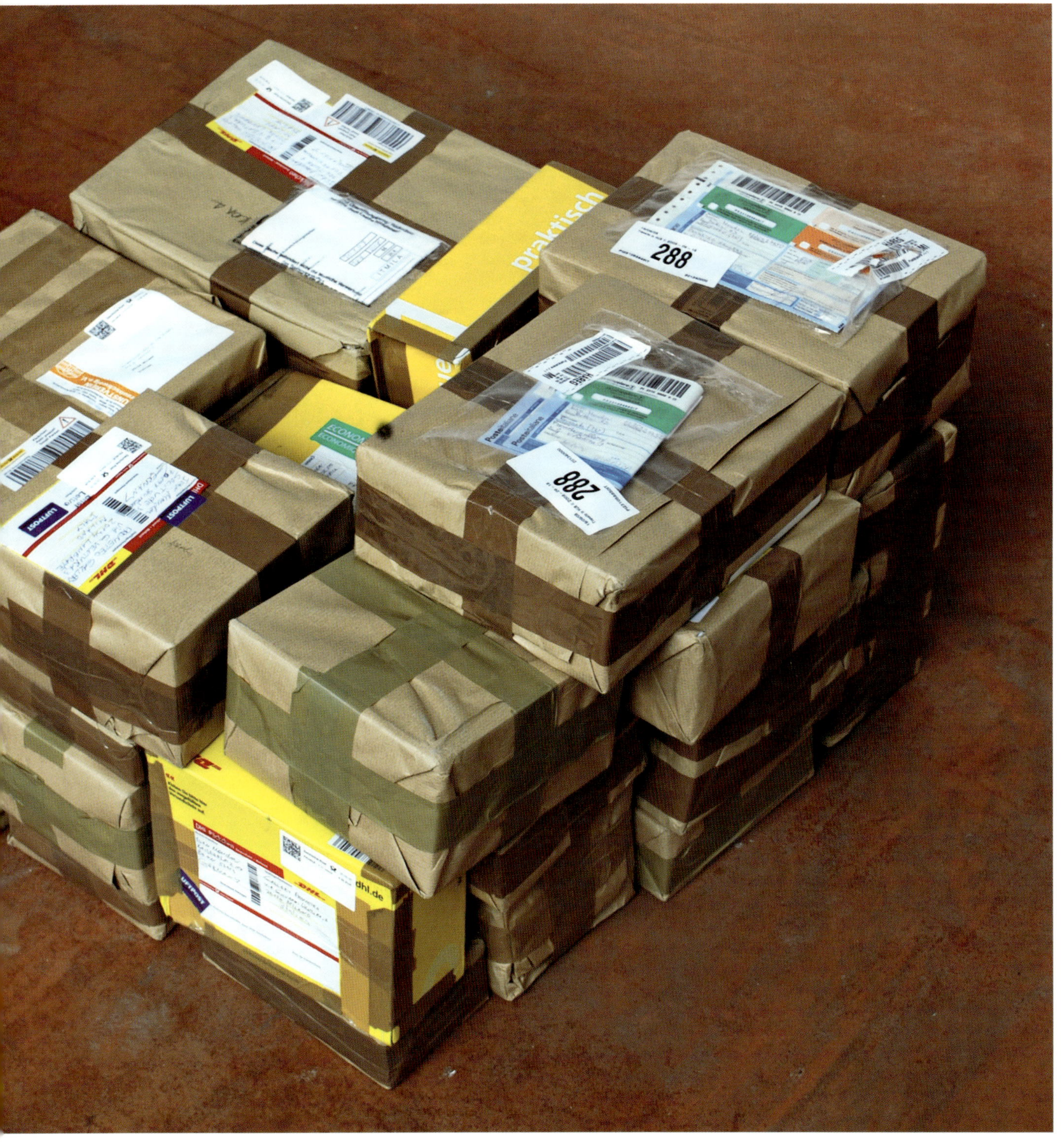

Back and Forward, 2008
Installationsansicht | Installation view Prometeogallery di Ida Pisani | Päckchen mit gestohlenen Fragmenten,
die an die Prometeogallery di Ida Pisani gesandt wurden | Packages mailed to Prometeogallery di Ida Pisani full of stolen fragments
Courtesy Prometeogallery di Ida Pisani, Mailand | Milan und der Künstler | and the artist

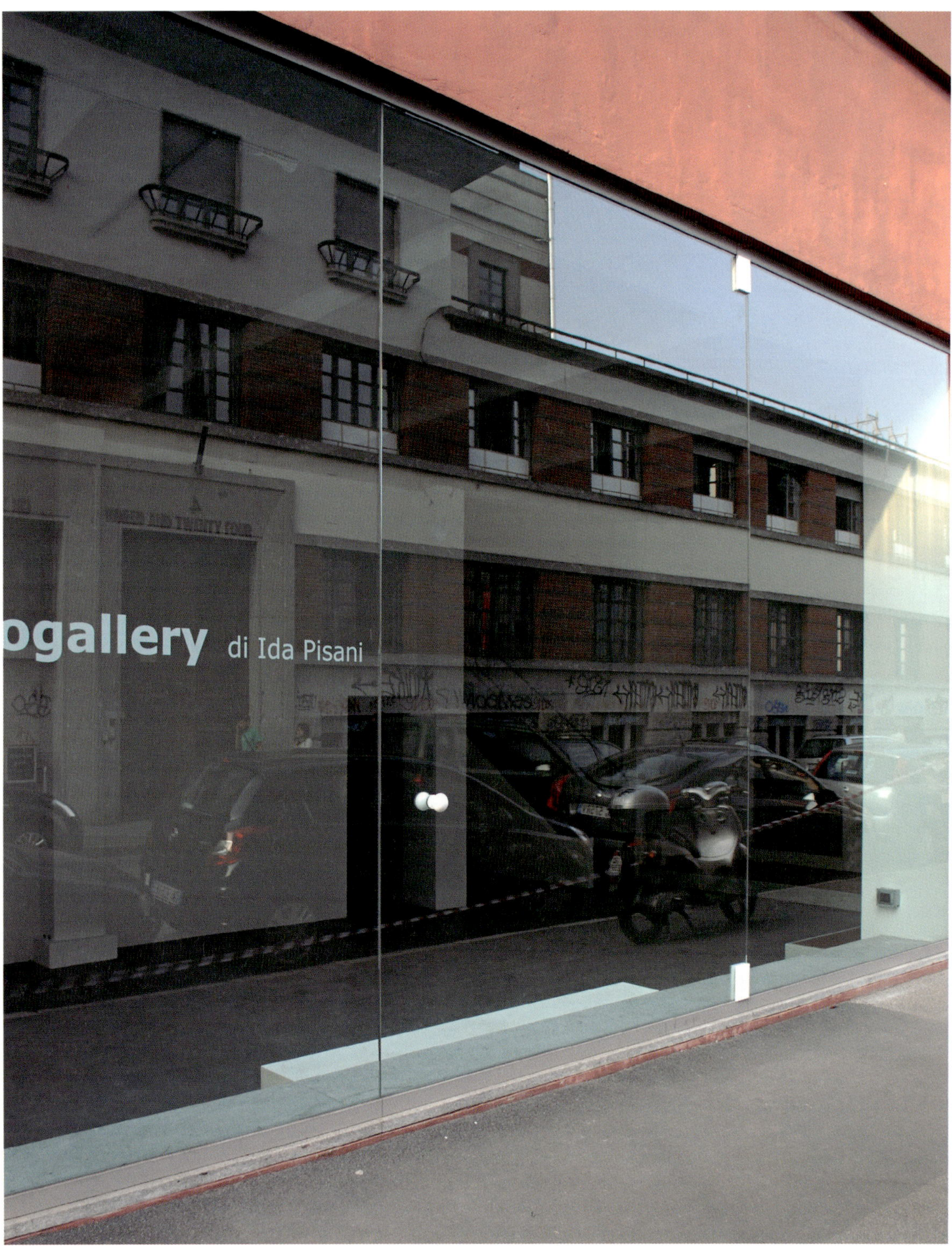
ogallery di Ida Pisani

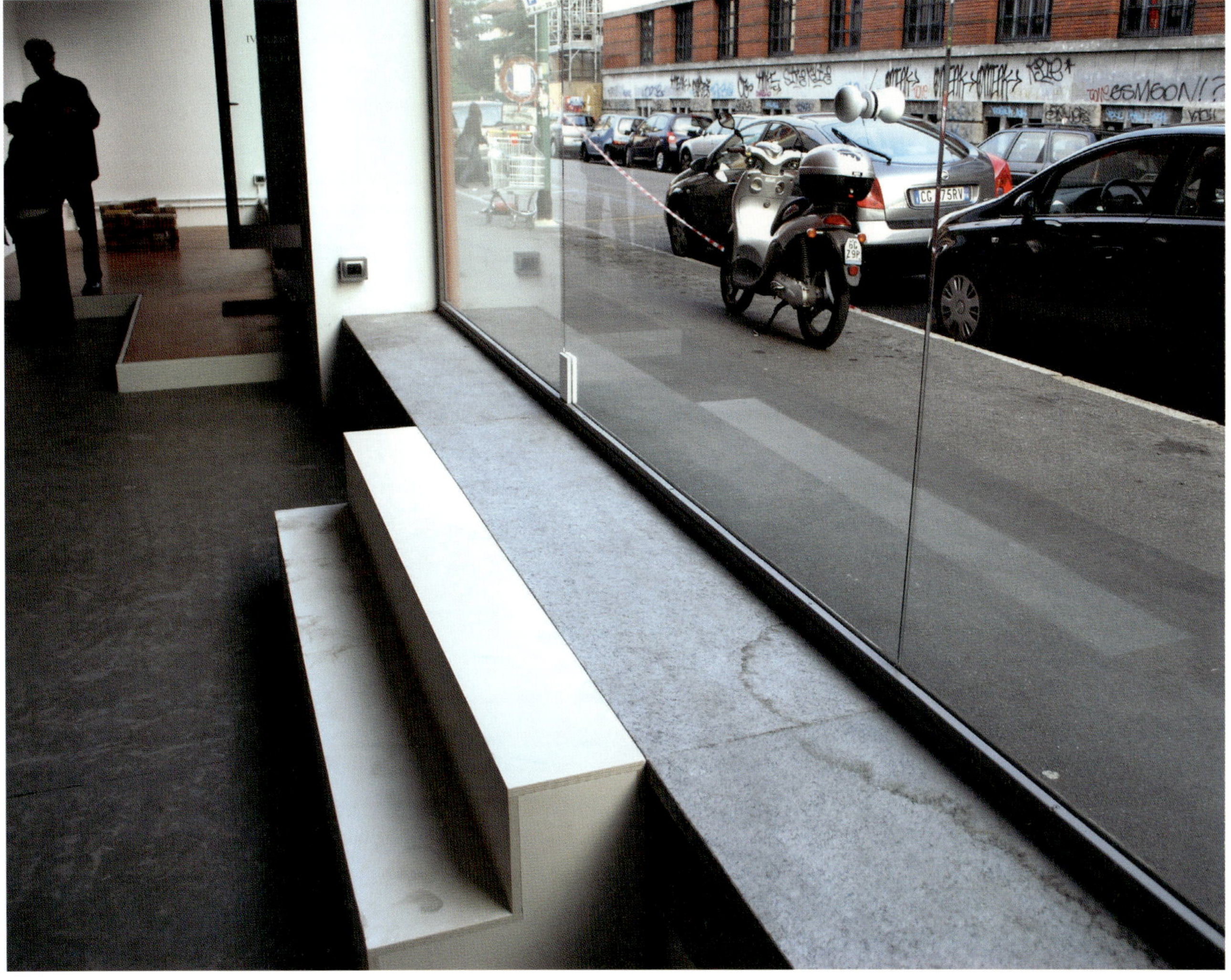

Welcome, 2008 (Detail)
Türgriff, Scharniere, Glasvitrine | Handle, hinges, glass vitrine
Installationsansicht | Installation view Prometeogallery di Ida Pisani
Courtesy: Prometeogallery di Ida Pisani, Mailand | Milan und der Künstler | and the artist

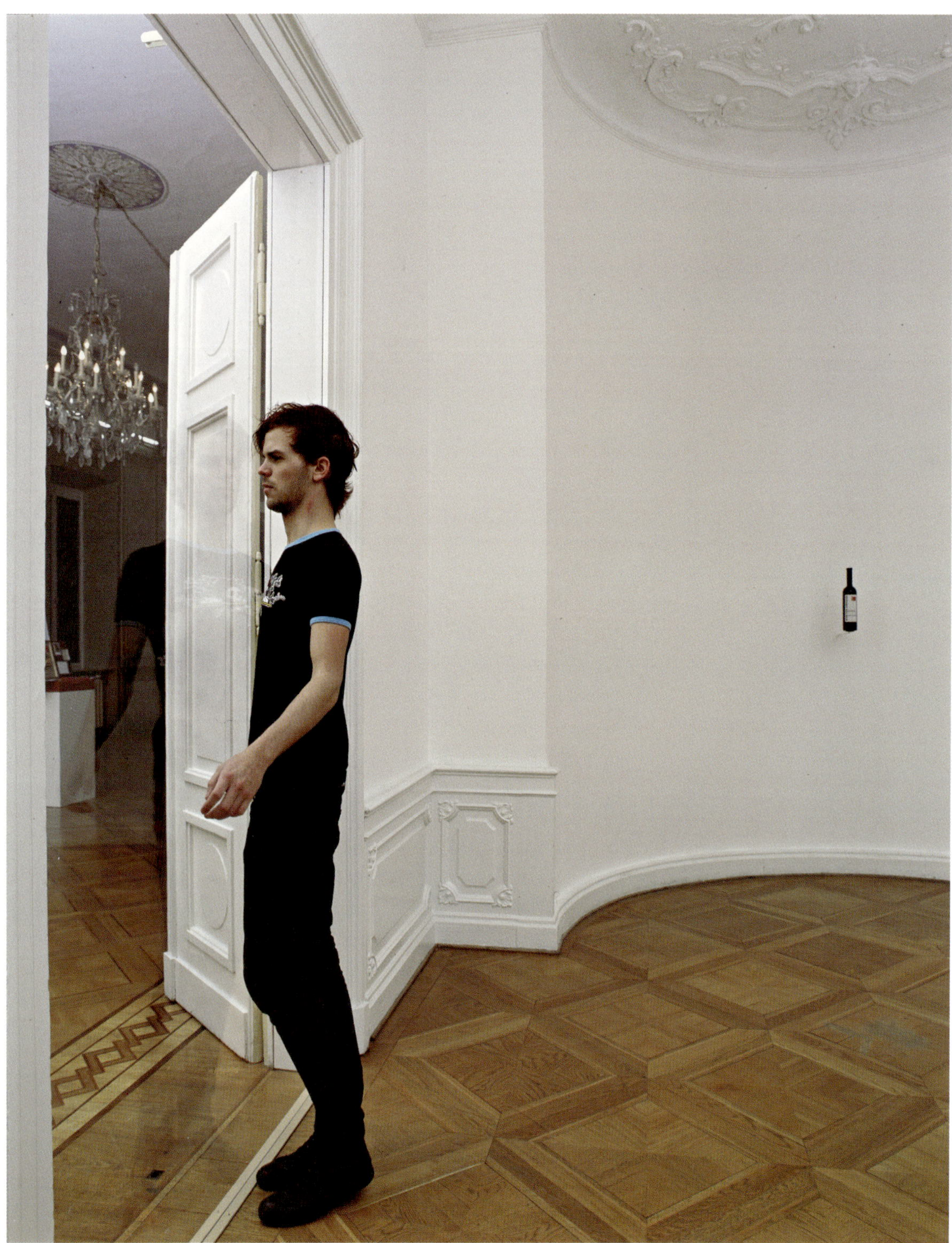

The Glass, 2008
Installationsansicht | Installation view
Kunstverein Braunschweig, 2008/2009

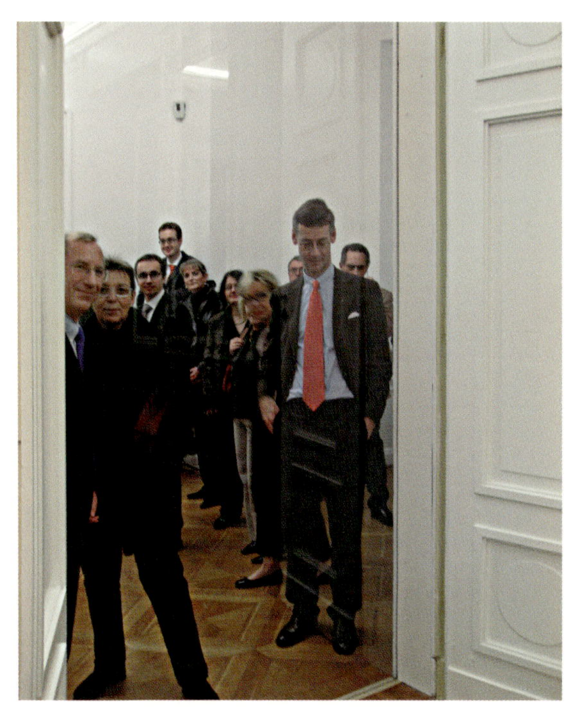

The Glass, 2008
Installationsansicht | Installation view
Kunstverein Braunschweig, 2008/2009

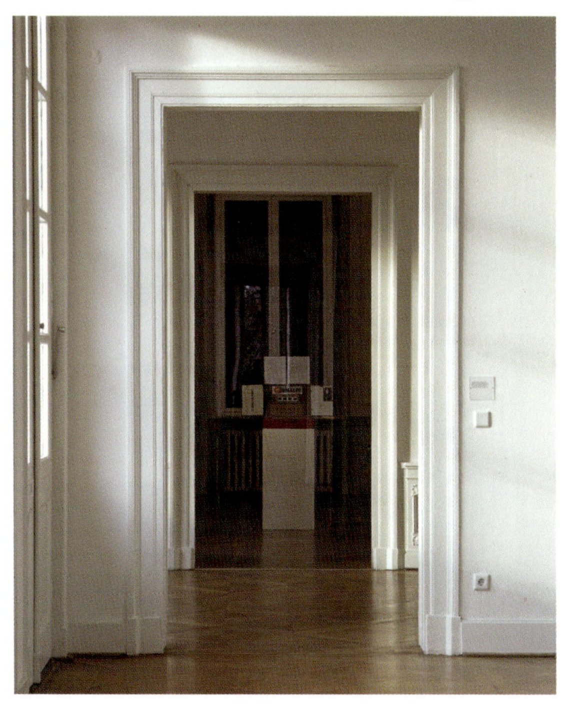

The Glass, 2008
Installationsansicht | Installation view
Kunstverein Braunschweig, 2008/2009

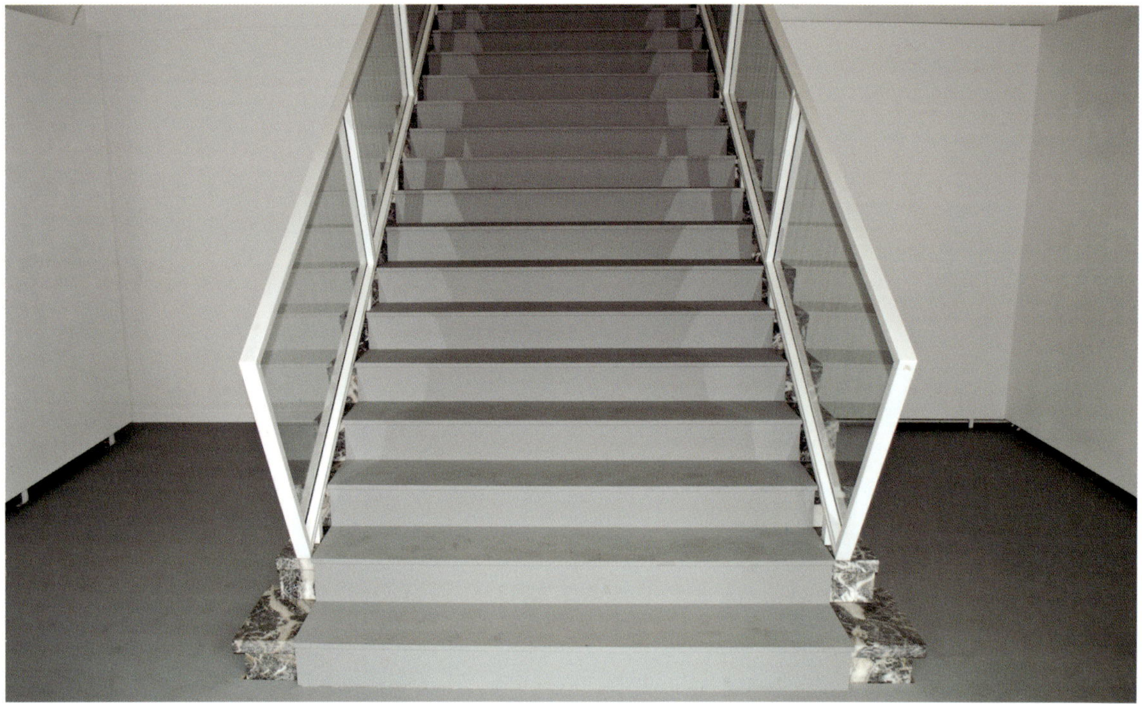

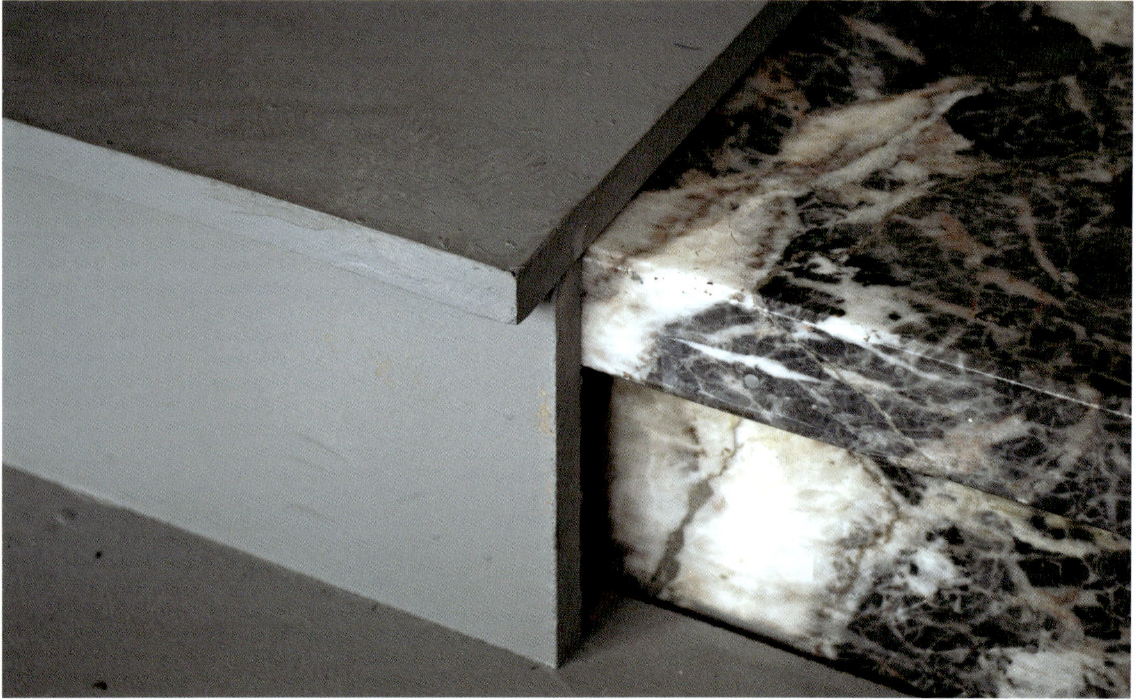

Ivan Moudov und | and Alban Muja
Floor, 2008
Marmortreppe und -boden mit Sperrholzplatten bedeckt | Marble staircase and floor covered with plywood plates
Installationsansicht und Detail | Installation view and detail KulturKontakt, Wien | Vienna

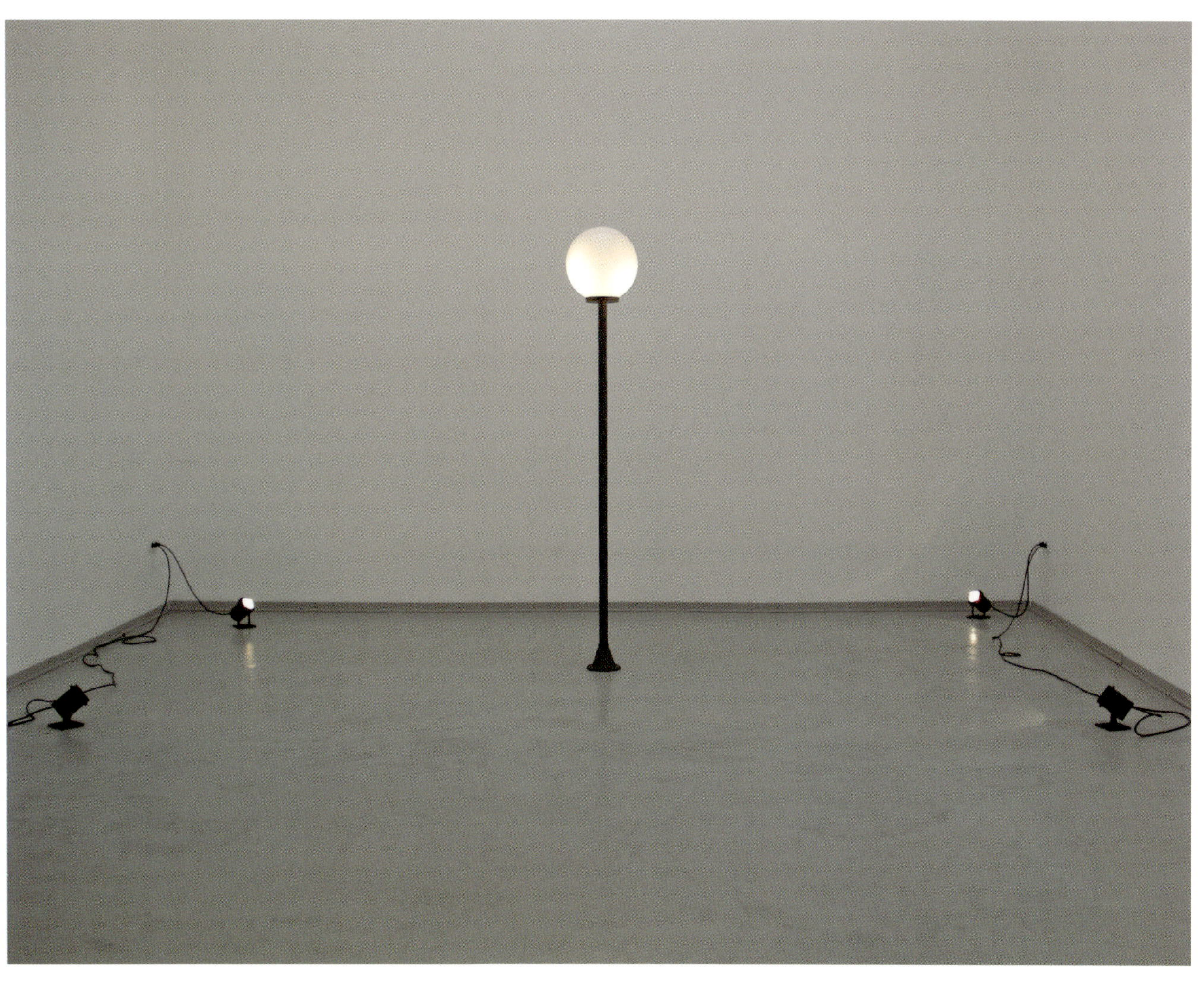

Lamp, 2008
Straßenlaterne, vier Lichtstrahler | Street lamp and four light spots
Installationsansicht | Installation view Rayko Alleksiev Gallery, Sofia
Courtesy Artericambi/AGI Verona Collection

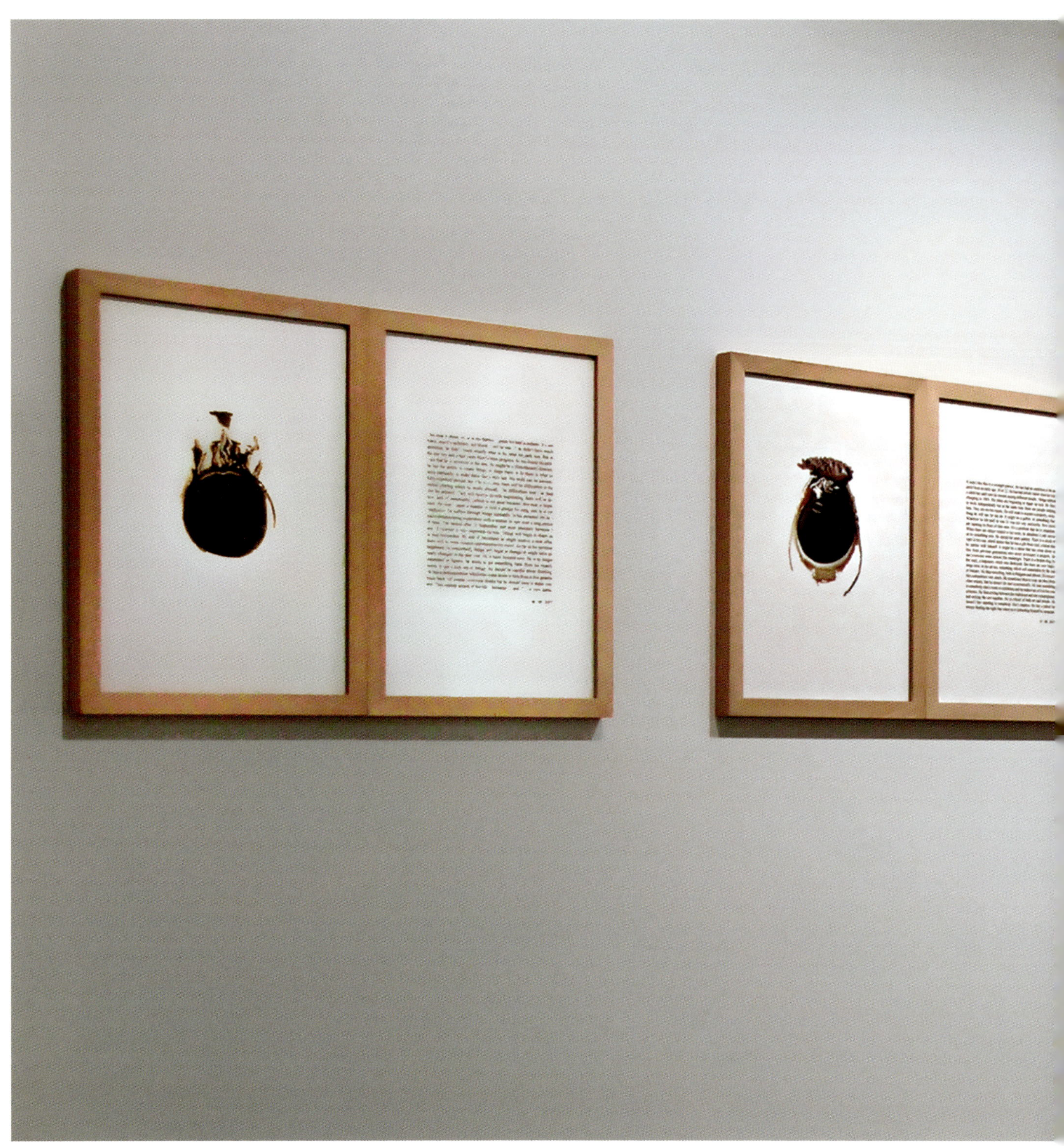

Already Made 5 (One Week Coffee Self-portraits), 2007
Digitaldruck und Text auf Papier | Digital print and text on paper
Installationsansicht | Installation view Siemens ArtLab, Wien | Vienna

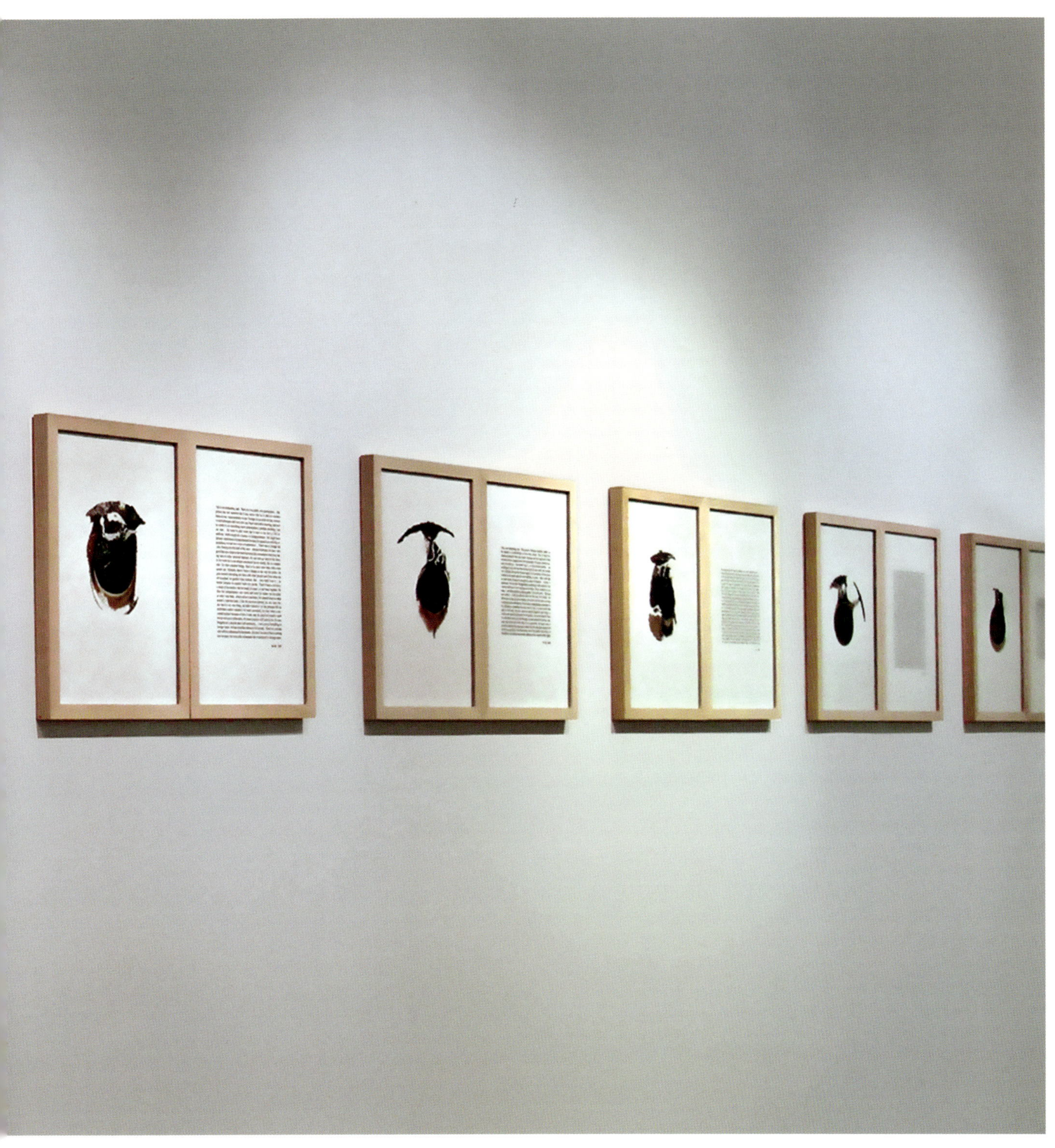

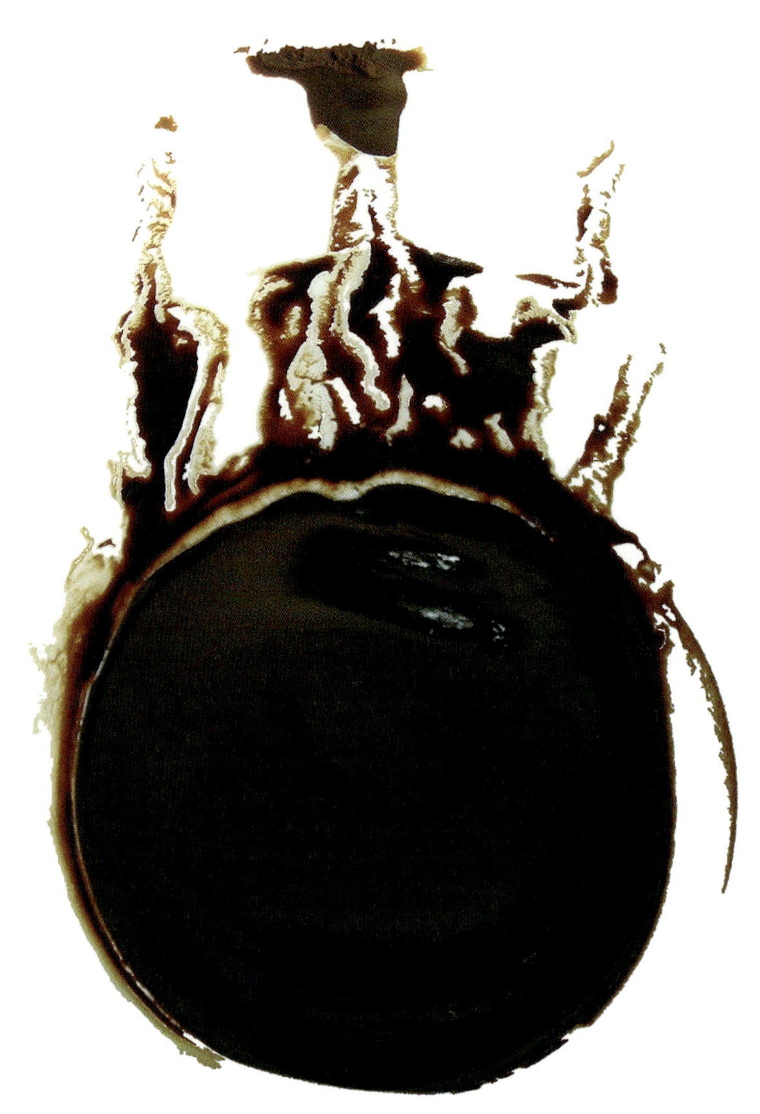

This man is about 30, or in his thirties. I guess his hair is auburn. It's not black, and it's definitely not blond. Until he was 25 he didn't have much ambition, he didn't know exactly what to do, what his path was. But in the last two and a half years there's been progress, he has found his path. I see that he is involved in the arts. He might be a [film/theatre] director, he has the ability to create things, to shape them, to fit them to what he feels internally, to make them like a fairy tale. His work can be successfully exported abroad, but if he is a Libra, there will be difficulties in the period [during which he works abroad]. The difficulties won't be fatal [for the project]. They will have to do with negotiating, there will be delays, lack of punctuality, [which is not good because] this man is impatient. He won't cause a scandal or hold a grudge for long, and he is not vindictive. He suffers through things internally. In his personal life he's had a disappointing experience with a woman he saw over a long period of time. The period after 20 September, and more precisely between 3 and 18 October is very important for him. Things will begin to shape up in mid-November. By end of December he might receive a new offer, there will be work-related opportunities for travel. As far as his personal happiness [is concerned], things will begin to change or might have already changed in the past year. He is more focused now. He is no longer interested in figures, he wants to get something back from his experiences, to get a kick out of things. He should be careful about drinking. He has a predisposition which has come down to him from a few generations back. Of course, everyone drinks but he should keep it under control. This current period of his life – between 31 and 37 – is very stable.

06. 08. 2007

Already Made 5 (One Week Coffee Self-portraits), 2007
Digitaldruck und Text auf Papier | Digital print and text on paper

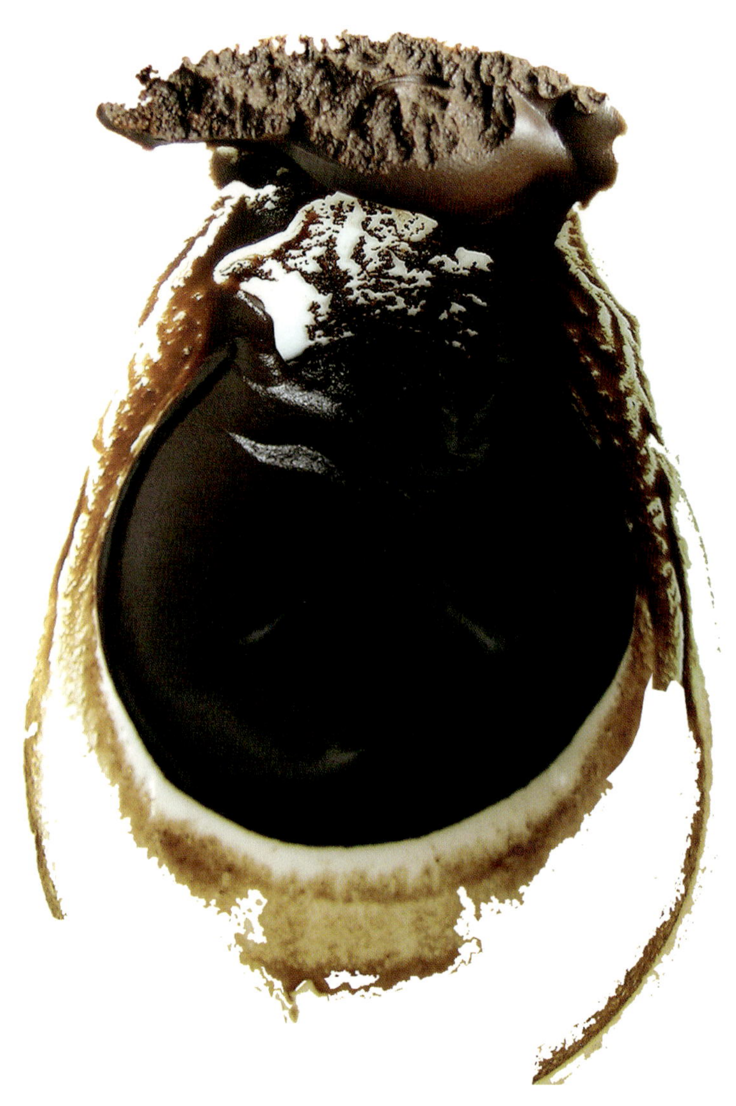

It looks like this is a younger person. He has had an ambition to be an artist from an early age, 20 or 22. He has had artistic talent since he was a child but until now he moved among different people. Things started changing in 2005. His ideas are beginning to shape up now. He likes to work independently but at the same time there are people helping him. They are not his equals. He will want to acquire a property, something he will use for his art. It might be a gallery or something else. Whatever he did until he was 21 was not very successful. New doors are opening in front of him now. It's a problem that he is impatient. When there are delays related to his work, he abandons it and moves on to something new. He should be more patient. There is a cloud of light in his cup, which means that he has a gift from God, a talent that he carries with himself. It might be a talent that has come down to him from previous generations who never developed it properly. He has overcome some serious life challenges. There is a broken ring [in the cup], a happiness which was destroyed. But there are new beginnings now, in his art too, something which will materialise by the end of January. He likes travelling, both in Bulgaria and abroad. He doesn't like competition very much. He sometimes likes to copy an idea [from other artists]. But he doesn't do that systematically. He sees something in somebody else's work or exhibition and he makes use of it in his own schemes. He likes roving between the traditional and the contemporary and mixing the two together. He is critical of both art and people. He doesn't like standing in somebody else's shadow. He has a talent for always finding the right line when he is defending himself to someone.

07. 08. 2007

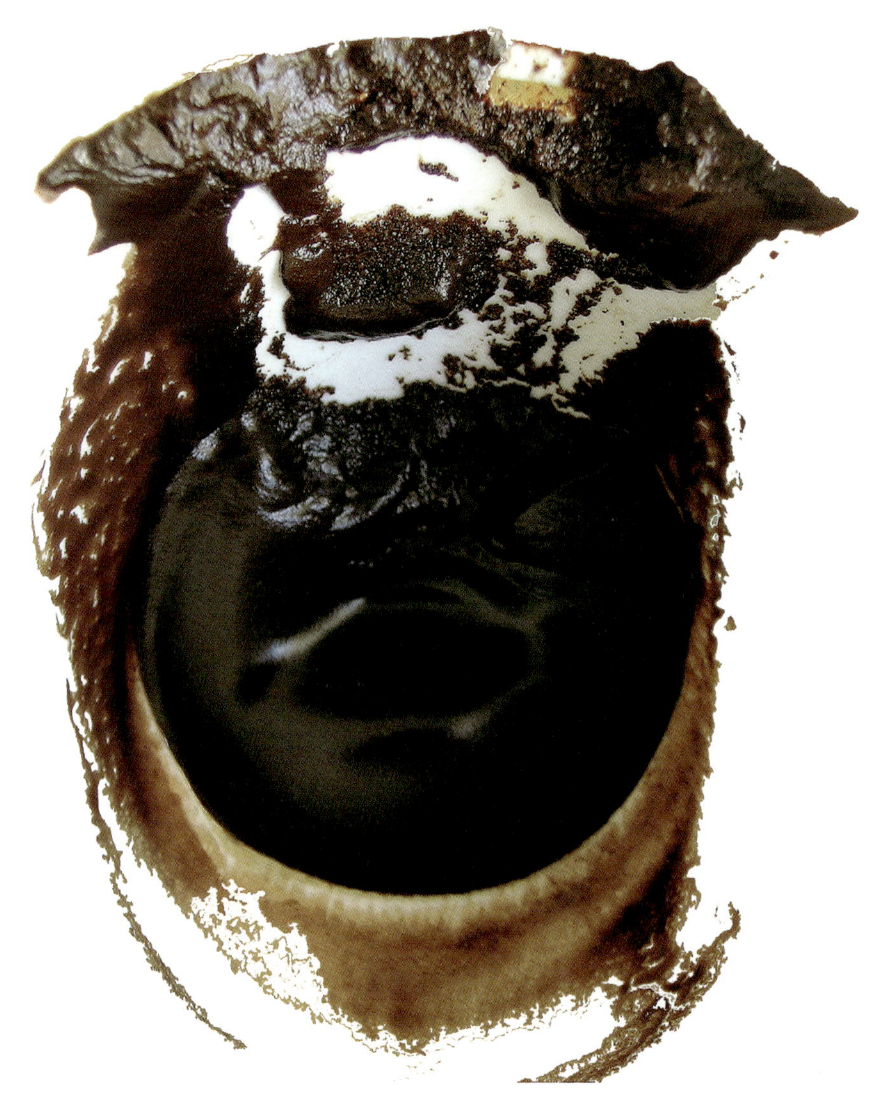

This is an interesting case. There are two paths, two professions… this person has two interests but it also seems like he is able to combine them in one, most probably in art. Perhaps as an artist he has worked in one technique until now, let's say black-and-white drawing, and now he wants to do something more contemporary, perhaps painting, I am not sure… He tends to pick work that is easy to do, he is a bit superficial, which might be a source of disappointment. He might have already experienced disappointment because he started out with big expectations, to find new ways of expression… There was a change last year. During the first half of the year – January/February to June. June gave him new ideas to develop but from July onwards he was busy taking care of other, personal interests. He can now go back to his ideas. In his work he is not always convinced [in its worth]. He is a materialist. He likes material things, likes to be paid more than what other people get. Recently, there's been a change in the way he works. He goes around discussing his ideas with other people and if his ideas are not accepted, he quickly loses interest. But… how shall I say it… he doesn't despair, he quickly finds new people. There's been a division, a crack in his destiny that he needs to repair, to put back together. He likes his independence very much and when he makes up his mind, he won't step back, which can be a problem. He should listen to other people's opinions more. [Like the previous person], he, too, has a talent, but it's his own thing, he didn't inherit it. In his personal life he sometimes makes mistakes. Or more accurately, he may delay a successful project because of love. A day may be good for creative work but he will use it differently. He travels and/or will travel a lot. He sees Bulgaria as a second place [of residence]… I see a lot of travelling to foreign lands. He has travelled abroad a lot already. There is a woman who will be influenced by his travels. He won't be sure if she is joining him because she loves him or because she is attracted to foreign lands.

08.08. 2007

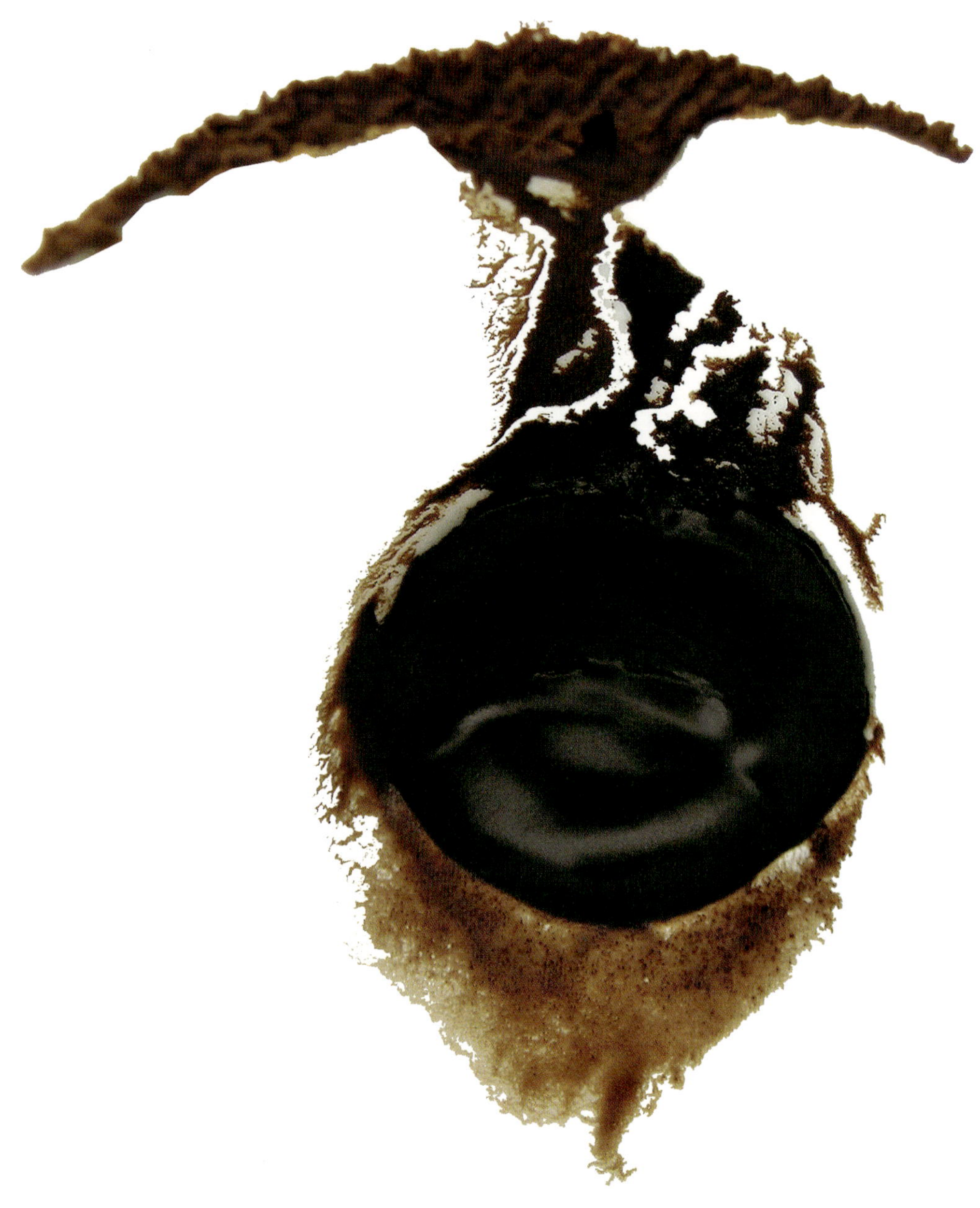

This is an interesting cup. This person's business depends wholly on the support or collaboration of two other people. One of them has distanced himself from this man's business and the man had to find someone else to support with. He is persistent. He doesn't always succeed. He seeks to… how shall I say it… it's like a broken anchor… the anchorage in his life has been broken and he now seeks new people who will help him anchor himself again. He is ambitious. He has good intuition for people and his self-confidence is good. Three years ago he made some changes, he acquired a piece of property – a house or apartment. He has had disappointing experiences with people he has worked with and is now making new contacts. These contacts are not many. I see three people working together. Two of the men – this man and another – come up with the ideas but this man is the leader. The third man is more like an assistant. He works with the other two men on projects and exhibitions. He has had a disappointing experience in his childhood, something he wasn't able to have, it's here in this dark [part of the cup]. He now wants to express himself in new ways, to build a new name for himself, to be popular. I see travel ahead of him, he will travel soon, he is still trying to anchor himself in his new situation and will travel after that. He is a good flirt. He knows how to protect a partner but years ago it seems like he acted and wanted to be known as a playboy. He should take care of his health. If he drives, he should be careful because he has a tendency not to respect traffic lights.

09. 08. 2007

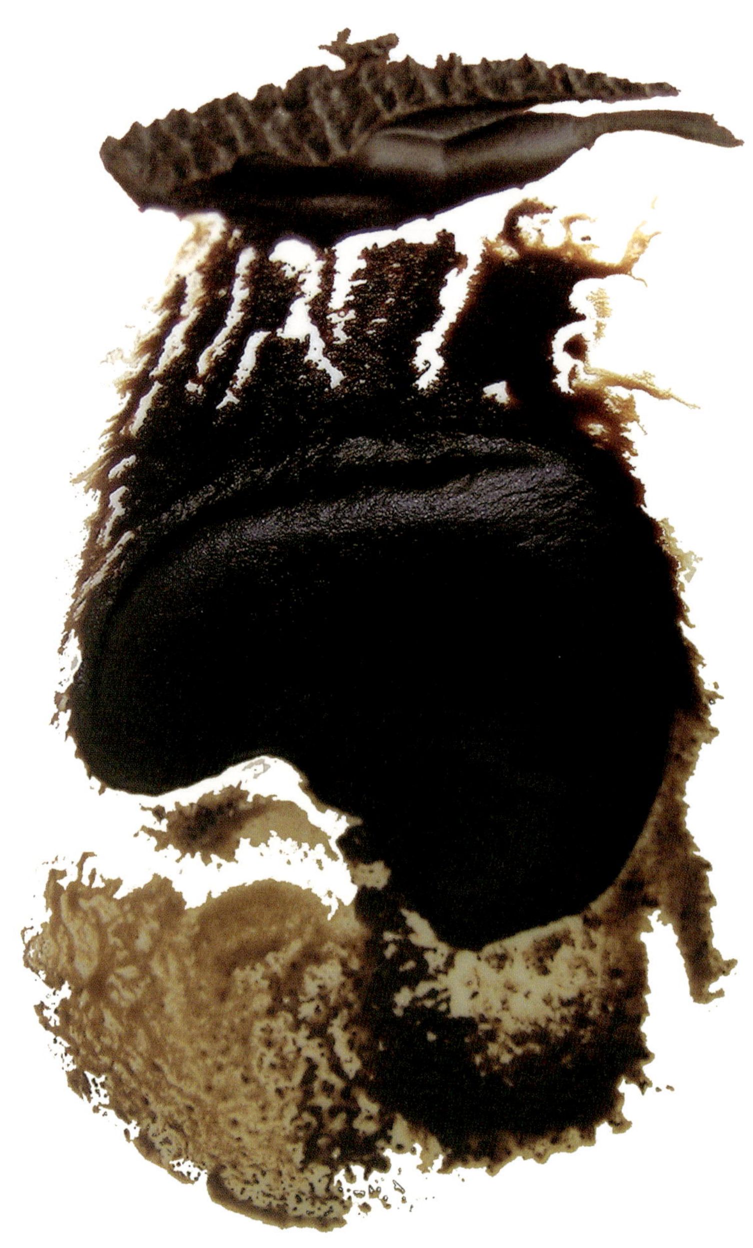

This person has had a turn of fortune, not a very successful one. A friend of his had a role in this and a woman robbed him, both materially and emotionally, and made him feel as if he was in first grade again. He didn't know this at the time but he's become aware of it in the past two years. He [generally] has a good ability to understand what's going on. This man is not younger than 32 years. He is ambitious. He likes the company of other people. I don't approve of this very much because he ends up in gatherings that can be quite wild. He likes socializing and participating in group exhibitions, not just solos. At the same time he is not indifferent to applause. No artist is. He should be careful of straining his waist. Waist problems are in the family, so he should be careful. He may experience headaches because his blood pressure is low. In ten years though his blood pressure may go high, he should be careful. His paternal instinct, the desire to have offspring, will wake up soon. In fact, it has already woken up. He had a separation with someone who was close to him but I can't say when. He is worried about a sick person but [he doesn't need to worry,] the disease is chronic [not lethal]. He can't bear alcohol well because he fell as a child or he injured his head, you can see the figure here with its head upside down. He definitely went through some serious stress, perhaps it was in the army, or somewhere else… I don't know if he was ever in the army but he doesn't like to be told what to do.

10. 08. 2007

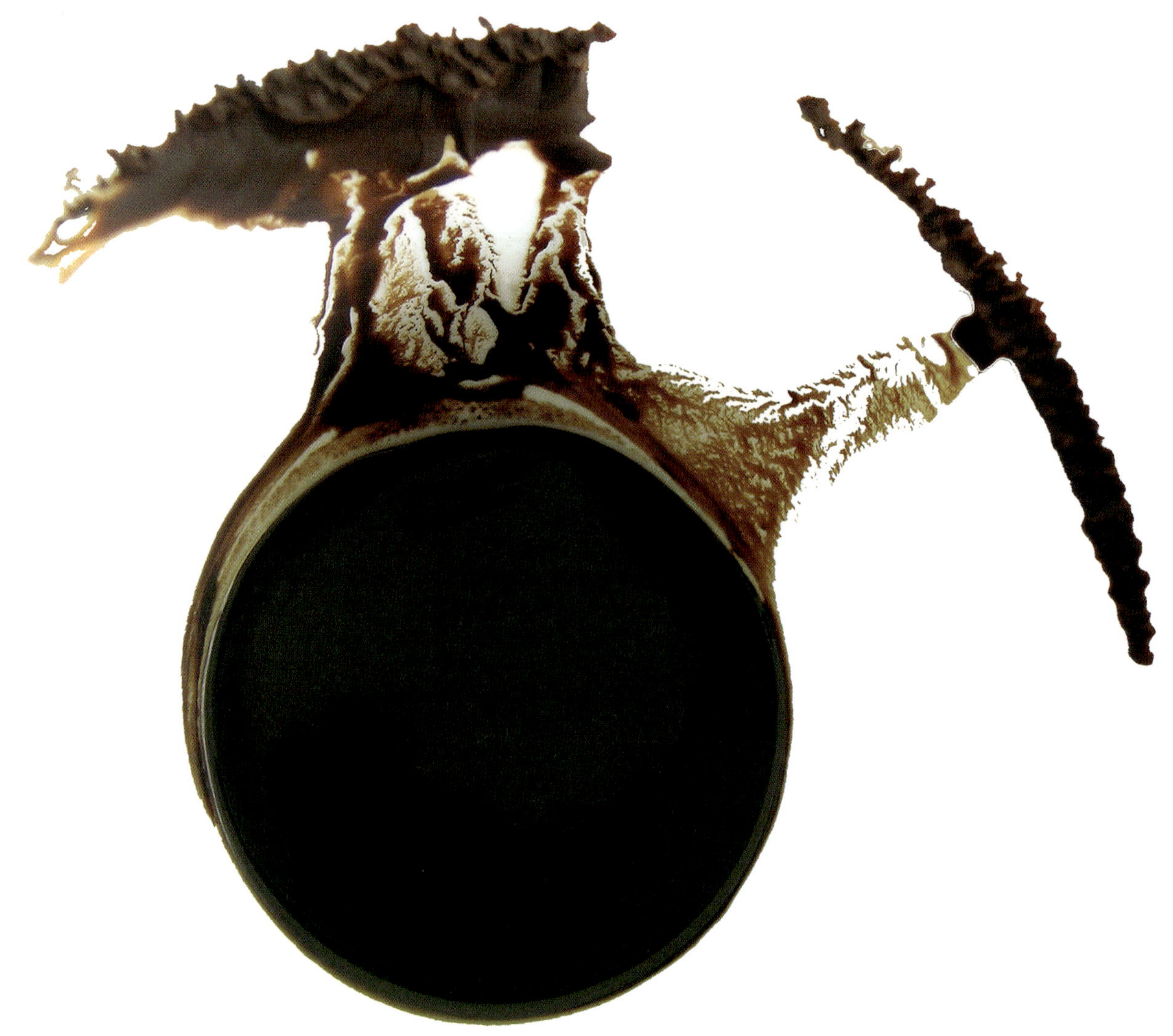

This cup has something in common with the previous one. I wouldn't say the two people are relatives but perhaps they work together as artists. But this man here is on a more advanced path, the previous man was in the middle, in the process of something. This man has dark hair and blue eyes. He already experienced achievement and success in the last three years. His strength lies abroad. Here, people may like what he does, but they think that it is somehow out of touch with reality. He dreams about foreign lands and travels abroad often. He may end up marrying a foreigner. He should make sure other people don't steal his ideas. He's already experienced this a few times and that has made him a bit wary. He recently had problems in his personal life. He has a tendency to dominate others. He knows his way out of a problematic situation – that's inherited, from his father or his grandfather. He doesn't approve of the character of this parental figure but he has some of his father's or grandfather's traits. The period between 33 and 38 is a lucky period for him. His first achievements were after 27 but even when he was a child he was involved in something… something artistic… he has a musical talent too. The ideas he comes up with here, in Bulgaria, are exportable. He will be successful. He has an aesthetical inclination, perhaps a taste in clothes, his sense of style is … very contemporary and not acceptable to everyone. He likes to dress differently from everybody else, to be casually elegant. He has a musical way of walking. He has a way with women, but he has a calculating streak and won't give much, he won't buy someone a car, for example. He makes presents but if he sees that that's all the woman is thinking about, he will find an elegant way of putting an end [to the relationship]. He likes to know that his pockets are not empty. Until nine months ago he was not very careful about giving money away. He's had two crises in his life, when he was 20/22, but the last four years have been stable. Last year, this year and the following year are very important. If he marries before 30, there is a danger that [his marriage will collapse and] he will marry again. If he marries after 30, it's likely that this will be his only marriage.

11. 08. 2007

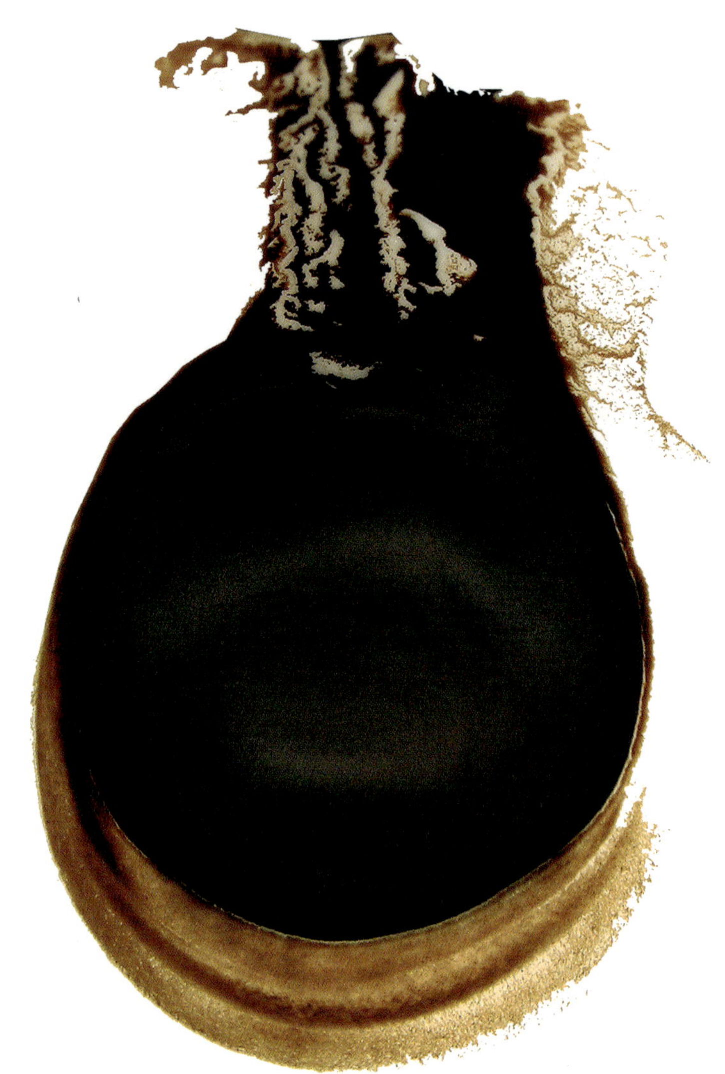

This man has suffered through something. A separation or another kind of pain, between 2005 and now. This year he is struggling to put himself on a stable path. When he is emotionally content, he is good in his art, but when he is down, the thrill of working goes away and everything happens more slowly. His language [with others] is strong but he also knows how to forgive. He may break up with somebody, not wanting to see them again, and then he will soften. He is spontaneous, he won't hold a grudge and is not vindictive. When people approach him kindly, he can be wonderful. He is a bit behind his own schedule – he could have outgrown his current situation long ago. He will soon have an opportunity to travel and meet someone new… it will be short lived. He won't stay in this relationship for long because he has someone he cares about. At the moment he is insecure about what he does, he is not sure which way to go, but things will begin to move soon, it will be a movement forward, but at the end of September there will be a problem again, a technical problem. He should be careful not to present his projects before they are 100% certain, because they may fail. For example, if he is invited to participate in an exhibition… he should keep his mouth shut. When he takes joy and announces things ahead of time, they tend to die out. So when people ask him how he is doing, his answer should be "so-so". There are people who can inter-fere with his thoughts negatively and reduce his chances for success.

12. 08. 2007

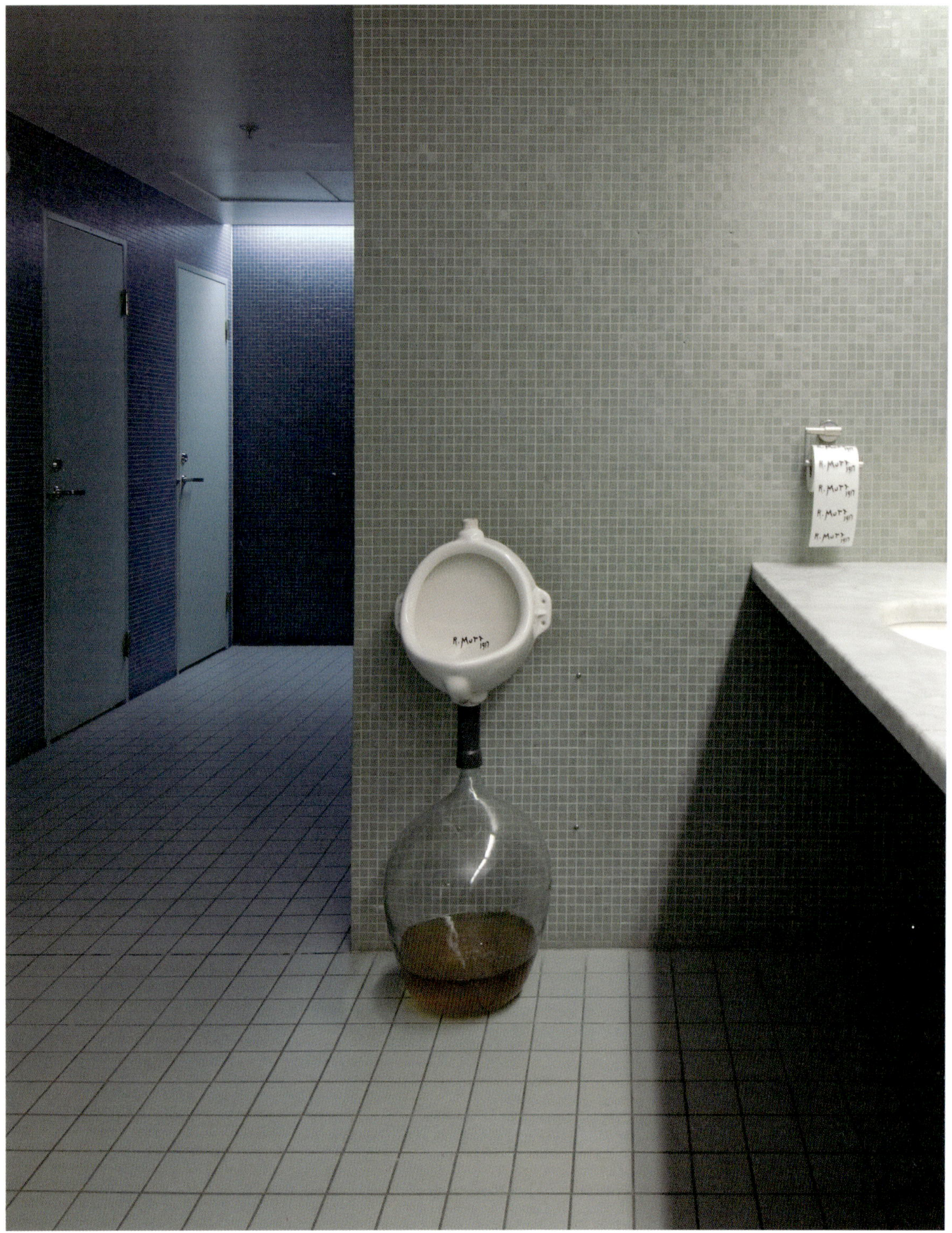

Already Made 3 (Pissoir), 2007
Glasflasche, Schlauch, Pissoir | Glass bottle, tube, urinal
Installationsansicht | Installation view Moderna Museet, Stockholm
Courtesy Arteicambi/G. Danieli Collection
Foto | Photo: Åsa Lundén

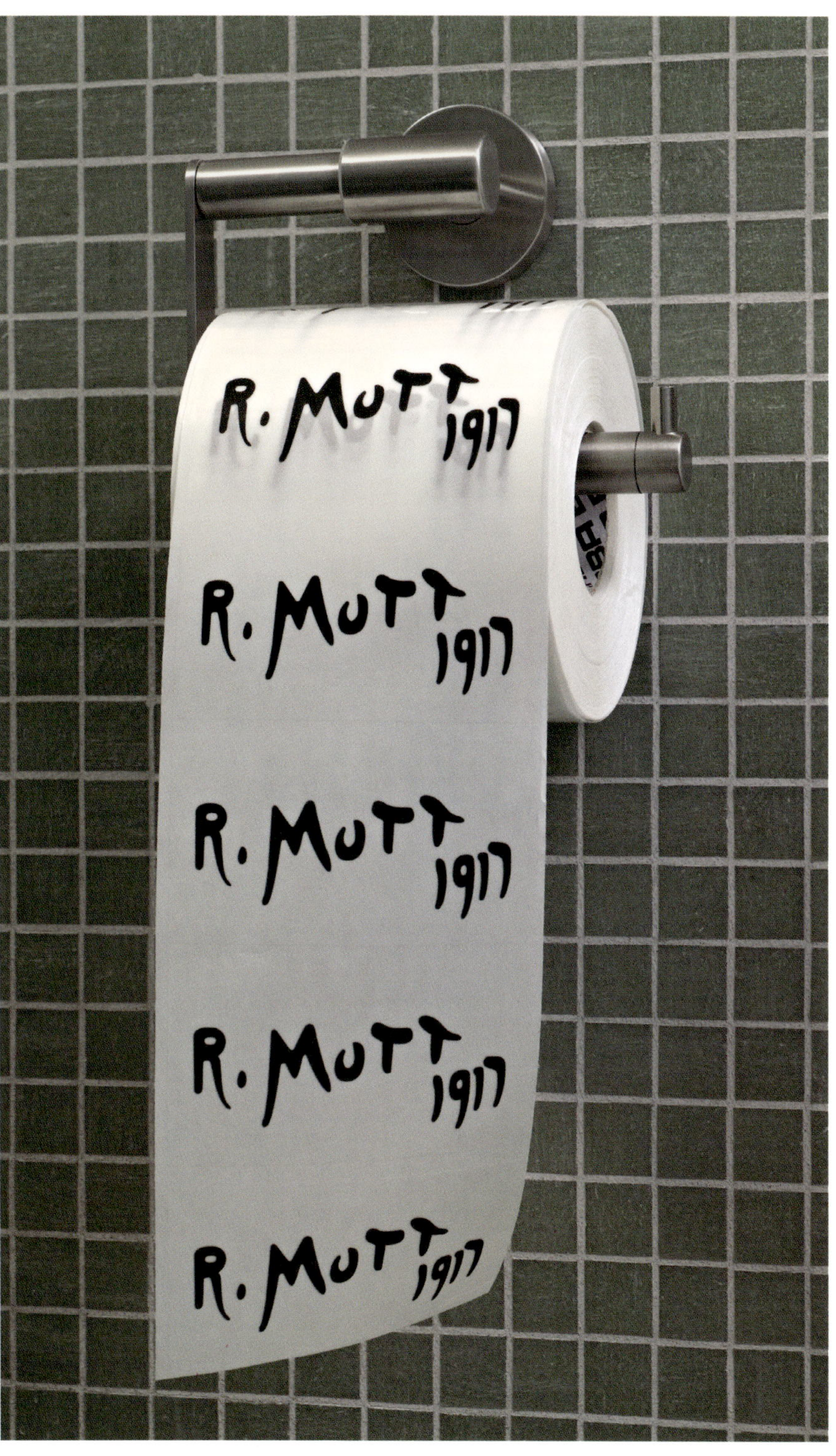

Already Made, 2008
Aufkleberrolle | Sticker role
Installationsansicht | Installation view Moderna Museet, Stockholm
Foto | Photo: Åsa Lundén

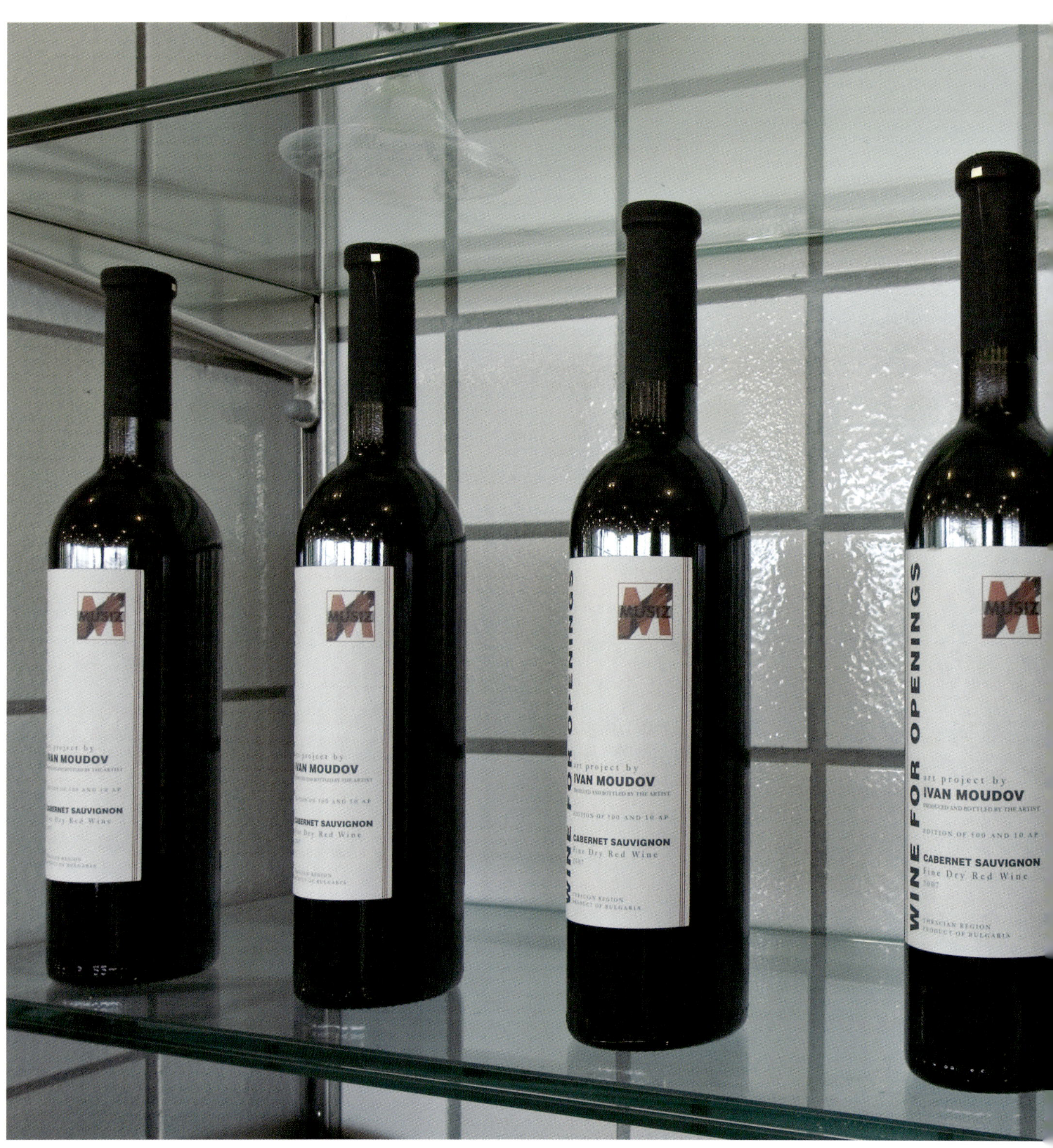
MUSIZ
art project by
IVAN MOUDOV
PRODUCED AND BOTTLED BY THE ARTIST
EDITION OF 500 AND 10 AP
CABERNET SAUVIGNON
Fine Dry Red Wine
2007
THRACIAN REGION
PRODUCT OF BULGARIA
WINE FOR OPENINGS

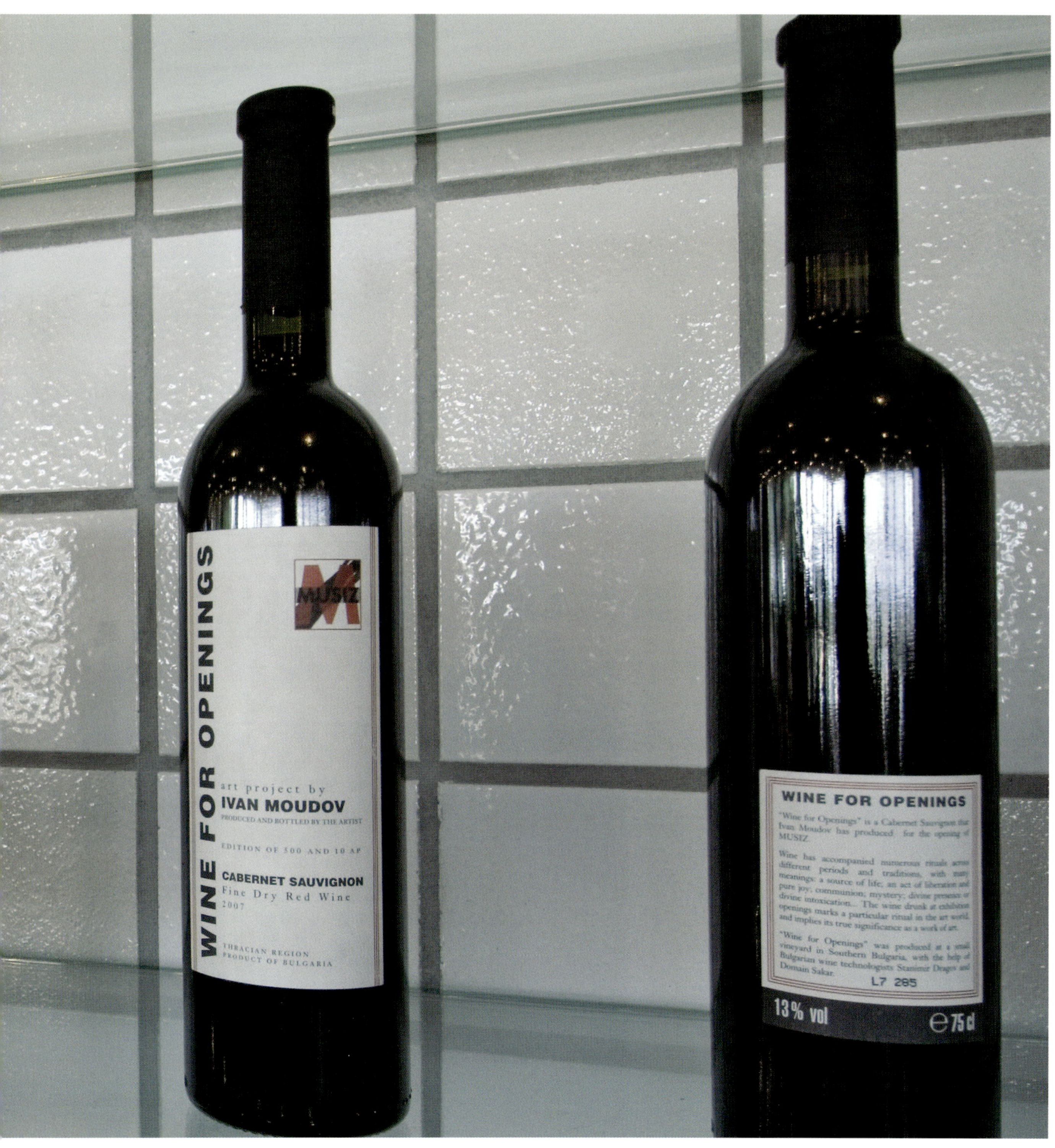

Wine for Openings – MUSIZ, 2008
Installationsansicht | Installation view Moderna Museet, Stockholm

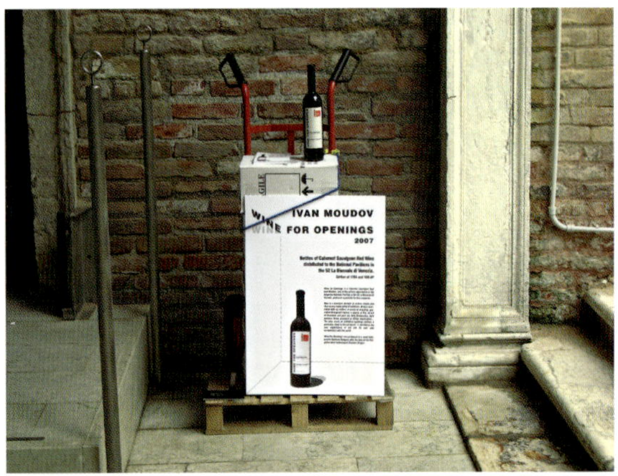

Wine for Openings – La Biennale di Venezia, 2007
Flaschen des Cabernet Sauvignon Rotweins, der an alle Länderpavillons
der 52. Biennale von Venedig ging, Auflage 1764 + 100 AP |
Bottles of Cabernet Sauvignon Red Wine distributed to the national pavilions
in the 52nd International Art Exhibition – La Biennale di Venezia,
Venice, Edition of 1764 + 100 AP
Installationsansicht Bulgarischer Pavillon, 52. Biennale von Venedig, 2007 |
Installation view the Bulgarian National Pavilion at 52 La Biennale di Venezia,
Venice 2007

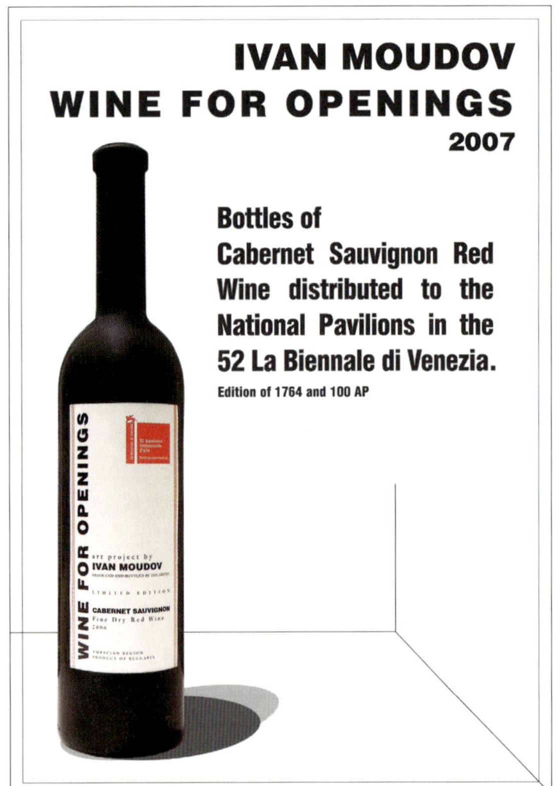

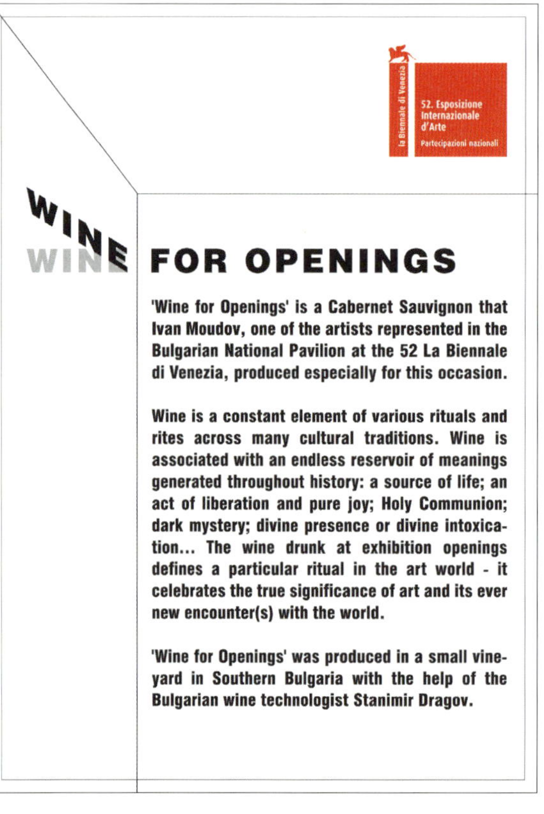

Wine for Openings – La Biennale di Venezia, 2007
Flyer

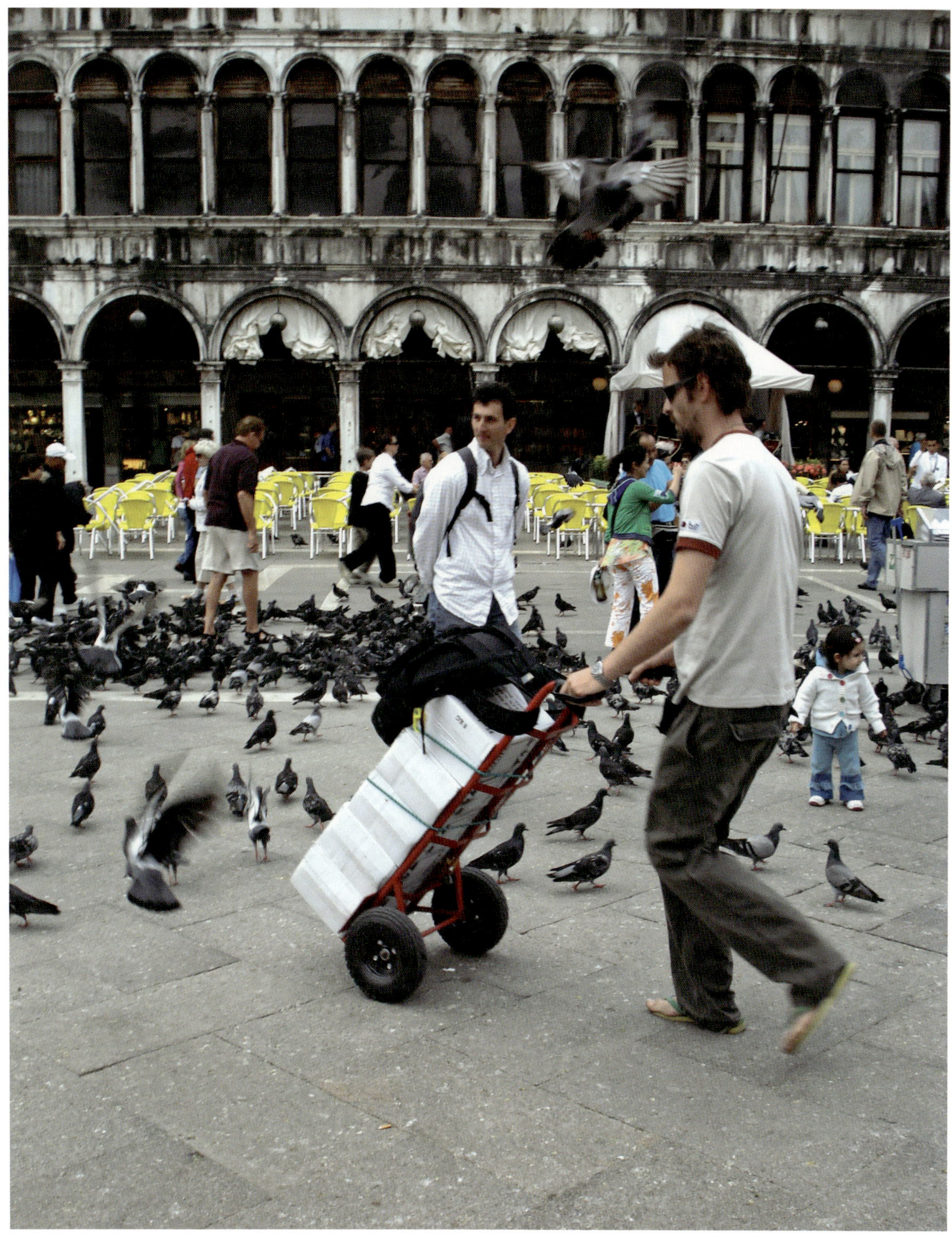

Wine for Openings – La Biennale di Venezia, 2007
Der Künstler beim Ausliefern des Weins an die Länderpavillons | The artist in the process of distributing the wine to the national pavilions

Subject: 52 Biennale di Venezia/Wine for Openings
Sender: ivan moudov
Recipient: LMichaelidou@culture.moec.gov.cy
Date: 12.04.2007 15:40

Dear…,

My name is Ivan Moudov and I am the artists who (along with Parvdoliub Ivanov
and Stefan Nikolaev) is going to represent Bulgaria at the 52 Biennale di
Venezia.

I would like to attract your attention to my special work for the Biennale
—"Wine for Openings" and to invite you to collaborate part in the project.

WINE FOR OPENINGS

The wine for openings is Cabernet Sauvignon produced by me on the occasion of
the Bulgarian National Pavilion at the 52 Biennale di Venezia.

As you know, since ancient times until today wine-drinking accompanies numerous
rituals and is interpreted in many different ways—as an act of liberation and
achievement of pure joy, as source of communication and unification of people,
as, a way to divine intoxication among other. My "special" Wine for exhibition
Openings marks a particular, more modern ritual of the art world to celebrate
its important events. I propose it as symbolic gesture and as a piece of art.

I would like to offer that wine as my art project to curators, commissioners and
artists to be used at their openings during the Biennale preview days for free
and to contribute to our unification.

The Wine for Openings itself is produced from a small vineyard in southern
Bulgaria with the help of one of the best Bulgarian wine technologists—Stanimir
Dragov.

Best Regards,
Ivan Moudov

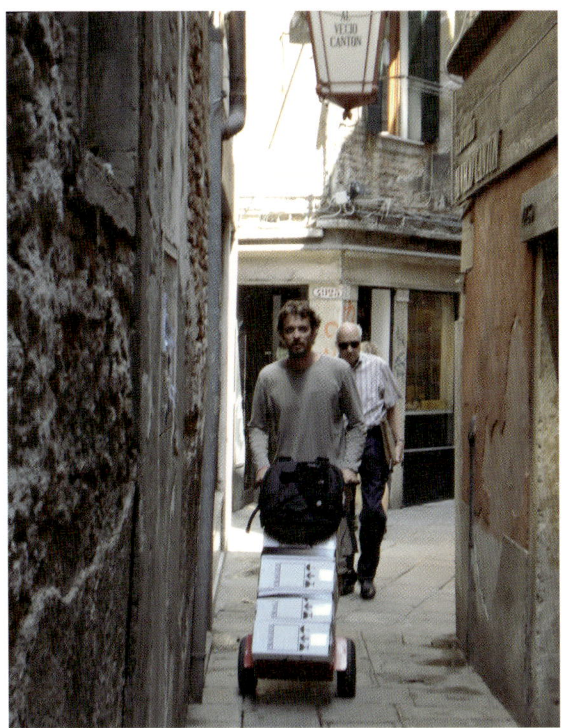
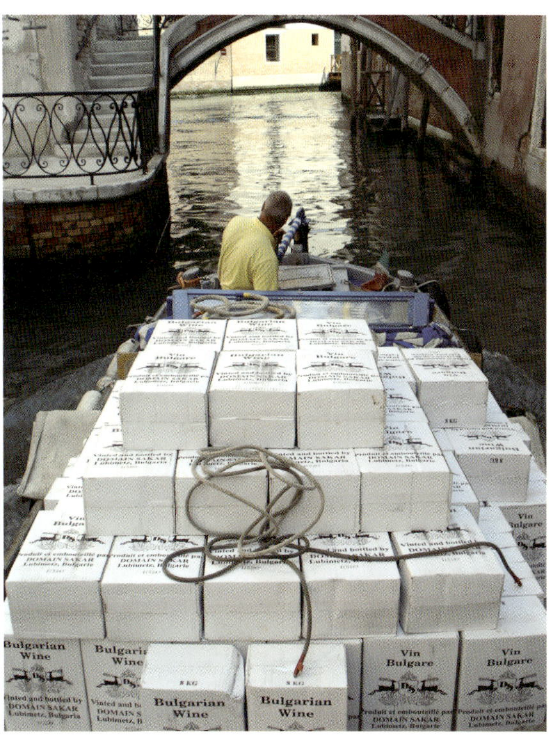

Wine for Openings – La Biennale di Venezia, 2007
Der Künstler beim Ausliefern des Weins an die Länderpavillons | The artist in the process of distributing the wine to the national pavilions

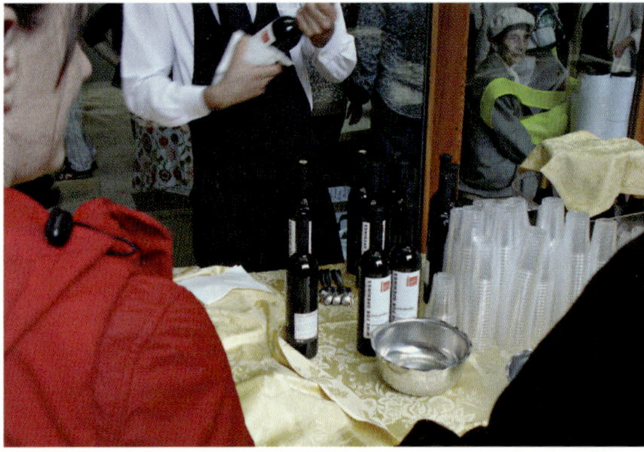

Nordische Länder / Nordic Pavilion

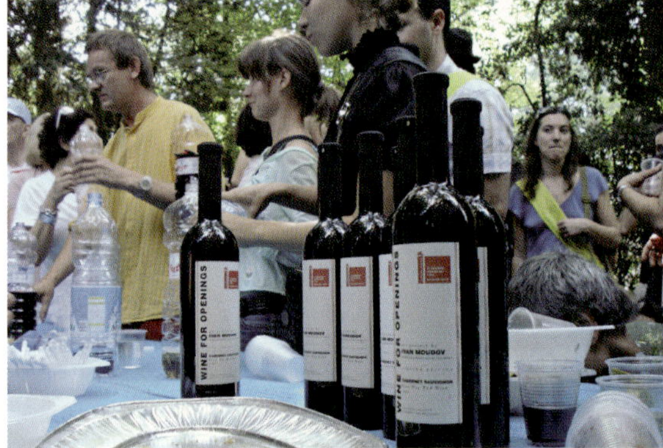

Tschechische Republik und Slowakei / Czech and Slovak Pavilion

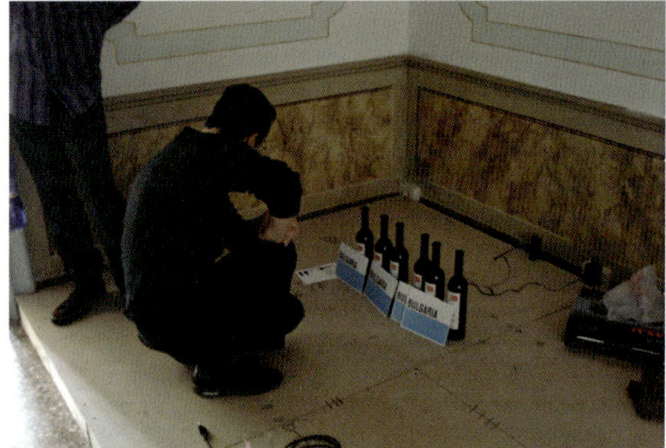

Italien / Italy

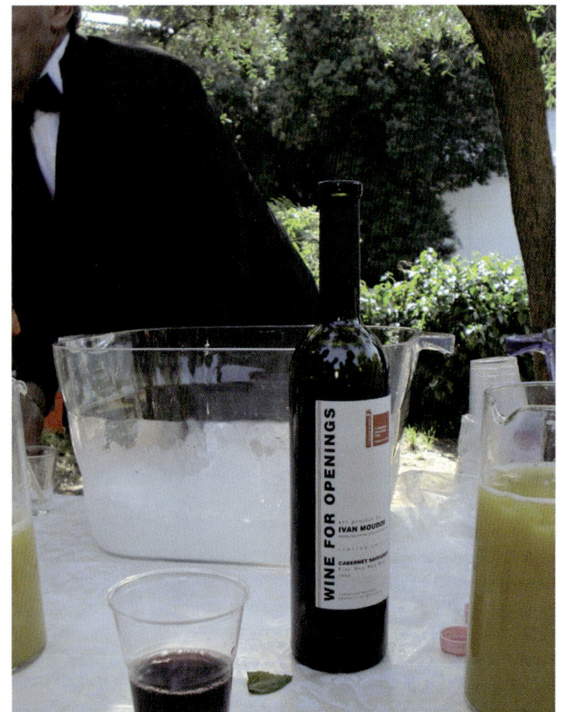

Griechenland / Greece

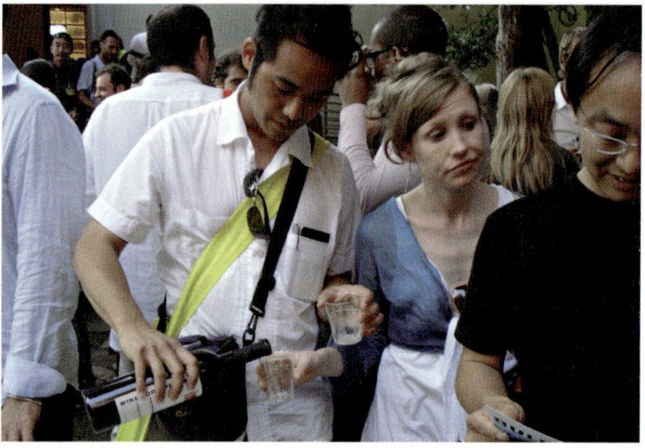

Japan

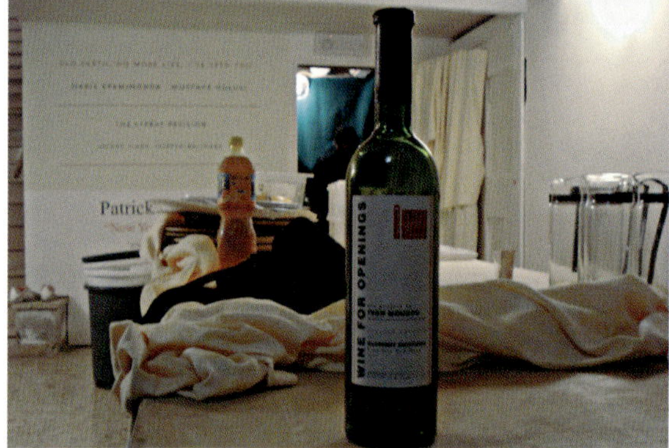

Zypern / Cyprus

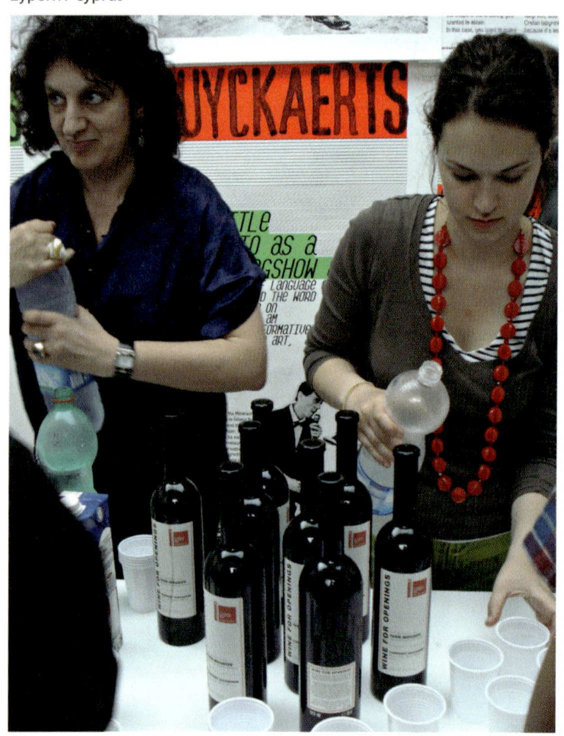

Belgien / Belgium

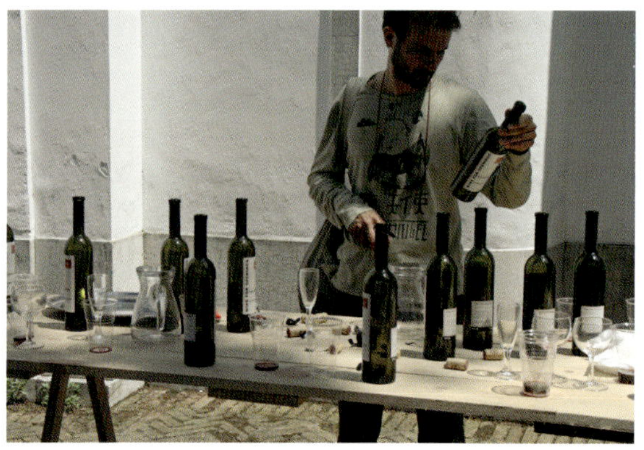

Polen / Poland

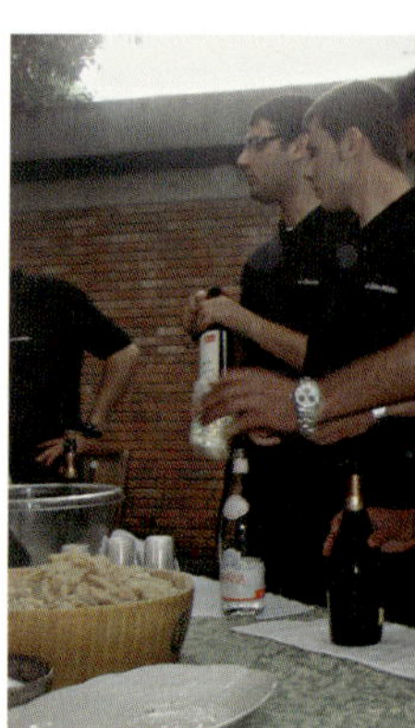

Kanada / Canada

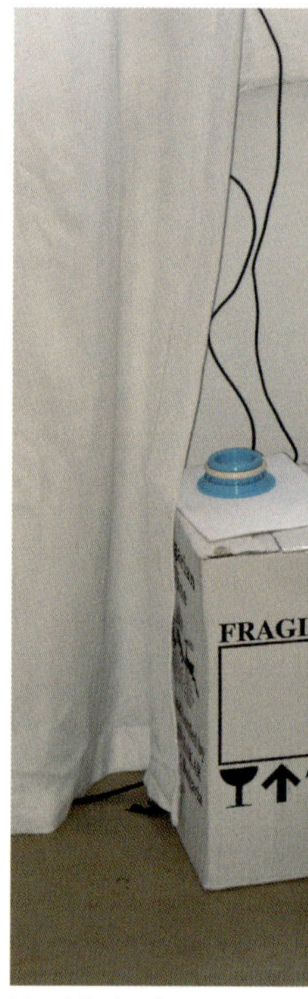

Irland / Ireland

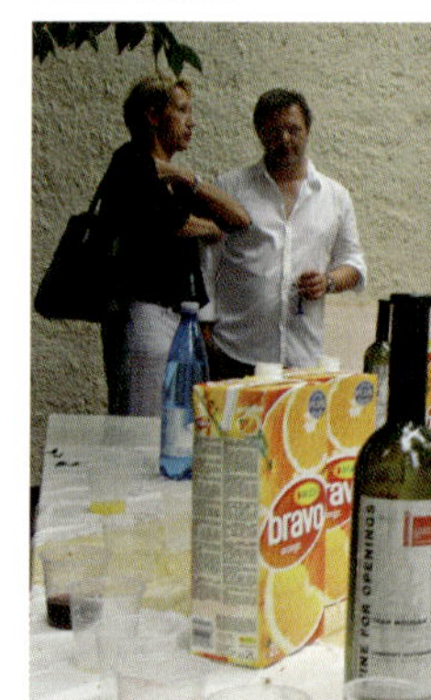

Niederlande / Netherlands

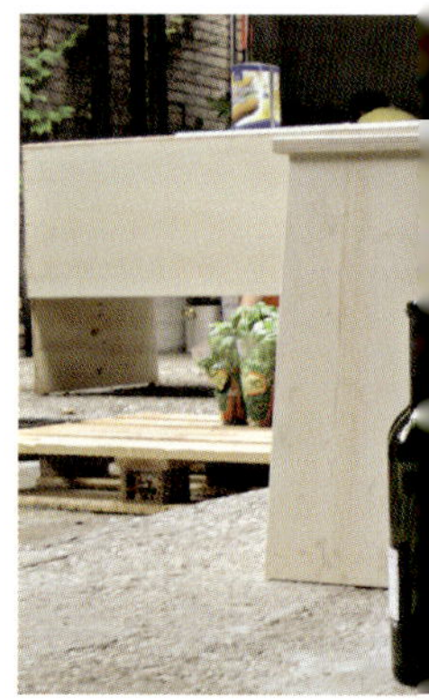

Venezuela

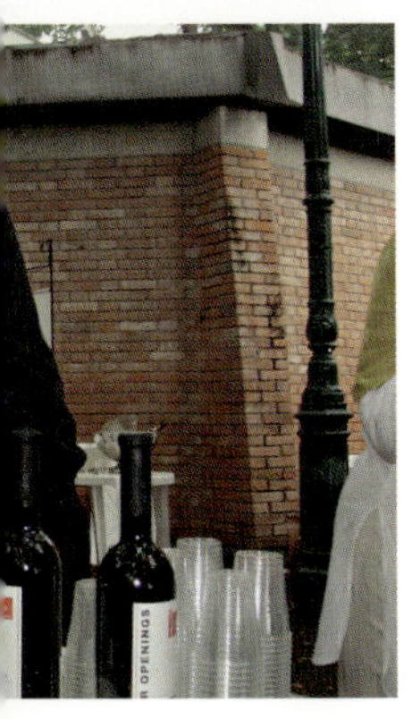

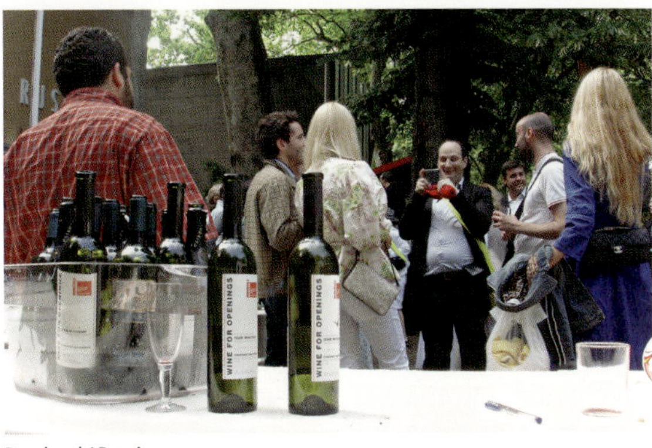

Russland / Russia

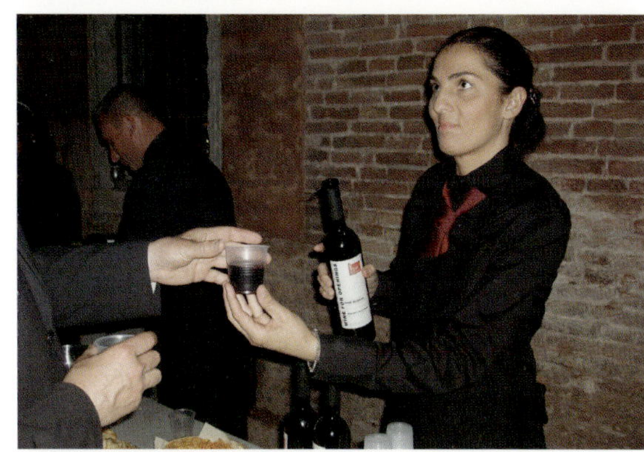

Island / Iceland

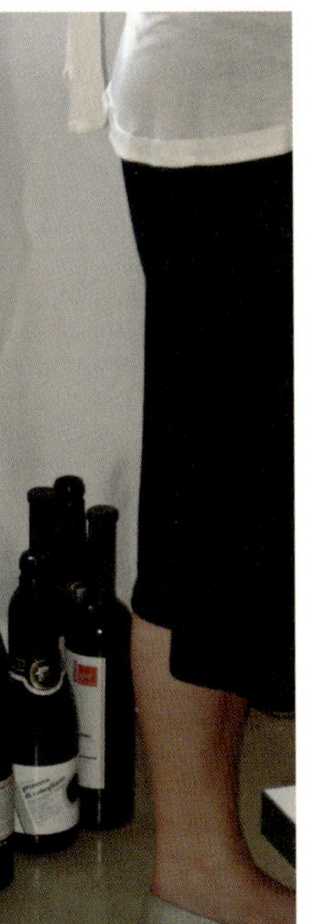

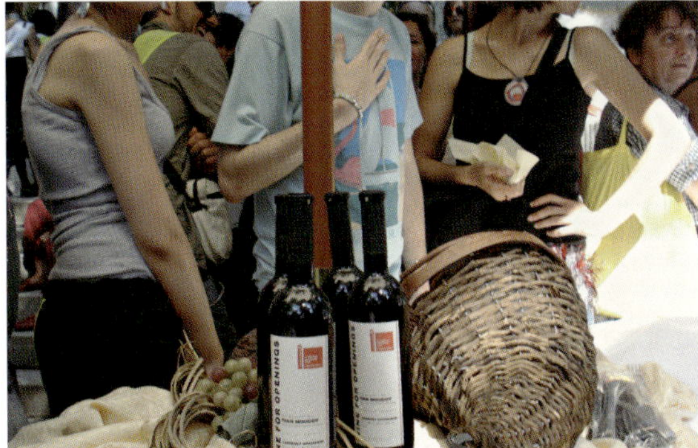

Ungarn / Hungary

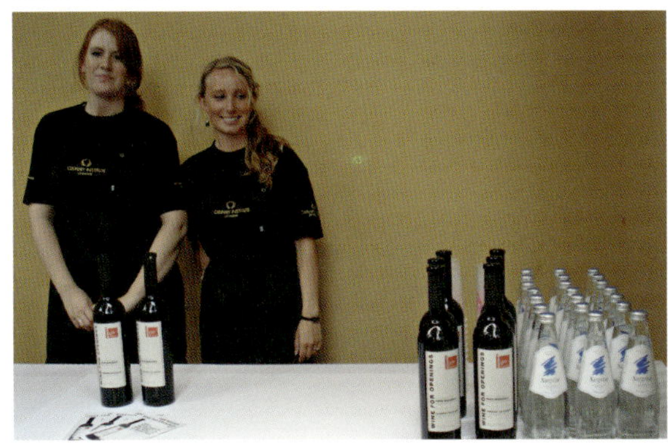

Dänemark / Denmark

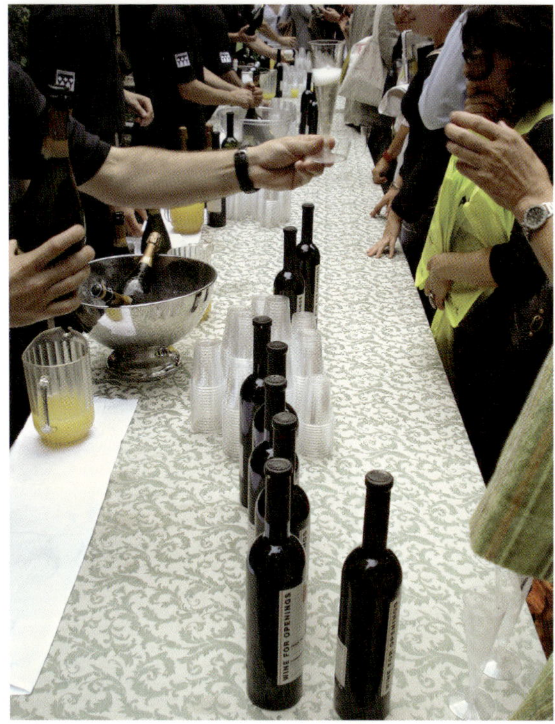

Großbritannien / Great Britain

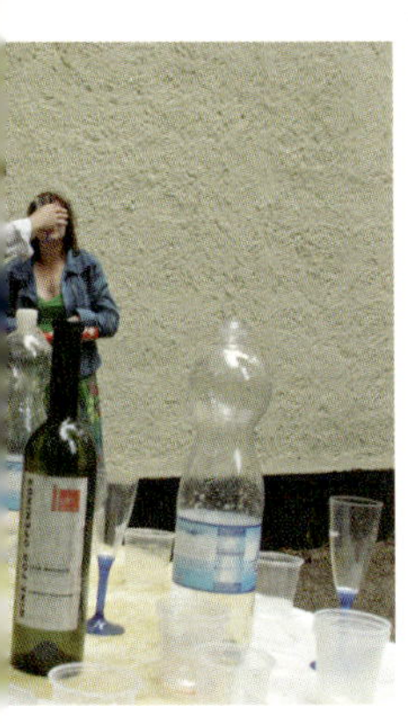

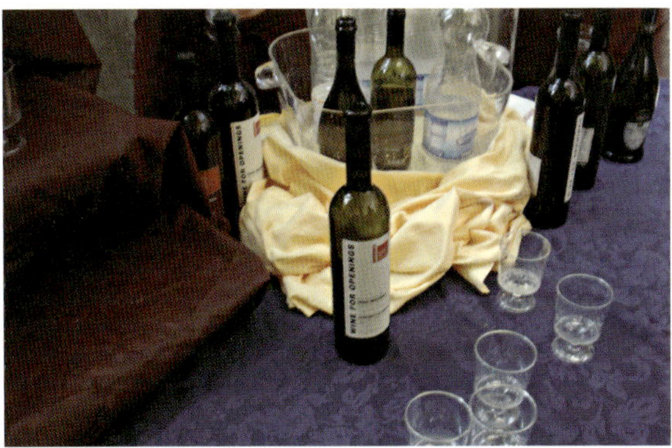

Kroatien / Croatia

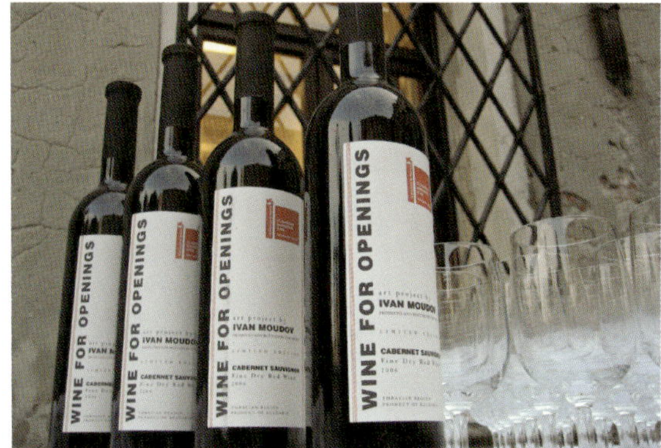

Schottland / Scotland

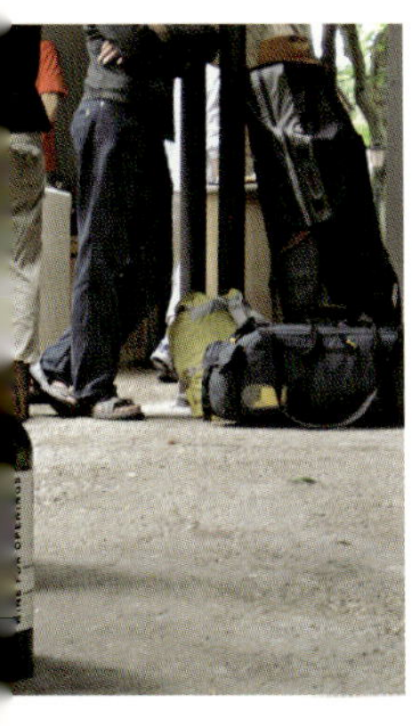

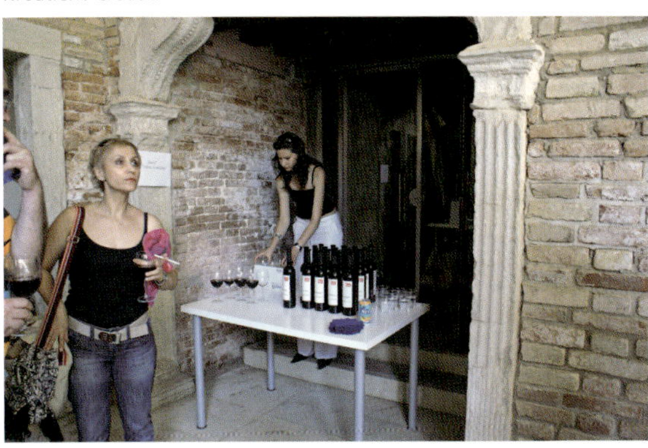

Bulgarien / Bulgaria

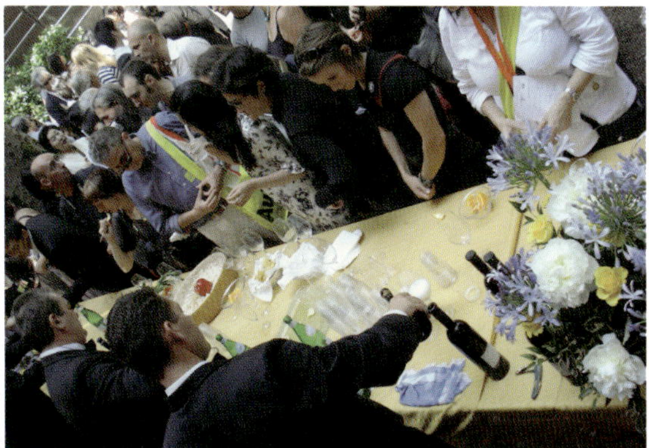

Südkorea / South Korea

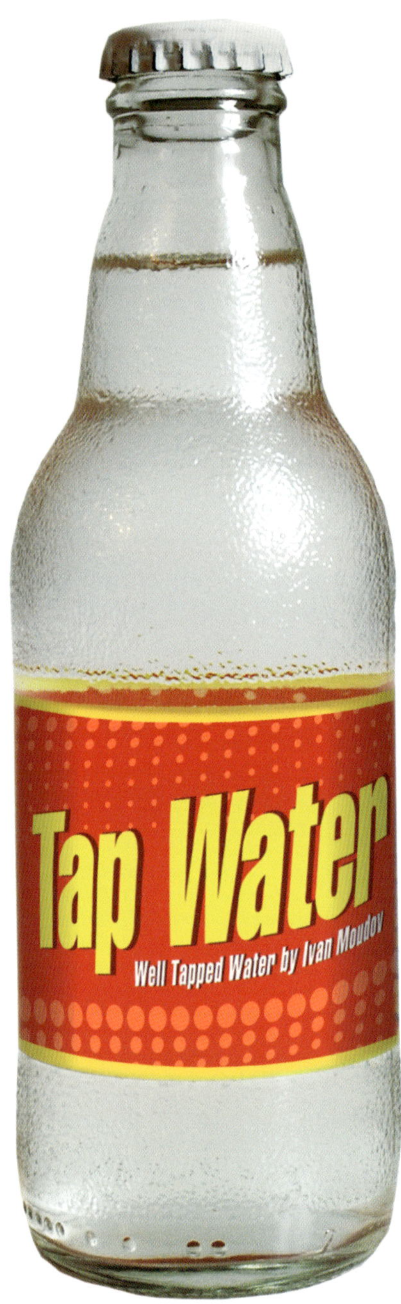

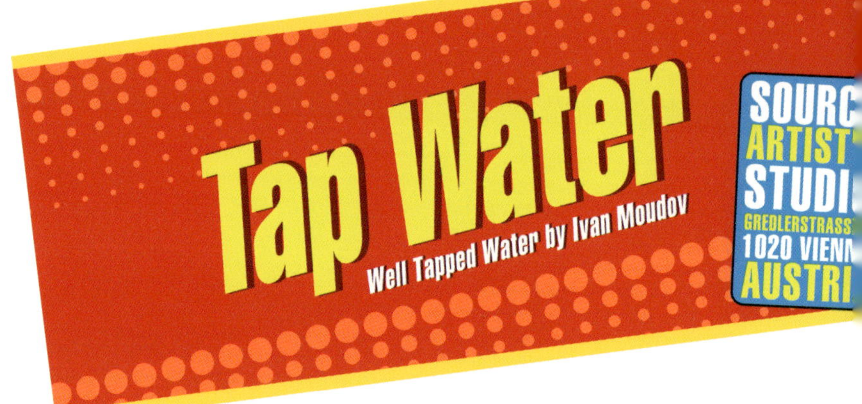

Tap Water (Vienna), 2008
mit Leitungswasser gefüllte Glasflaschen | Glass bottles with tap water

Tap Water

Well Tapped Water by Ivan Moudov

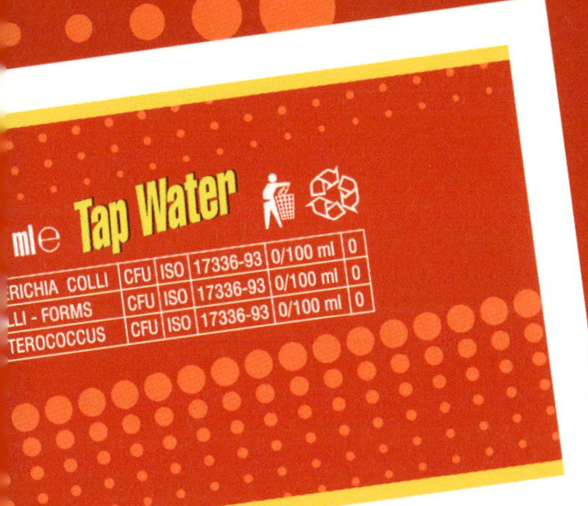

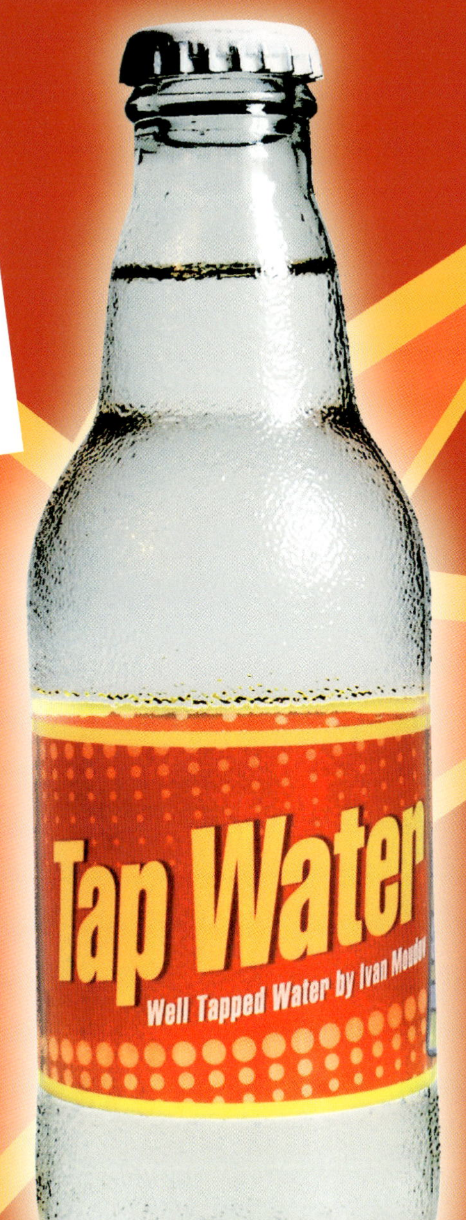

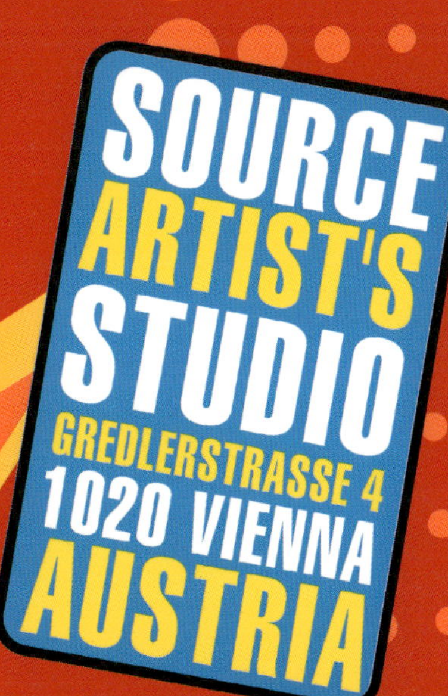

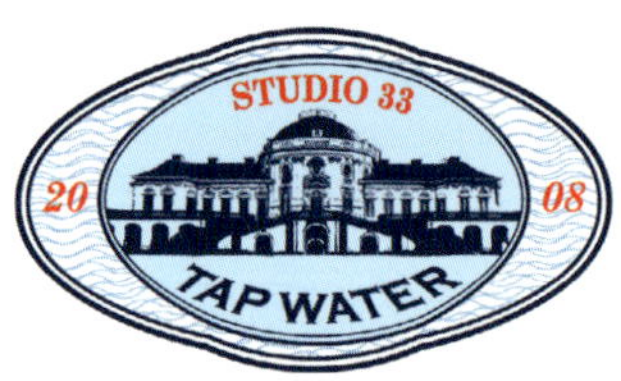

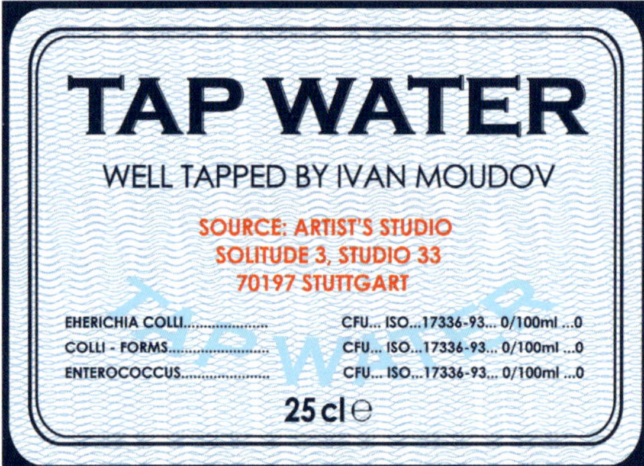

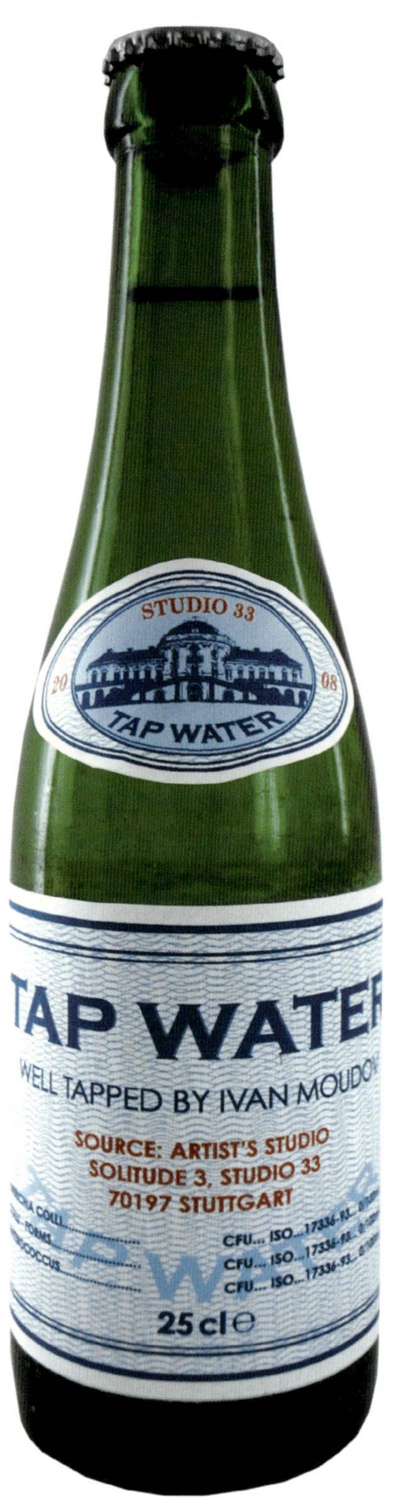

Tap Water (Stuttgart), 2008
mit Leitungswasser gefüllte Glasflaschen | Glass bottles with tap water

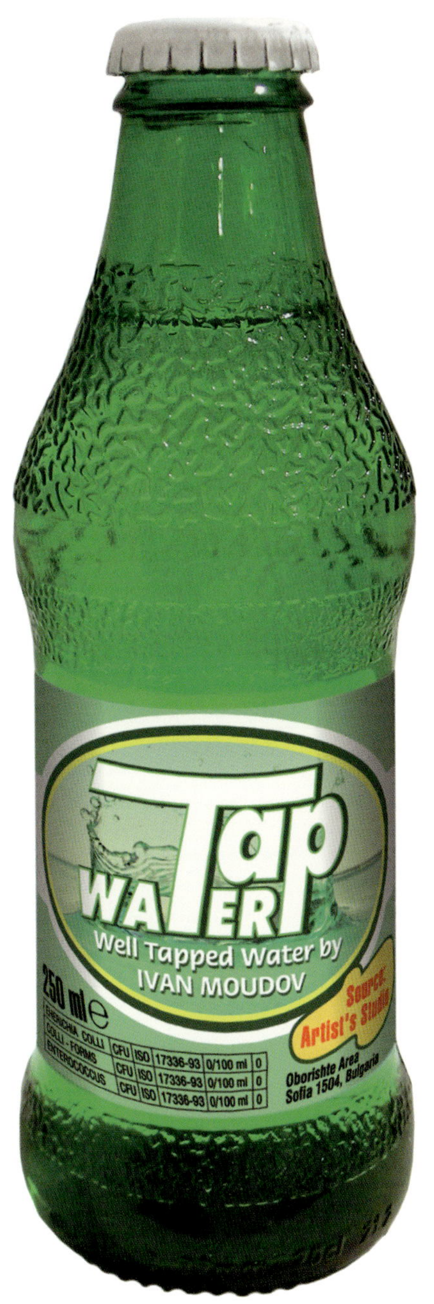

EHERICHIA COLLI	CFU	ISO	17336-93	0/100 ml	0
COLLI - FORMS	CFU	ISO	17336-93	0/100 ml	0
ENTEROCOCCUS	CFU	ISO	17336-93	0/100 ml	0

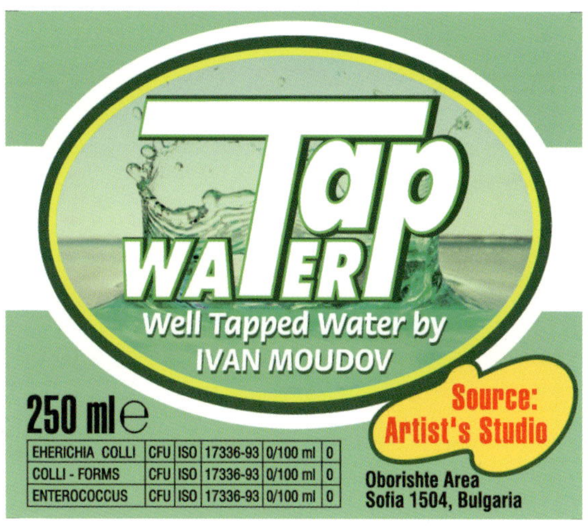

EHERICHIA COLLI	CFU	ISO	17336-93	0/100 ml	0
COLLI - FORMS	CFU	ISO	17336-93	0/100 ml	0
ENTEROCOCCUS	CFU	ISO	17336-93	0/100 ml	0

Already Made 2 (Tap Water), 2007
mit Leitungswasser gefüllte Glasflaschen | Glass bottles with tap water

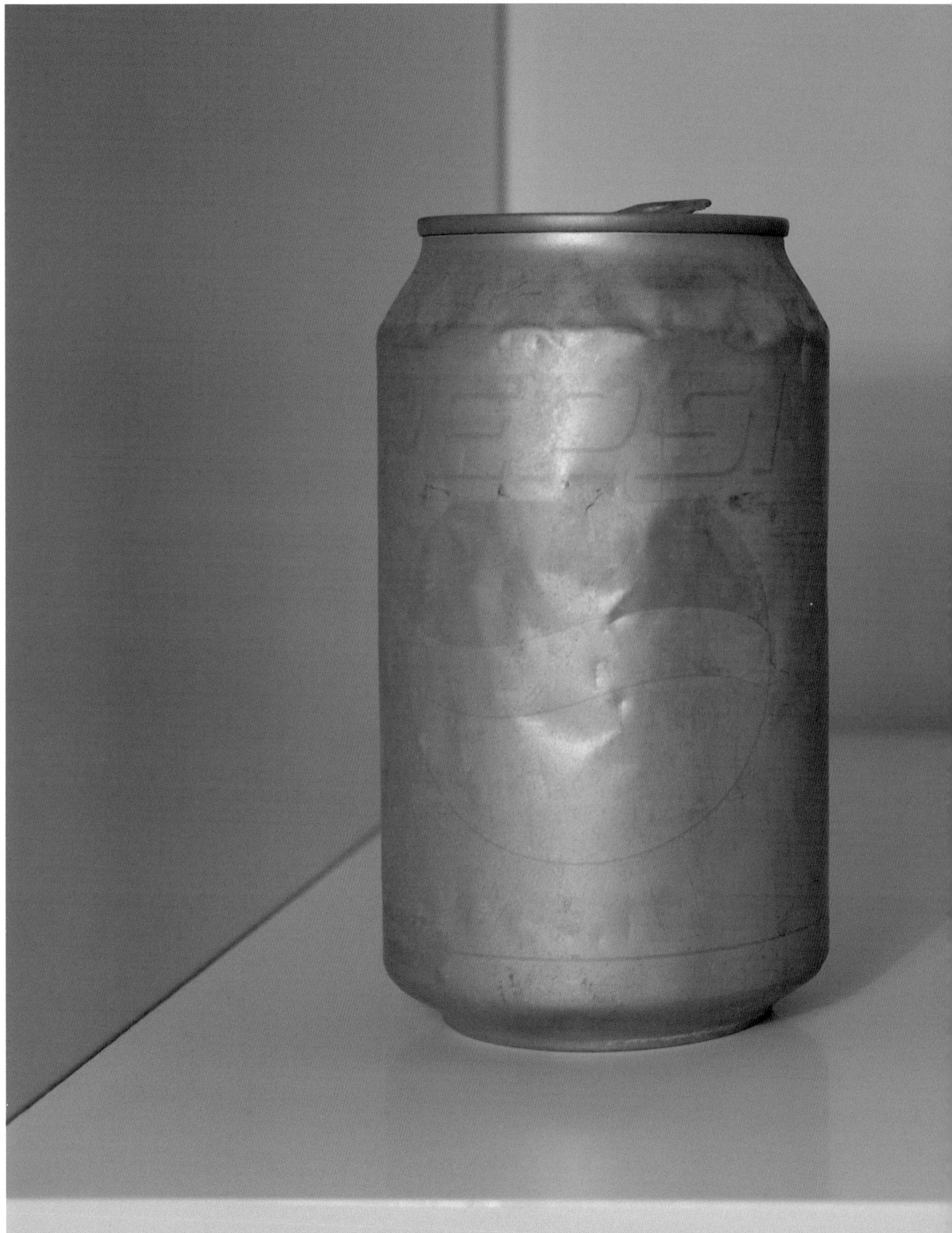

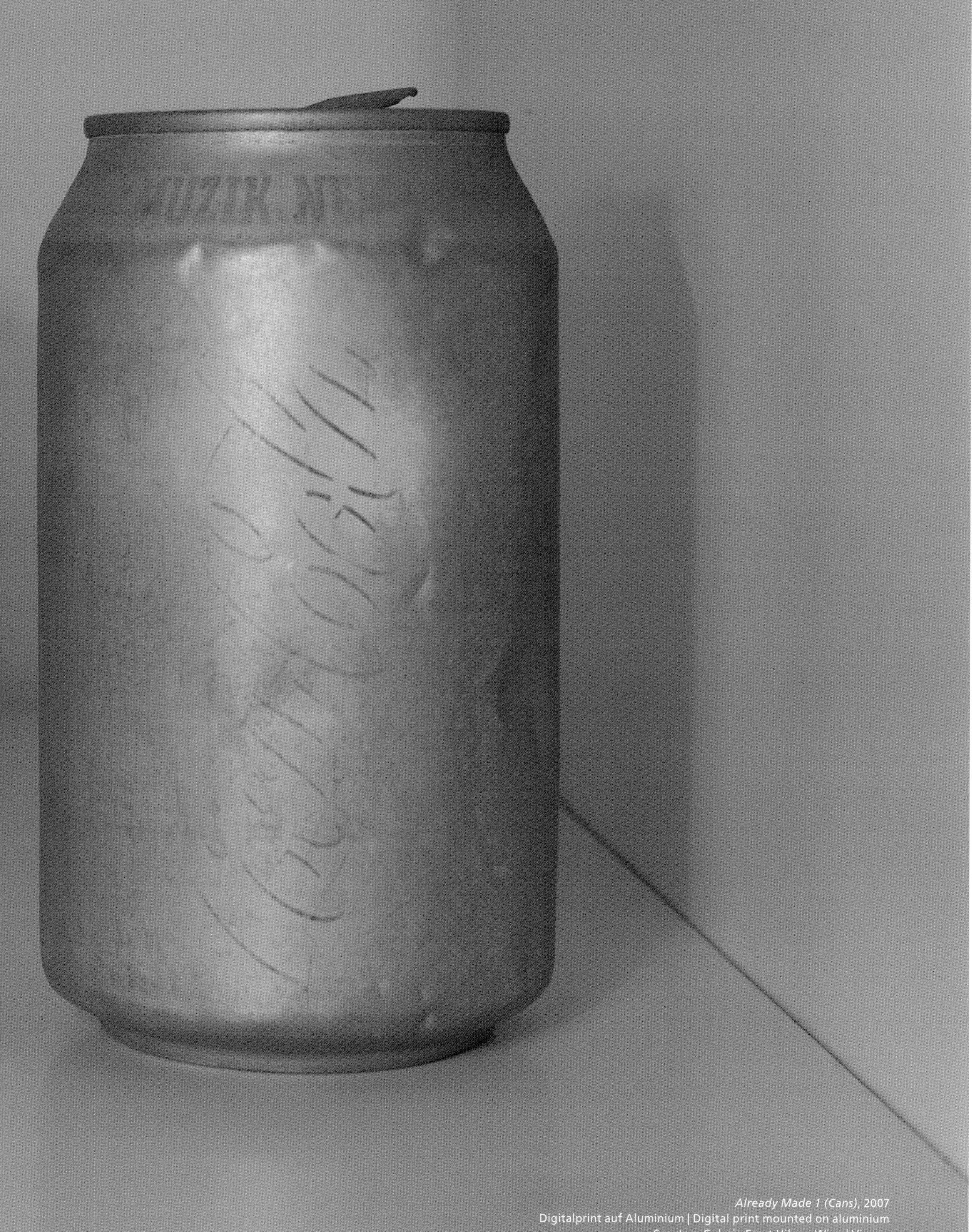

Already Made 1 (Cans), 2007
Digitalprint auf Aluminium | Digital print mounted on aluminium
Courtesy Galerie Ernst Hilger, Wien | Vienna

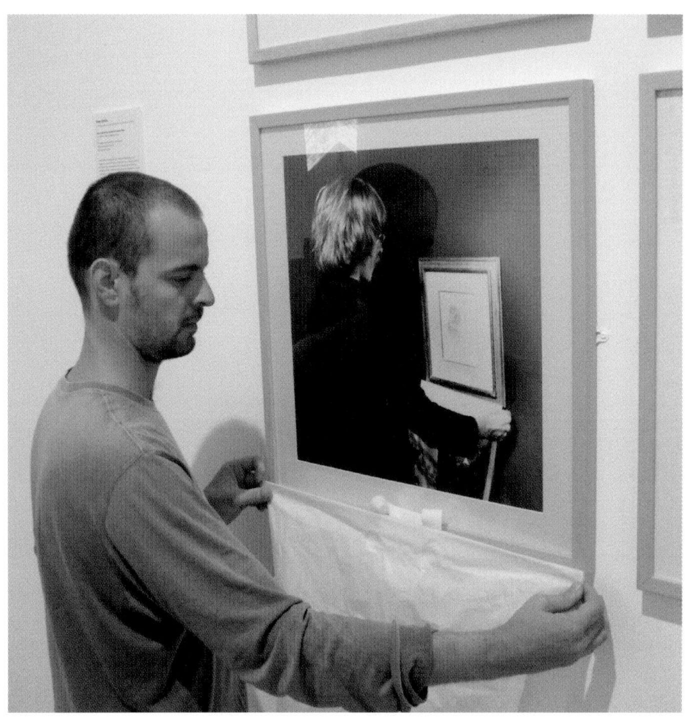

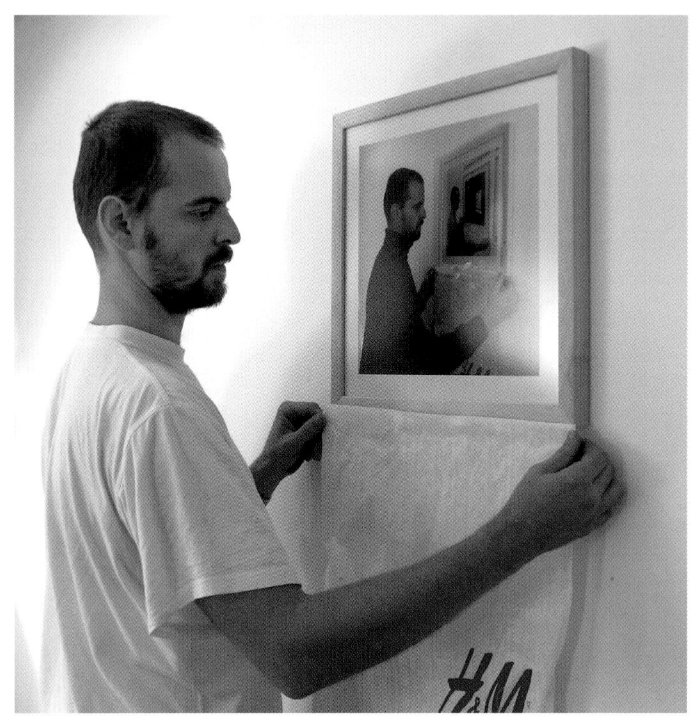
H&M

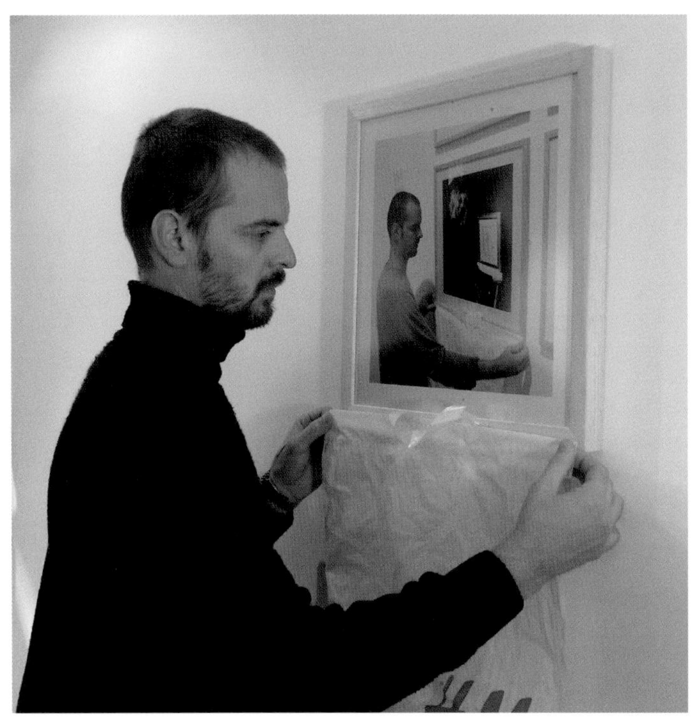

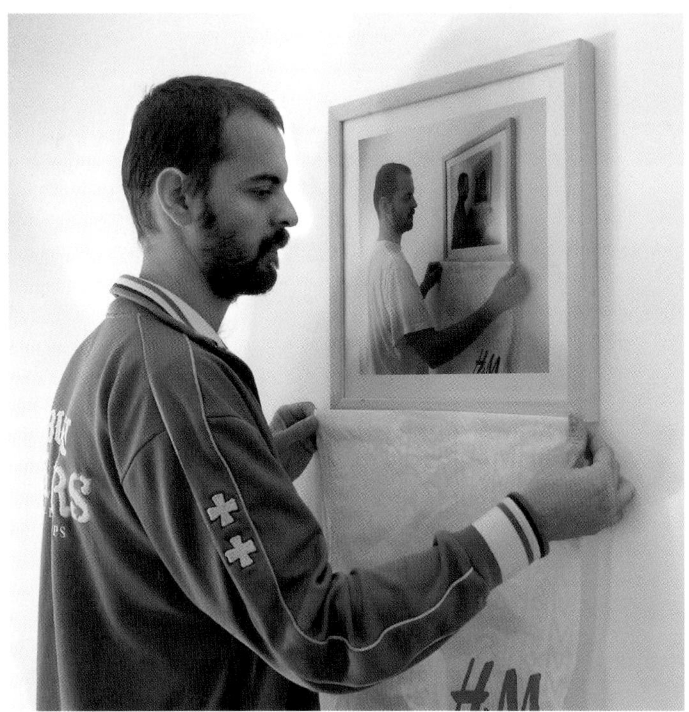

Already Made 4 (Timm Ulrichs), 2007
Schwarz-Weiß-Fotografien | B&W photographs

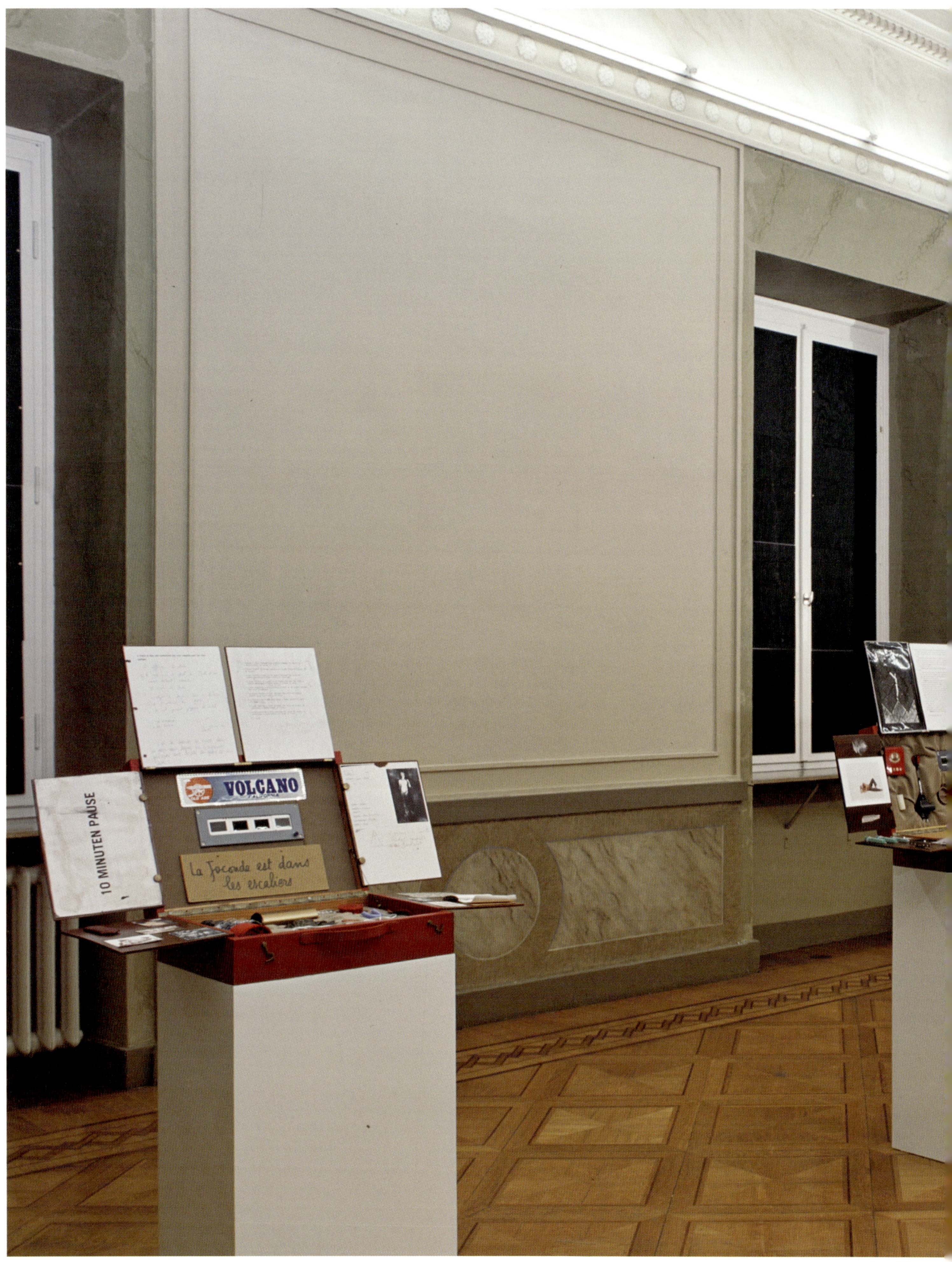

VOLCANO
La Joconde est dans les escaliers
10 MINUTEN PAUSE

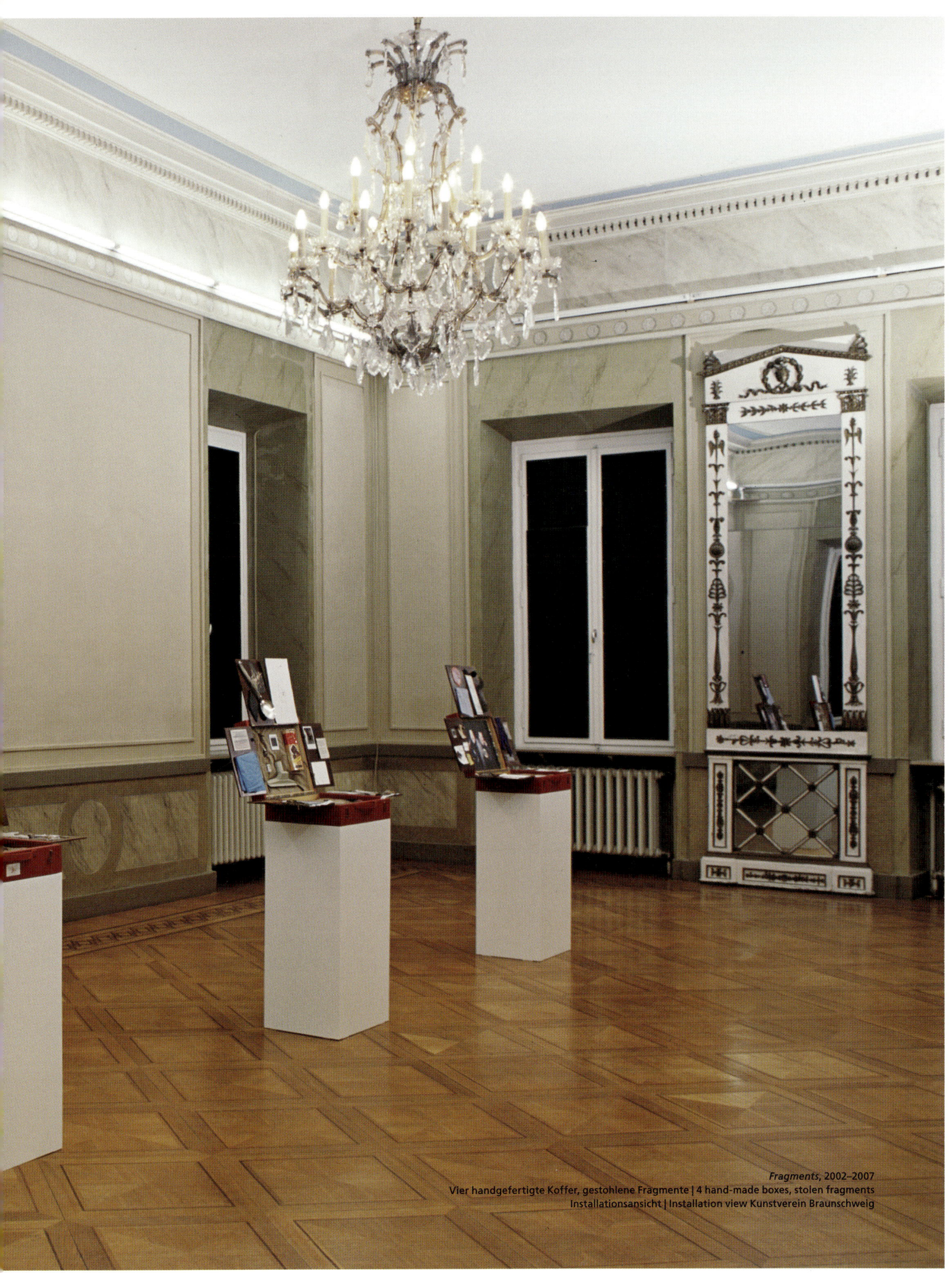

Fragments, 2002–2007
Vier handgefertigte Koffer, gestohlene Fragmente | 4 hand-made boxes, stolen fragments
Installationsansicht | Installation view Kunstverein Braunschweig

Fragments, 2002 – 2007

„Seit 2002 trage ich Teile von verschiedenen Kunstwerken aus unterschiedlichen Museen, Galerien und anderen Kunsteinrichtungen in Europa zusammen. Ich habe diese Koffer angefertigt, um die Sammlung stets bei mir tragen und sie allen zeigen zu können, die sie sehen möchten. Sie sind mein tragbares Museum und meine Arche Noah."

Fragments, 2002 – 2007

"Since 2002 I have been collecting parts of different artworks from various museums, galleries and art centres in Europe. I made these suitcases in order to have my collection with me everywhere I go and to be able to show it to everyone who might wish to see it. It is my portable museum and Noah's Ark."

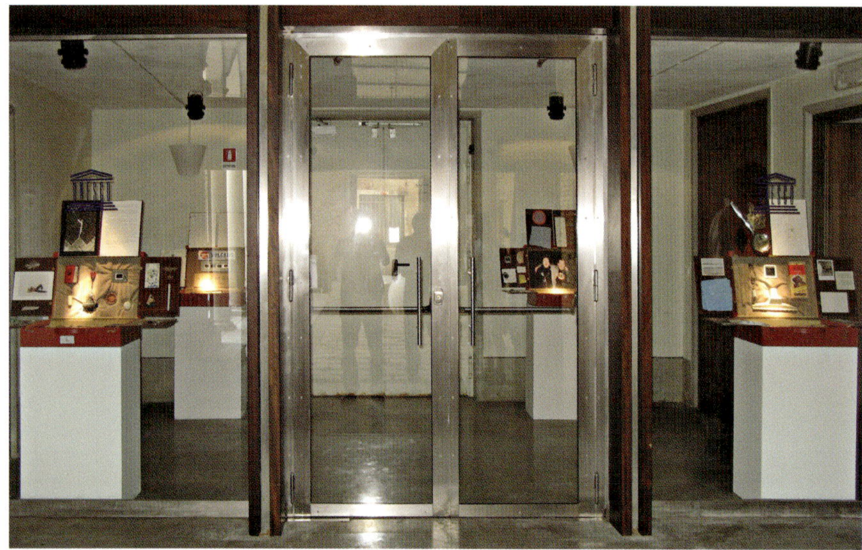

Fragments, 2002–2007
Vier handgefertigte Koffer, gestohlene Fragmente | 4 hand-made boxes, stolen fragments
Installationsansicht Bulgarischer Pavillon, 52. Biennale von Venedig |
Installation view the Bulgarian National Pavilion, 52 La Biennale di Venezia, Venice, 2007
Foto | Photo: Kalin Serapionov

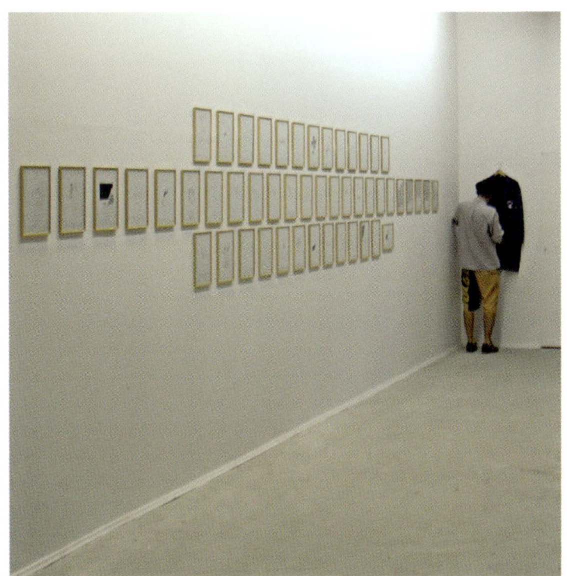

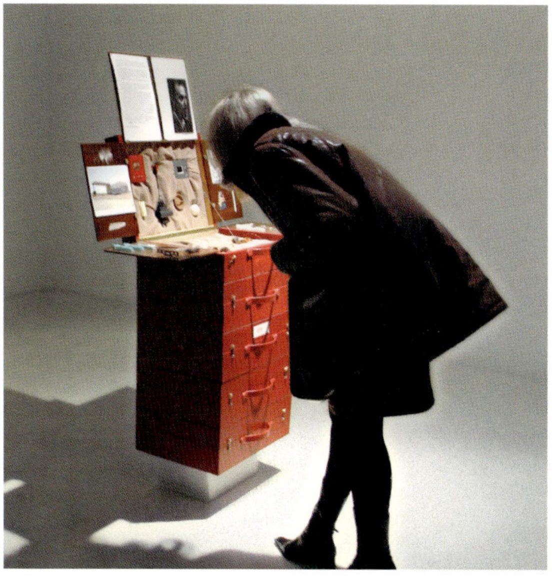

Ivan Moudov beim Stehlen eines Fragments aus Luchezar Boyadjievs
Installation *Schadenfreude Guided Tours* | Ivan Moudov taking a fragment
from Luchezar Boyadjiev's installation *Schadenfreude Guided Tours* in | at
„Love It or Leave It", 5th International Biennial Cetinje, Montenegro, 2004
Foto | Photo: Luchezar Boyadjiev

Fragments (Box #2), 2002–2007
Handgefertigter Koffer, gestohlene Fragmente |
Hand-made box, stolen fragments
Installationsansicht | Installation view ATA Center – Institute for
Contemporary Art, Sofia, 2005, Foto | Photo: Alexander Gerganov

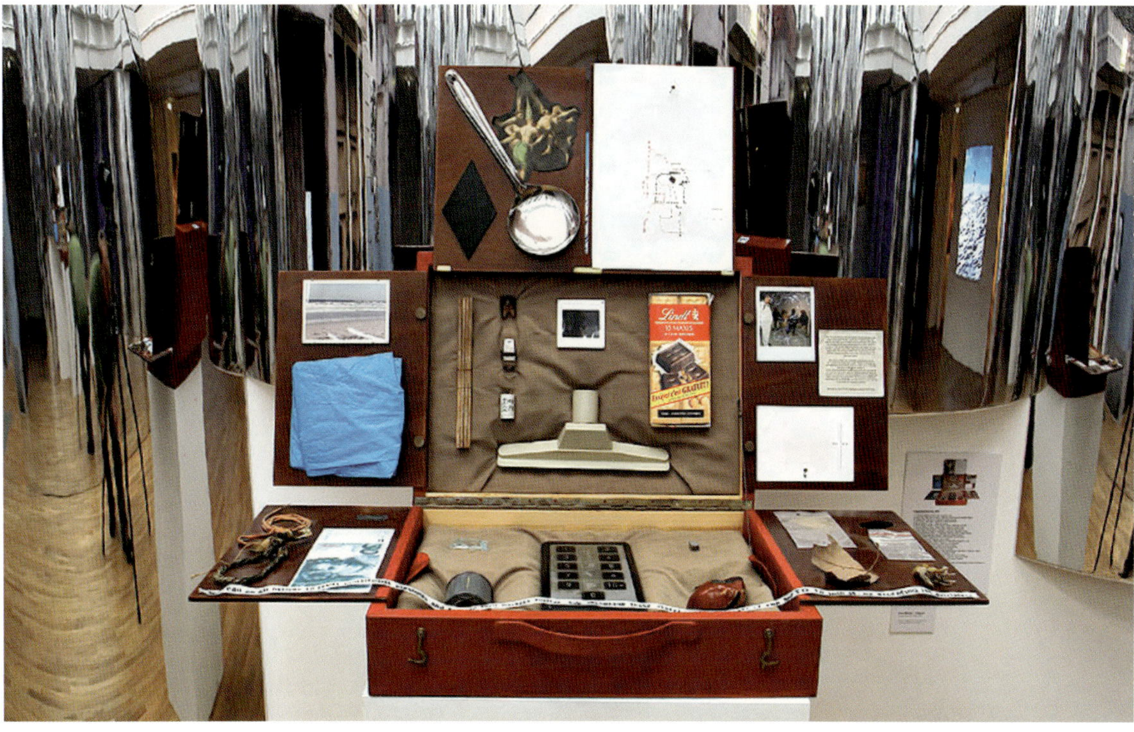

Fragments (Box #3), 2002–2007
Handgefertigter Koffer, gestohlene Fragmente | Hand-made box, stolen fragments
Installationsansicht | Installation view "Résidents", Espace EDF Electra, Paris
Foto | Photo: Laurent Lecat

Fragments (box #1), 2002–2007

1. Annette Messager. *Hors-Jeu.* Fragment, bronze bird.
2. Yoshua Okon. *Sony.* Fragment, piece of tie.
3. Eric Fonteneau. *La Bibliotheque.* Fragment, print on paper.
4. Gary Hill. *And Sat Down Beside Her.* Fragment, magnifying glass.
5. Robert Barry. *Advocate.* Fragment, slide.
6. Douglas Gordon. *Self Portrait (Kissing with Scopolamine).* Fragment, slide.
7. Eva-Maria Bogaert. Fragment, slide.
8. Andrew Carnie. *Magic Forest.* Fragment, slide.
9. Jannis Kounellis. *Untitled.* Fragment, slack.
10. Sue de Beer. *Hans & Grete.* Fragment, red ribbon.
11. Manfred Pernice. *Achse of Contemplation.* Fragment, broken ashtray.
12. Nedko Solakov. *A Life (Black & White).* Fragment, Paper sign.
13. Doria Garcia. *Screen System.* Fragment, piece from blinds.
14. Robert Filliou. *La Joconde.* Fragment, handwritten sign on cardboard.
15. Tracey Emin. *Exorcism of the Last Painting I Ever Made.* Fragment, acrylic on postcard.
16. George Brecht. *Table et chaises.* Fragment, play card, 9 diamonds.
17. Francis Alÿs. *A Man Traces a Line as he Walks Trough the City of Athens Shooting a Flare Every Thirty Steps.* Fragment, sheet of paper with handwriting.
18. Krijn de Koning. *Platre.* Fragment, certificate on paper.
19. Christian Boltanski. *Réserve des Suisses morts.* Fragment, black and white photograph.
20. Atelier van Lieshout. *Darkroom.* Fragment, stopper from drum.
21. Joseph Beuys. *A Monument to the Future.* Fragment, piece rust.
22. Guy Limone. Fragment, miniature yellow plastic figure.
23. Panamarenko. *Le Garage des Alpes.* Fragment, notebook with handwritten texts and drawings.
24. Robert Morris. Fragment, color threads.
25. Anselm Kiefer. *Volkszählung.* Fragment, piece of lead.
26. Jan Fabre. *Zal hij voor altijd met aaneengesloten voeten staan.* Fragment, fake white hair.
27. Mac Adams. *Black Mail.* Fragment, metal ring.
28. Ryan Gander. *A Phantom of Appropriation.* Fragment, broken neon.
29. Aleksandra Mir. *Hello.* Fragment, black and white photograph.
30. Marcel Broodthaers. *289 coquilles d'œufs.* Fragment, piece of egg-shell.
31. Daniel Buren. *The Three Sails.* Fragment, white thread.
32. Wolfgang Tillmans. *Tate Purple installation.* Fragment, color photograph.
33. Ozawa Tsuyoshi. Vegetable weapon. Fragment, picture.
34. Adrian Piper. *Vote.* Fragment, Sheet of paper with handwriting.
35. Jeremy Deller. Fragment, sticker Volcano.

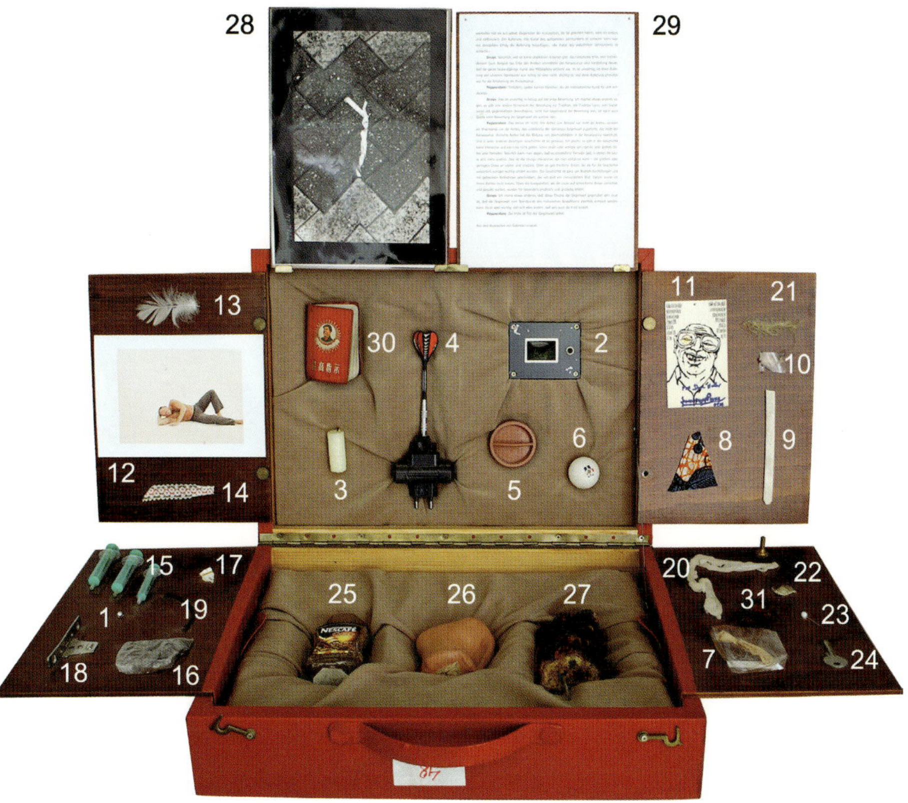

Fragments (box #2), 2002–2007

1. Yayoi Kusama. Fragment, fake pearl.
2. Robert Watts, George Brecht. *YAM Lecture.* Fragment, slide.
3. Joëlle Tuerlinckx. *Image lumiere.* Fragment, candle.
4. Mark Chevalier *In touch with the real.* Fragment, connection-block, darts arrow.
5. Carsten Nicolai. Snow Noise. Fragment, rubber stopper.
6. Richard Fauguet. *Table de ping pong.* Fragment, ping-pong ball.
7. Fiorenza Menini. *Salle d`attente.* Fragment, leaf.
8. Yinka Shonibare. *Dressing down.*
9. Matthew Barney. *Case bolus.* Fragment piece of leather strap.
10. Nayland Blake. *Magic.* Fragment, dry rose.
11. Dave Muller. Fragment, drawing on paper.
12. Eric Tabuchi. *Groenland.* Fragment, photography.
13. Franz Ackermann. *(Untitled) Mental map: incredible terrible beautiful.* Fragment, plumage.
14. Mike Kelley. *Brown star.* Fragment, piece of ribbon.
15. Bjarne Melgaard. Fragment, syringes.
16. Peter Weibel. *Re: Wind & fast foreward (des realen).* Fragment, soil.
17. Tim Noble & Sue Webster. *Dirty white trash (with Gulls).* Fragment, piece of paper.
18. Work-seth/tallentire. Fragment, metal detail.
19. Maurizio Cattelan *Untitled (Gerard).* Fragment, piece of shoe-laces.
20. Urs Fischer. *What If the Phone Rings.* Fragment, wax.
21. Gregor Schneider. *Totes Haus Ur, gute muter.* Fragment, fake hair.
22. Janine Antoni. *Saddle.* Fragment, hide.
23. Henrik Häkansson. *Through the woods to find the forest.* Fragment, pin.
24. Andreas Slominski. *Viktoria.* Fragment, key.
25. Rirkrit Tiravanija. *Ohne Titel (Bon voyage Monsieur Ackermann).* Fragment, Nescafe.
26. Marisa Merz. Fragment, pottery sculpture.
27. Sarah Lucas. Fragment, metal, nail, piece of turn screw.
28. Boris Groys. *Die Ausstellung eines Gesprächs.* Fragment, sheet of paper with text.
29. Stuart Pigott. *Absolute power.* Fragment, print on transparent, page.
30. Li Zhensheng. *Red-Color News Soldier.* Fragment, Mao book.
31. Andrea Bowers. *Production Still for Upcoming Project on the Storage of The AIDS Memorial Quilt.* Fragment, ribbon.

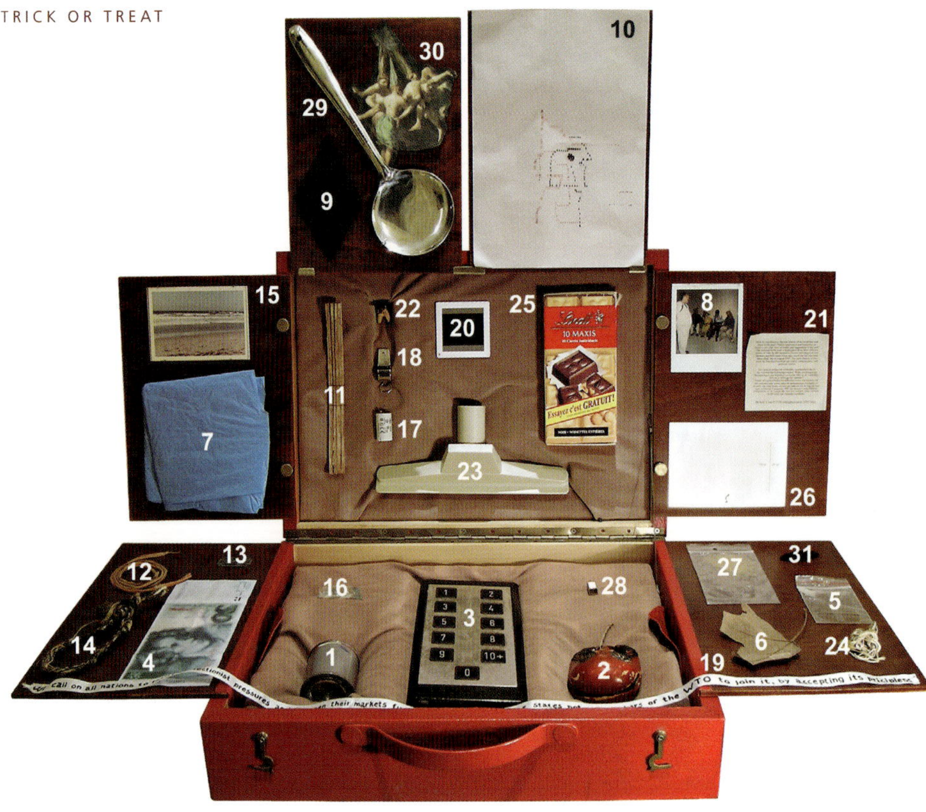

Fragments (box #3), 2005–2007

1. Thomas Schütte. *Mohr's Life.* Fragment, can.
2. Nam June Paik. *Zen for Wind.*
   Fragment, black and red wooden object.
3. Pipilotti Rist. *The Room.* Fragment, remote control.
4. John Bock. *Zero Hero.* Fragment, printed banknote.
5. Mona Hatoum. *+ and -.* Fragment, sand.
6. Maria Teresa Hincapié. *Space Moves Slowly.*
   Fragment, dry leaf.
7. Pascale Marthine Tayou. *Plastic Bags.*
   Fragment, plastic bag.
8. Sergio Vega. *Waiting room.*
   Fragment, Polaroid photography.
9. Jennifer Allora & Guillermo Calzadilla. *Landmark.*
   Fragment rubber.
10. Rivane Neuenschwander. *[…].*
    Fragment, drawing made in type manner.
11. Yung Ho Chang. *Bamboo Shoots.*
    Fragment, bamboo sticks.
12. Hermann Nitsch. *Large Blood Picture.*
    Fragment, tie from apron.
13. Otto Muehl. *Untitled.* Fragment, razor-blade.
14. Rudolf Schwarzkogler. *Untitled* (Sigmund Freud-Bild).
    Fragment, rope.
15. John Baldessari. *Sky/Sea/Sand.* Fragment, photography.
16. John Latham. *God is Great.* Fragment, piece of glass.
17. Dan Flavin. *Untitled.* Fragment, from luminescent lamp.
18. Ines Doujak. *Follow the Leader.* Fragment, whistle.
19. Alice Creischer/ Andreas Siekmann. *The Seamstresses of
    Brukman.* Fragment, stripe.
20. Rainer Oldendorf. *K/Röntgenstraße 3.* Fragment, slide.
21. Annelies Goedhart. *The Day Daddy Died.*
    Fragment, text on paper.
22. Sonia Abian/Carlos Piegari. *Aparatobarrio.*
    Fragment, tiger ass handle.
23. Jeff Koons. *New Shop-Vac Wet-Dry.*
    Fragment, vacuum cleaner.
24. Franz West. *Untitled.* Fragment, piece of carpet.
25. Matthieu Laurette. *Moneyback Life! Mobile Information
    Stand for Moneyback products (Version #1).*
    Fragment, chocolate box with receipt inside.
26. Stanley Brouwn. *1000 mm – 881 mm.* Fragment, paper.
27. Paul McCarthy. *Spaghetti Man.* Fragment, fur.
28. Dieter Roth/Björn Roth. *Gartenskulptur.* Fragment, wire.
29. Subodh Gupta. *Curry.* Fragment, ladle.
30. Walter Dahn. *If I Can Dream.*
    Fragment, picture from newspaper.
31. Carlos Amorales. *Broken Animals.* Fragment, black glass.

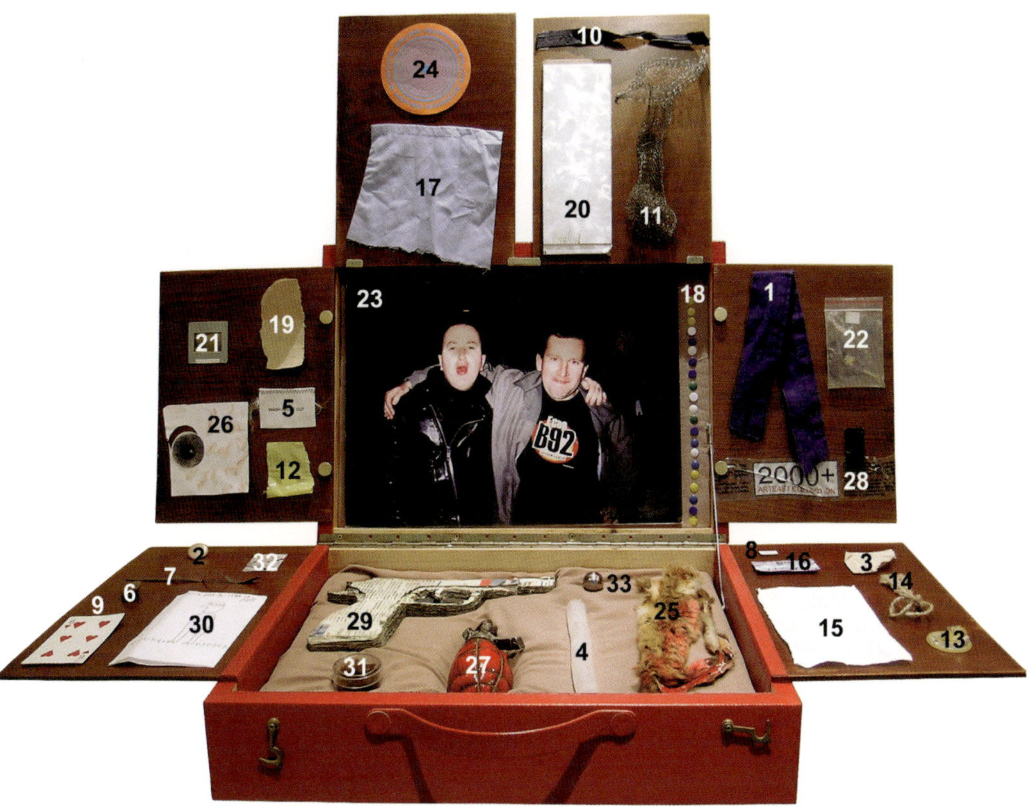

Fragments (box #4), 2005–2007

1. Luchezar Boyadjiev. *Schadenfreude Guided tours.* Fragment, piece of belt.
2. Erzèn Shkololli. *Bed.* Fragment, button.
3. Anna Friedel. *My Heart Is My Better Brain.* Fragment, piece of paper.
4. Franziska Cordes. *Rambo Blueberry.* Fragment, candle.
5. Irena Lagator. *Wash Inside Out!* Fragment, tag from T-shirt.
6. Ilija Šoškić. Fragment, stone.
7. Sarkis. *Conversation avec le Son des Appeaux.* Fragment, tape.
8. Version. *The Map of the World.* Fragment, magnet.
9. Lamia Joreige. *Objects of War.* Fragment, play card, 6 heart.
10. Jusuf Hadzifeijzovic. *Double Jack.* Fragment, piece of elastic.
11. Ebru Özseçen. *Dish washing Dreams.* Fragment, steel wool.
12. Driton Hajredini. *Who Killed the Painting?* Fragment, nylon.
13. Martin Glaser. *Jeanne d'art.* Fragment, condom.
14. Svetlana Racanović. *Lullay.* Fragment, rope.
15. Gojko Čelebić. *3000 Spoken Words.* Fragment, sheet from book.
16. Tanja Ostojic. *Way to success.* Fragment, condom.
17. Jan Kadlec. *MC Bed.* Fragment, piece from pyjamas.
18. Nedko Solakov. *Floor.* Fragment, pushpins.
19. Blue Noses. *Little Men.* Fragment, piece of cardboard box.
20. Irina Korina. *Modules.* Fragment, plywood.
21. Kamen Stoyanov. *Underground Butterflies.* Fragment, slide.
22. Jeff Koons. *Puppy.* Fragment, flower.
23. Uroš Djurić. *Self-portrait with Doug Aubrey.* Fragment, photography.
24. Olaf Nicolai. *Enjoy/Survive I + II.* Fragment, sticker.
25. Gelatin. *Gelatin Wet Garbage.* Fragment, fur.
26. Pravdoliub Ivanov. *Memory is a Muscle (Preparatory drawing).* Pencil, silicone on paper.
27. Mrdjan Bajić. *Bomb.* Grenade.
28. son: DA. *Moderna Galerija Under Construction.* Fragments, gaffer tape and duck tape.
29. Irfan Önürmen. *Terror Factory.* Fragment, gun made of newspapers.
30. Dan Perjovschi. *A Piece for Ivan to Steal.* Drawing on paper.
31. Artur Barrio. ideaSituation: *SubjectiveObjective interRelationship.* Fragment, shellac.
32. Joana Hadjithomas & Khalil Joreige. *The Circle of Confusion.* Fragment, photography.
33. Stano Filko, Jan Mančuška, Boris Ondreička and Marek Pokorný. *Model of the World/Quadrofonia.* Fragment, steel ball.

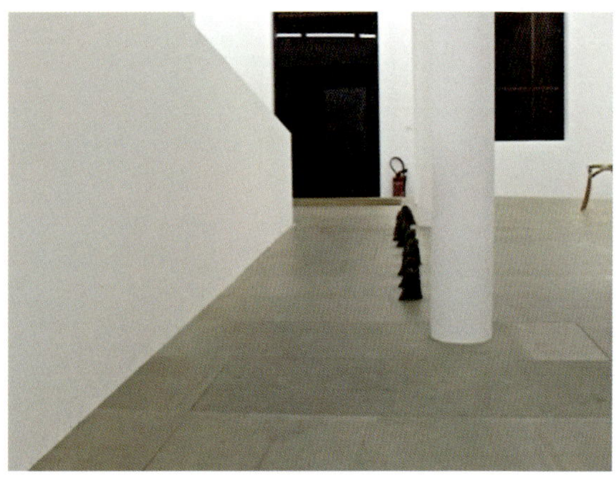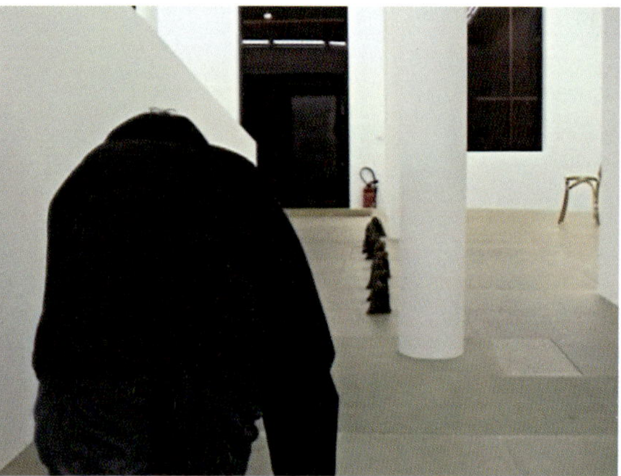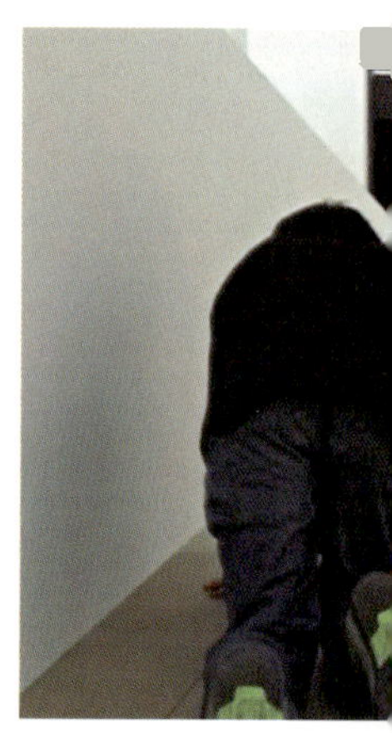

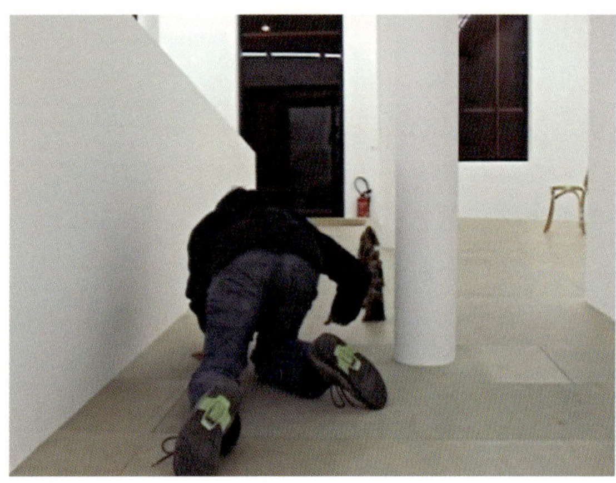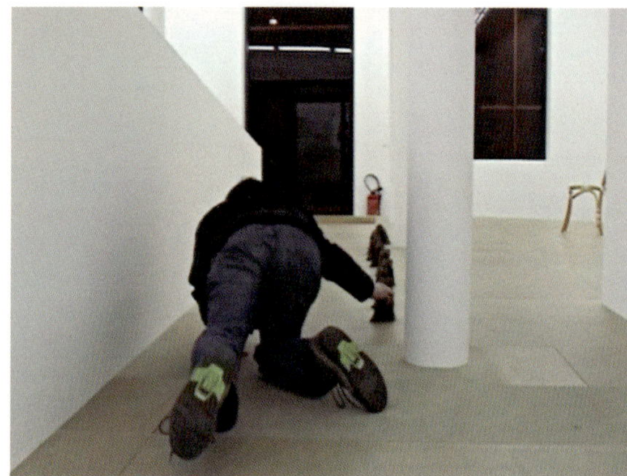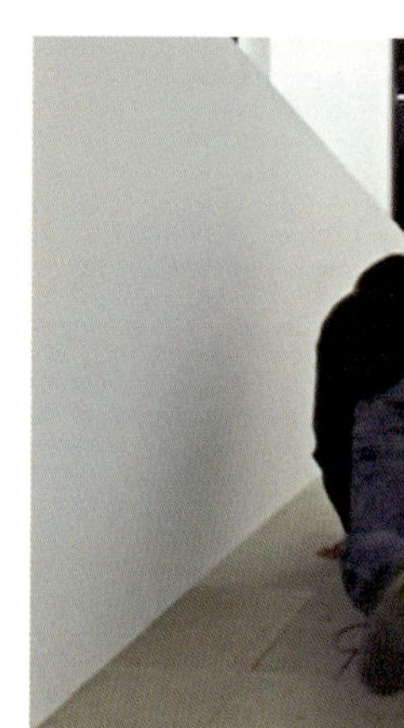

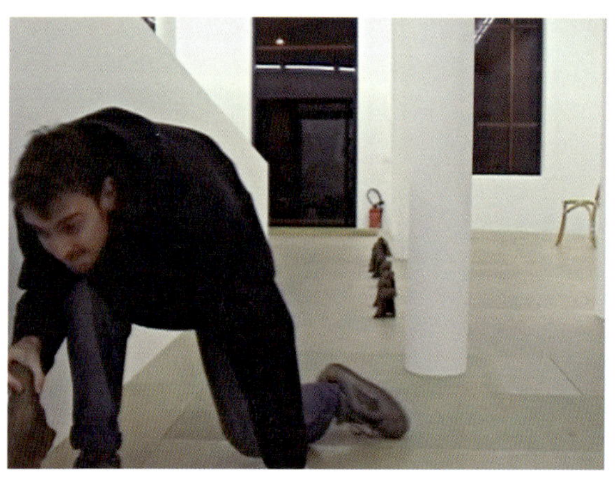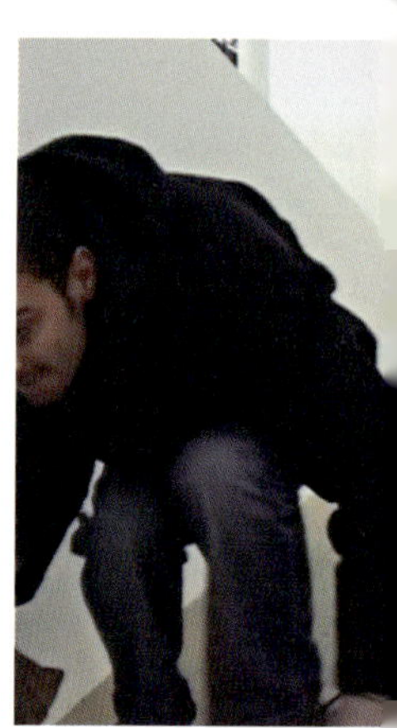

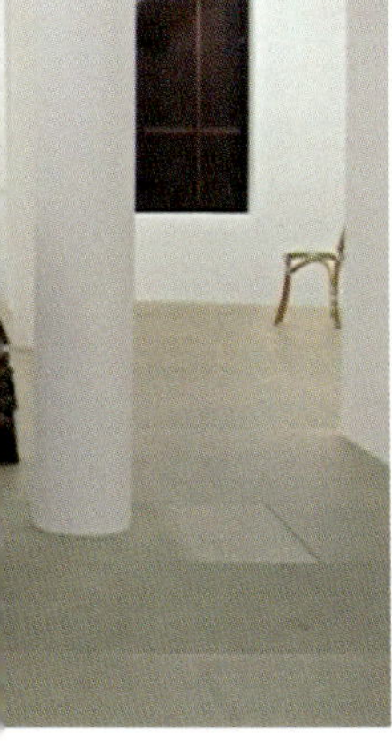
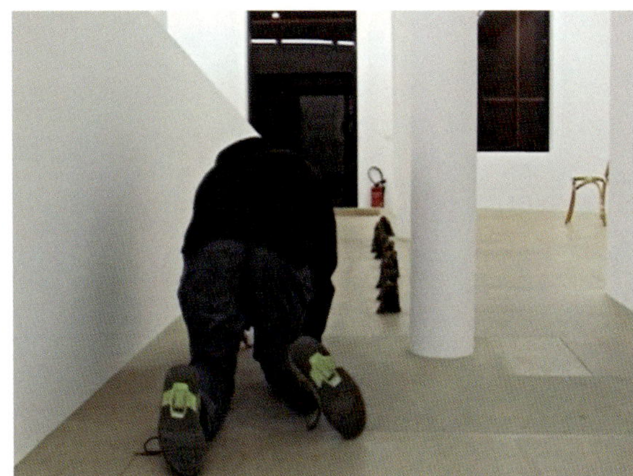
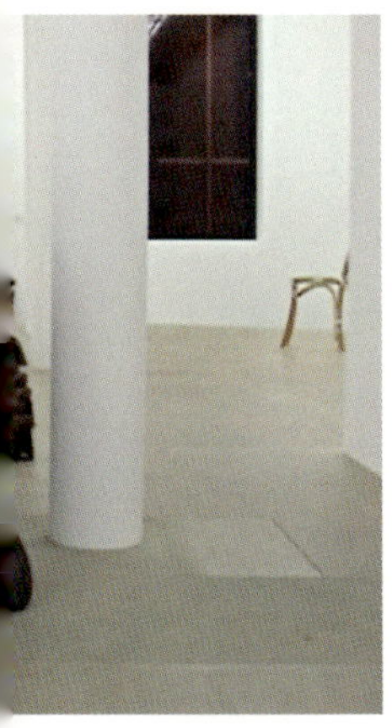
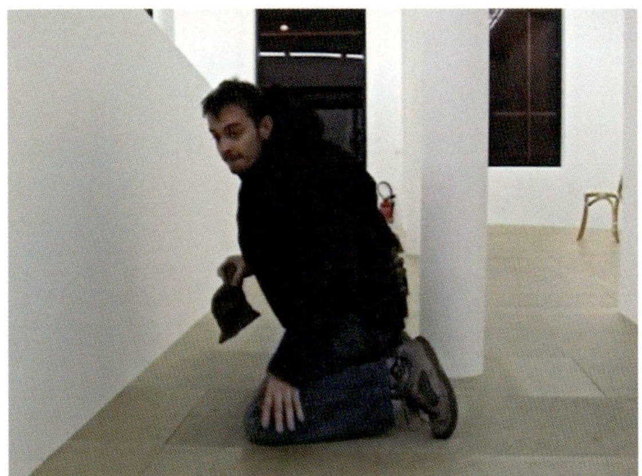
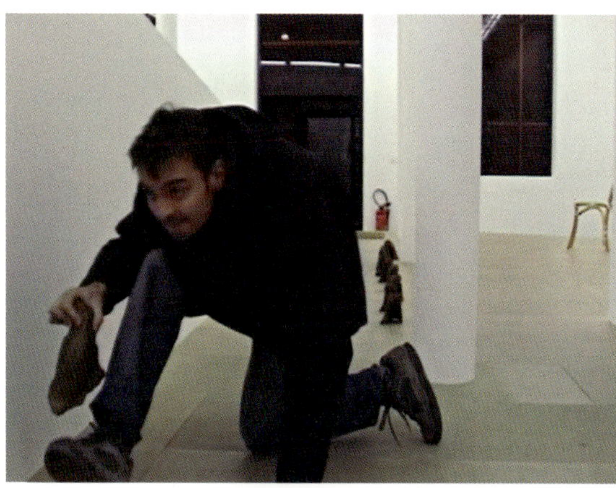
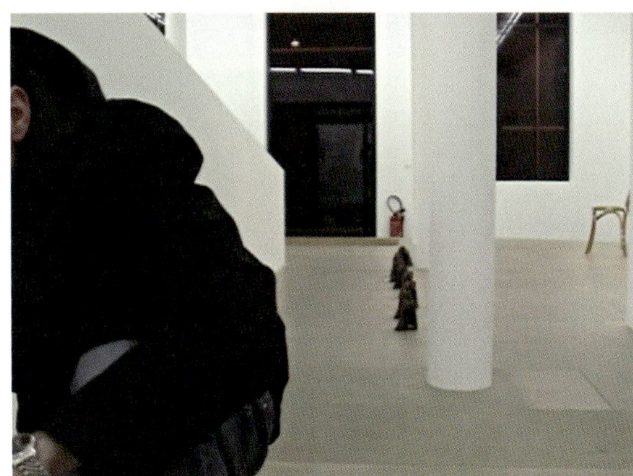
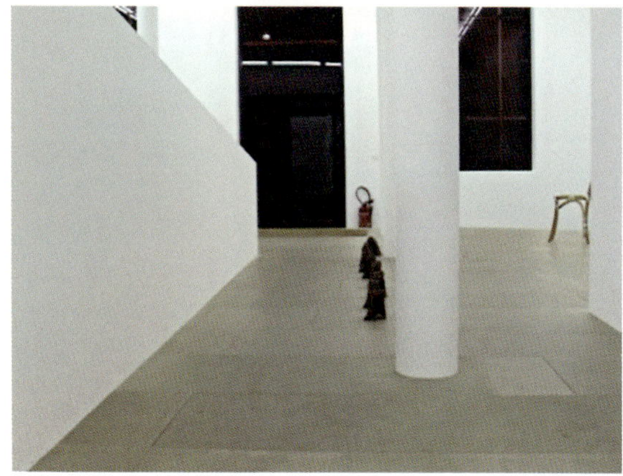

Fragment (IAC Lyon, 10.01.2003), 2003
Videodokumentation, DVD, 0:57 min | Video documentation, DVD, 0:57 min

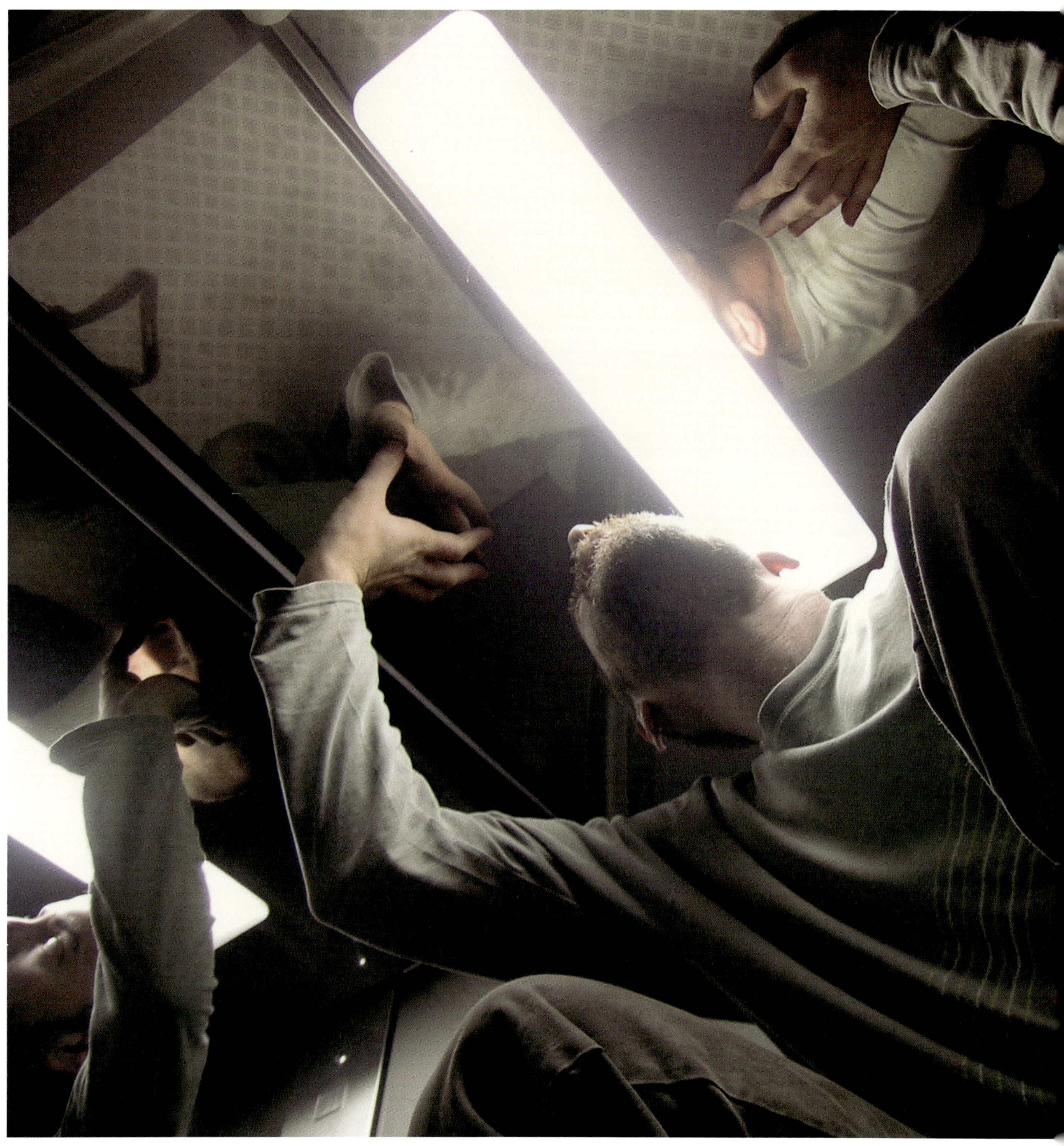

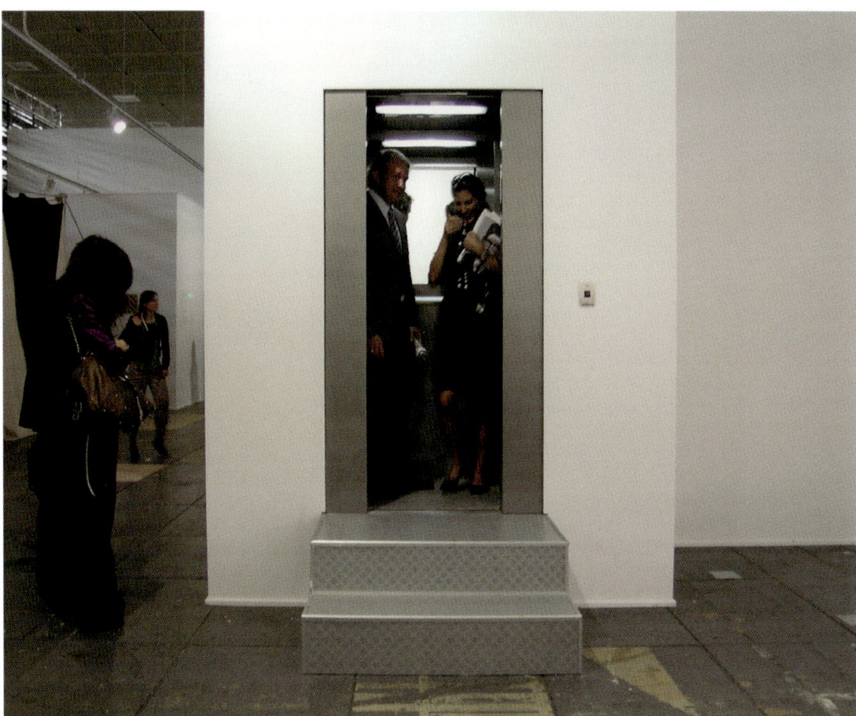

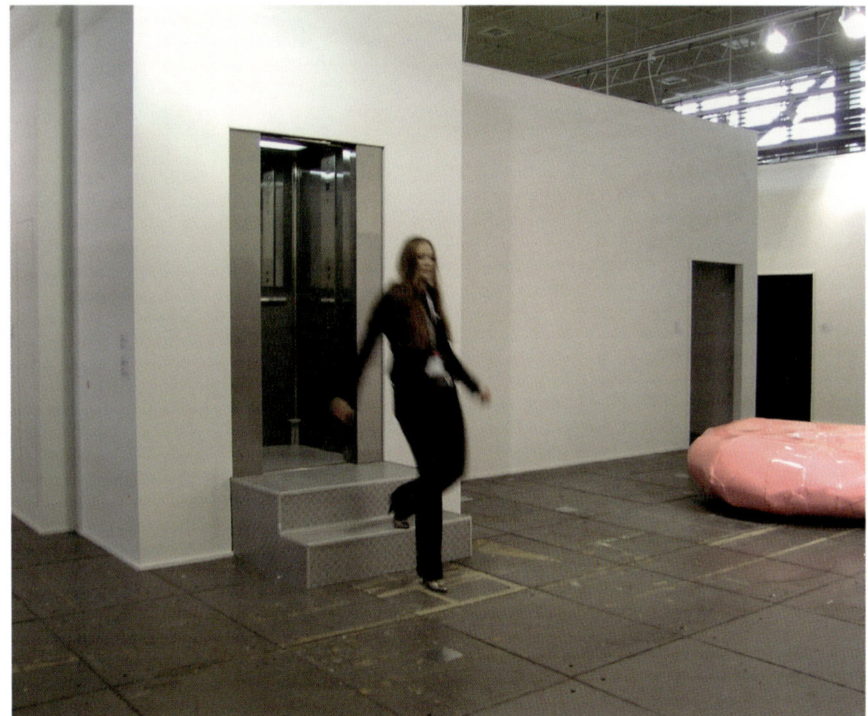

New Hope, 2006
Fahrstuhl | Elevator
Installationsansicht | Installation view House Trip, Art Forum Berlin, 2007

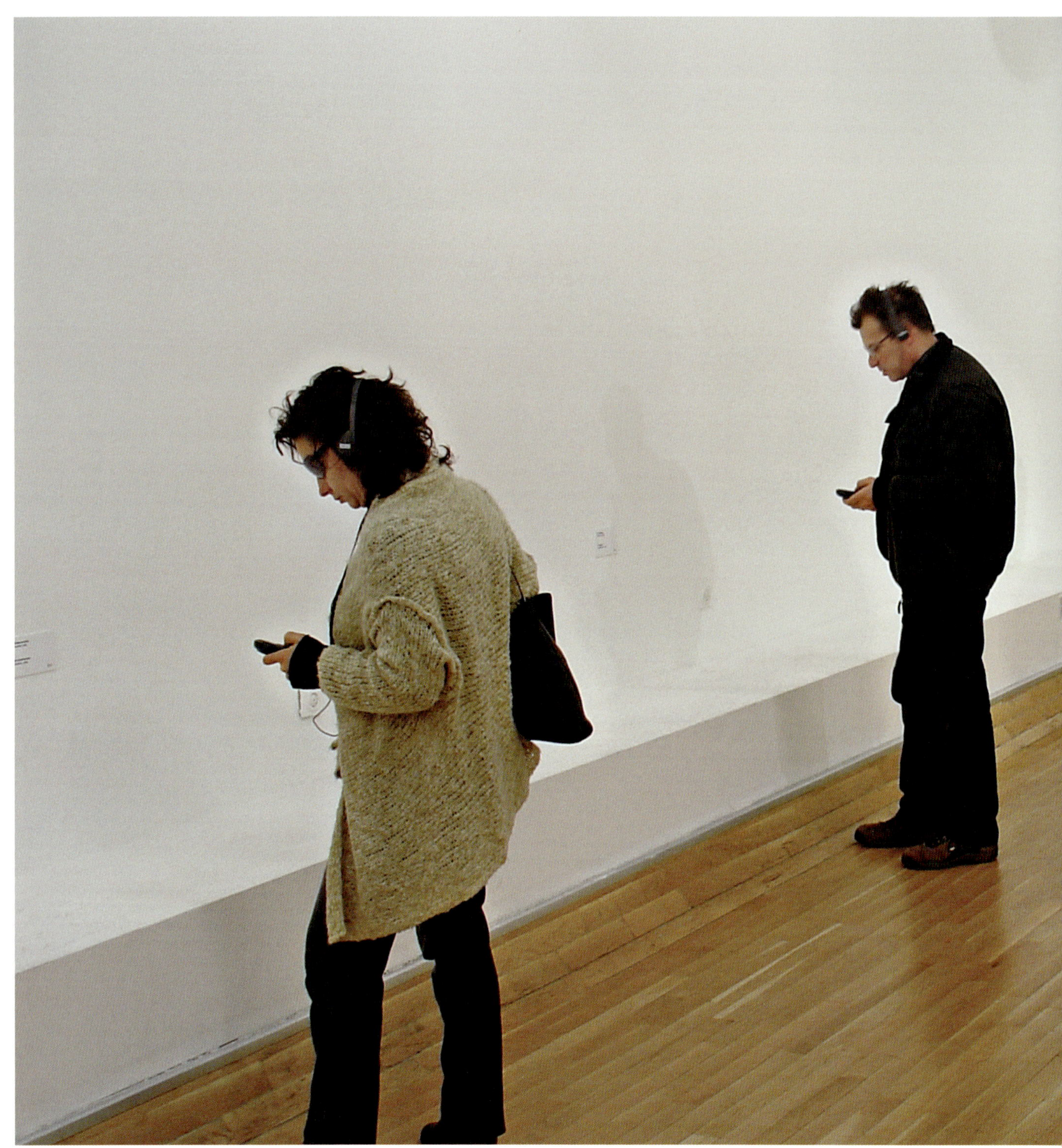

Guide, 2006
Audioguides, Label | Audio guides, labels
Installationsansicht | Installation view *Neither a White Cube nor a Black Box*, Sofia Art Gallery, Sofia, 2006

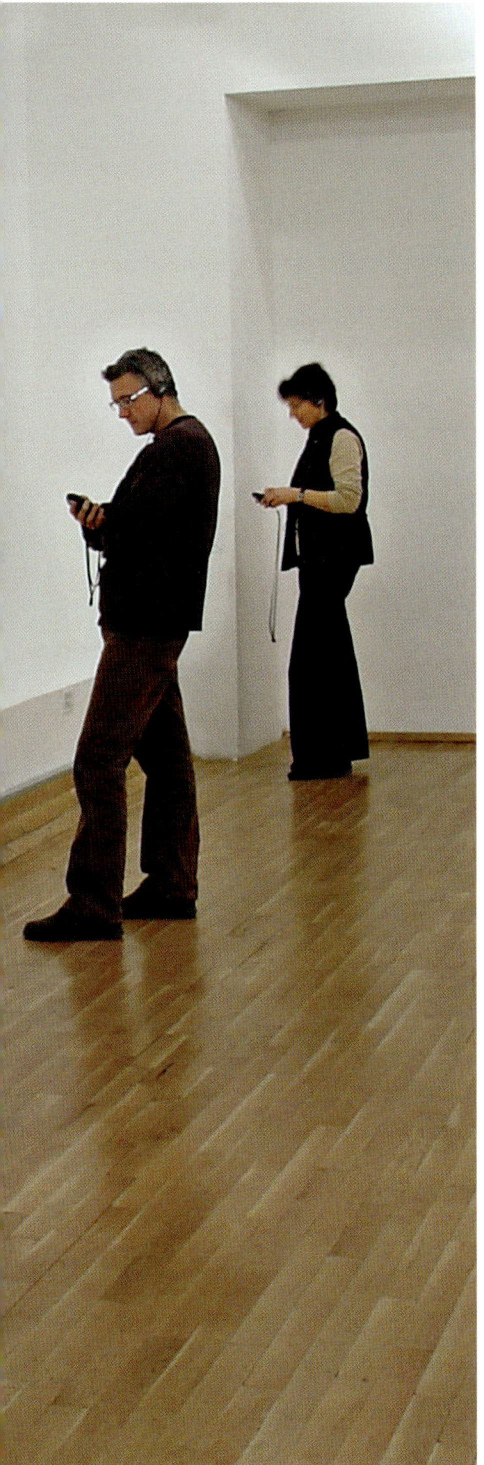

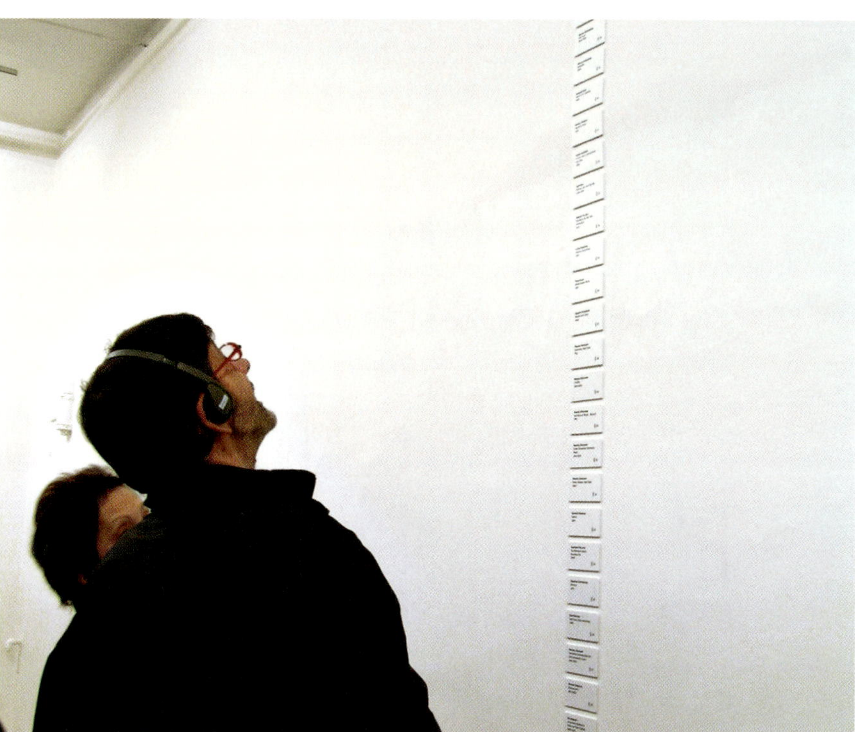

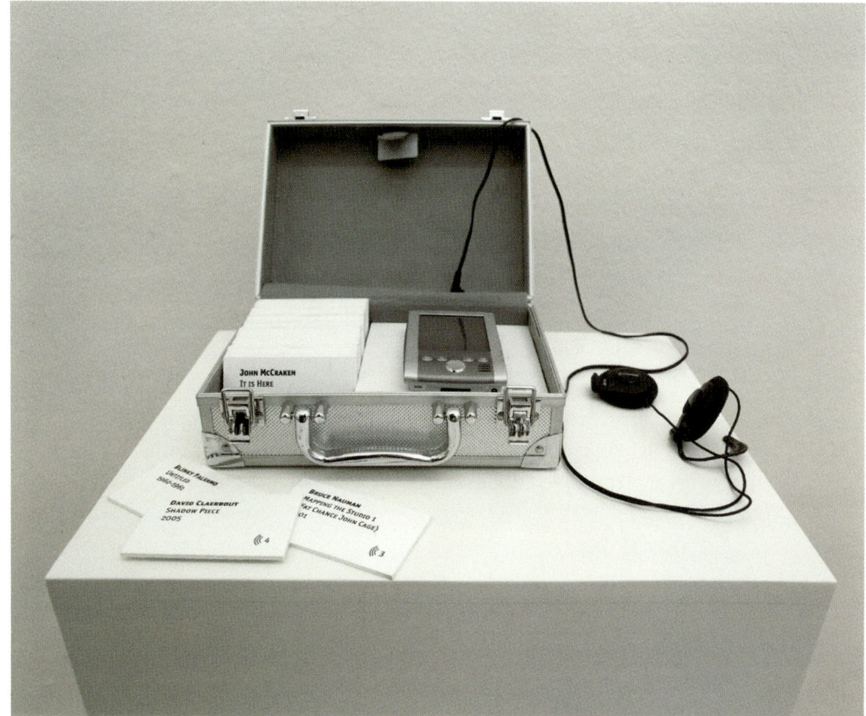

Guide, 2006
Aluminiumkoffer, Label, Audio guide | Aluminum box, labels, audio devices
oben | top: Installationsansicht | Installation view Studio Tommaseo, Triest | Trieste, 2006
unten | below: Installationsansicht | Installation view Kunstverein Braunschweig, 2008/2009

Museum of Contemporary Art, Sofia · Große Eröffnung
Dienstag, 26. April 2005, 19 Uhr

Nach Jahren des Wartens und nach intensiver Vorbereitungsarbeit eröffnet in Sofia, der Hauptstadt Bulgariens, ein Museum für zeitgenössische Kunst. Endlich haben Künstler, die im Bereich der zeitgenössischen Kunst arbeiten, eine Heimat gefunden.

Die Veränderungen der bulgarischen Kunst setzten um 1985 ein, als der „Wind of Change" das Land erfasste. In den folgenden 20 Jahren haben zahlreiche Künstler Kunstwerke geschaffen, an lokalen und internationalen Ausstellungen teilgenommen, Preise erhalten und das Ansehen der Bulgarischen Kunst gestärkt. In dieser Zeit sind einige Werke in Vergessenheit geraten, während andere in ausländische Museen und Sammlungen verkauft wurden. Das Museum für zeitgenössische Kunst in Sofia hat nun die Mission, diesen nationalen Schatz zu bewahren und ein Ort zu sein, an dem die Besucher diesen adäquat würdigen können. Die Sammlung des MUSIZ umfasst Werke von Nedko Solakov, Luchezar Boyadjiev, Pravdoliub Ivanov, Kalin Serapionov, Ivan Moudov, Nadejda Oleg Lyahova, Alla Georgieva, Lyuben Kostov und vielen anderen. Bulgarien war bislang das einzige Balkanland, dass über kein Museum für zeitgenössische Kunst verfügte. Indem das Land dieses Bedürfnis nun gestillt hat, ist es nun endlich Teil der großen europäischen Familie. Die Eröffnung des MUSIZ wäre ohne die freundliche Unterstützung des Bulgarischen Verkehrsministeriums, welches das Gebäude zur Verfügung gestellt hat, und die des Ministeriums für Tourismus und Kultur, welches das Projekt finanziell unterstützt hat, nicht möglich gewesen. Als Ehrengast wird Christo (Christo Javashev), der weltbekannte, in Bulgarien geborene Künstler, der Eröffnung beiwohnen.

(Erstmals veröffentlicht in der Publikation "Visual Seminar – Resident Fellows 4" (Sofia 2005), Teil des interdisziplinären Projektes "Visual Seminar" des Instituts für Zeitgenössische Kunst – Sofia und dem Centre for Advanced Study im Rahmen von relations, einem Projekt der Bundeskulturstiftung.)

Museum of Contemporary Art, Sofia · Grand Opening
April 26th, 2005 Tuesday, 7 p.m.

After years of expectation and serious preparatory work a Museum of Contemporary Arts is opening in the city of Sofia, the capital of Bulgaria. At long last artists working in the field of contemporary art and new media (installations, video, performance, net-art, object art and photography) have found a home to call their own.

Changes in Bulgarian art began after 1985 when the winds of change reached the country. For the next twenty since scores of artists have been creating works of art, participating in local and international exhibitions, winning awards and building up the reputation of Bulgarian art. During this period some of the works have perished while others have been sold to foreign museums and collections. The Sofia Museum of Contemporary Art has the noble mission to protect this national treasure and create an environment in which the viewing audience can adequately appreciate it.

The MUSIZ collection features works by Nedko Solakov, Luchezar Boyadjiev, Pravdoliub Ivanov, Kalin Serapionov, Ivan Moudov, Nadejda Oleg Lyahova, Alla Georgieva, Lyuben Kostov and many more. Bulgaria is the last country on the Balkans, which did not have a Museum of Contemporary Arts until now. By addressing this need the country is has now joined the large European family.

The opening of MUSIZ would not have been possible without the kind assistance of the Bulgarian Ministry of Transportation, which granted the building as well as the Ministry of Culture and Tourism, which backed the project financially. The opening of the museum will be attended by our special guest of honour CHRISTO (Christo Javashev), the world-renowned Bulgarian born artist.

(This text was first published in the book "Visual Seminar – Resident Fellows 4" (Sofia 2005), part of the multidisciplinary project "Visual Seminar" of the Institute of Contemporary Art – Sofia and the Centre for Advanced Study in the framework of relations, a project initiated by the Federal Cultural Foundation of Germany)

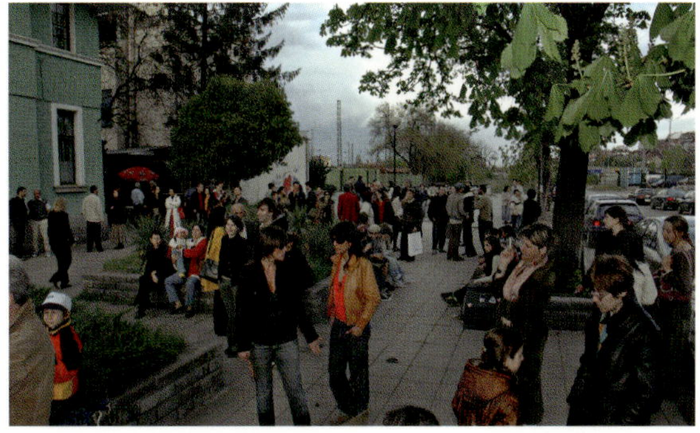
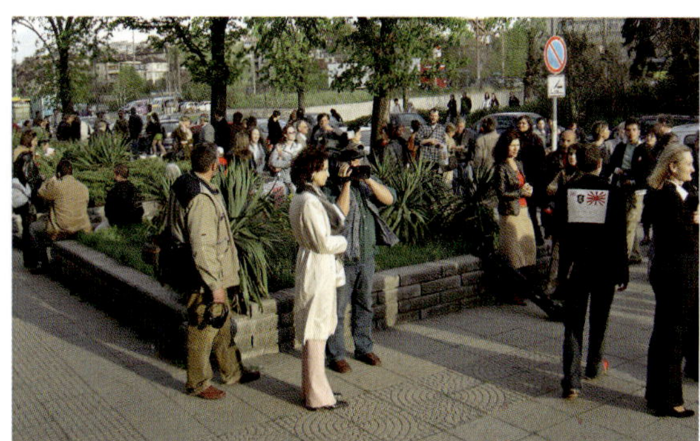
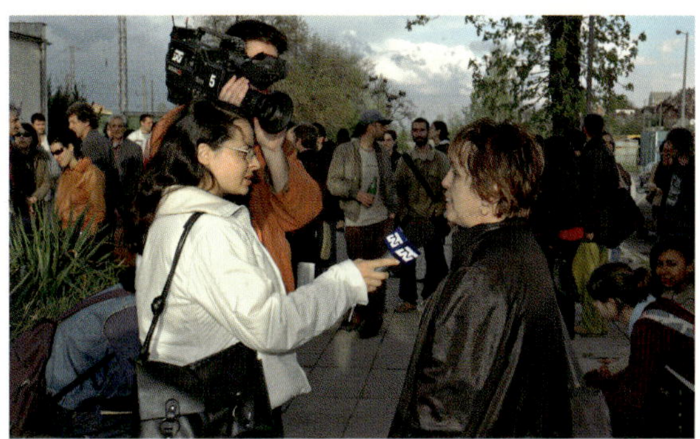
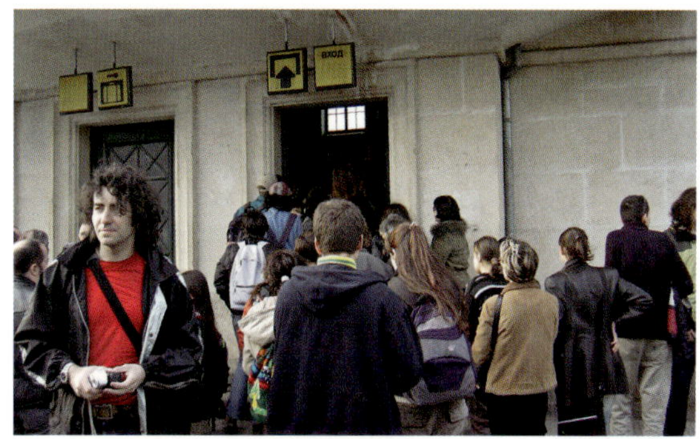
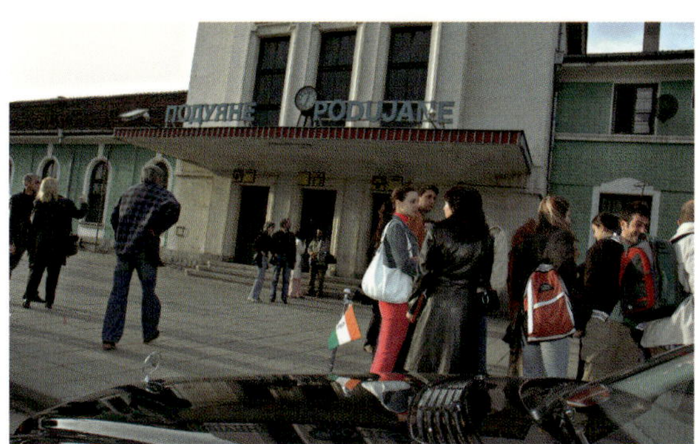
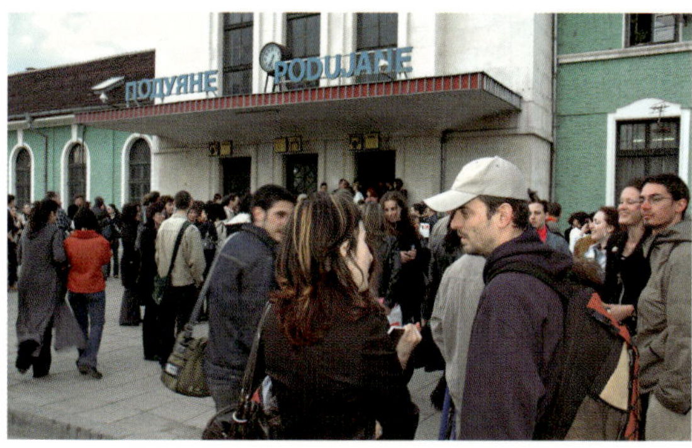
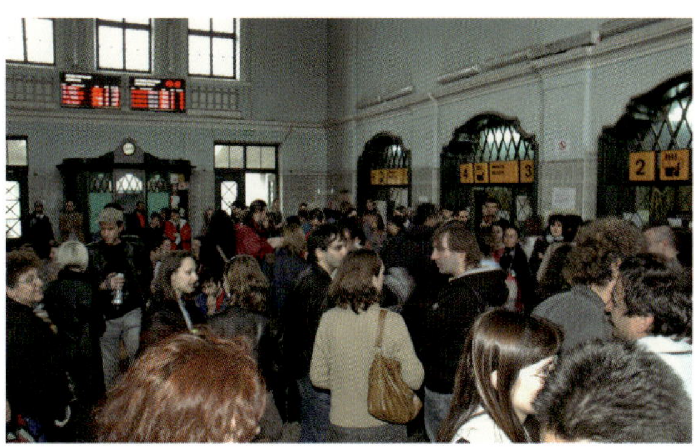
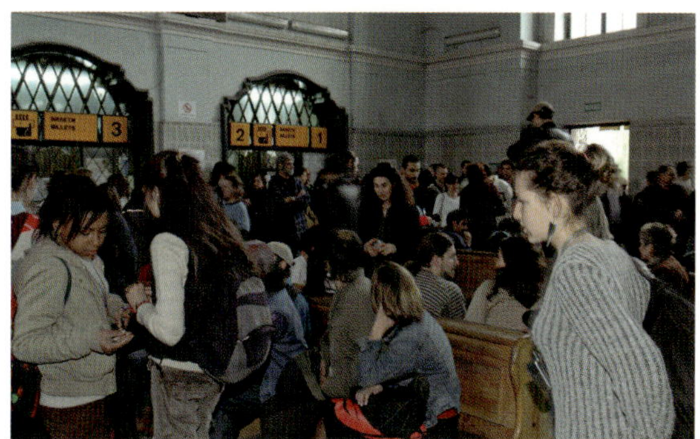

Eröffnung des *MUSIZ* | *MUSIZ* Opening, Sofia, 26.4.2005

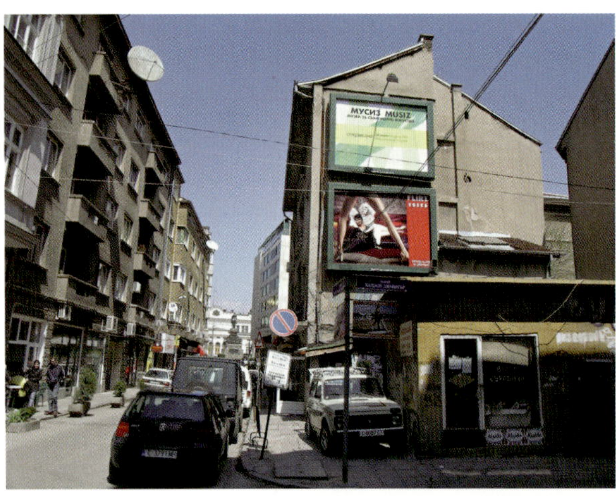

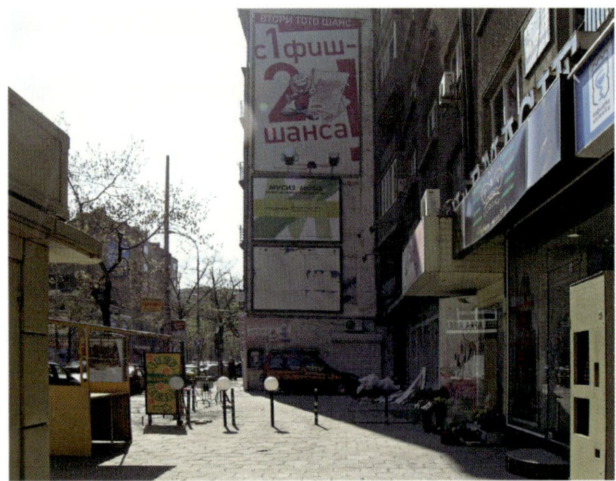

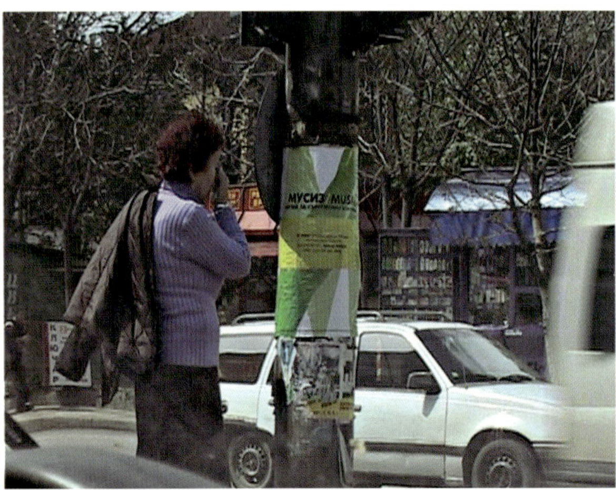

MUSIZ, 2005
Werbeplakate für die Eröffnung des Museums für Zeitgenössische Kunst, Sofia 2005 |
Poster and billboard for the opening of the Museum for Contemporary Art, Sofia 2005

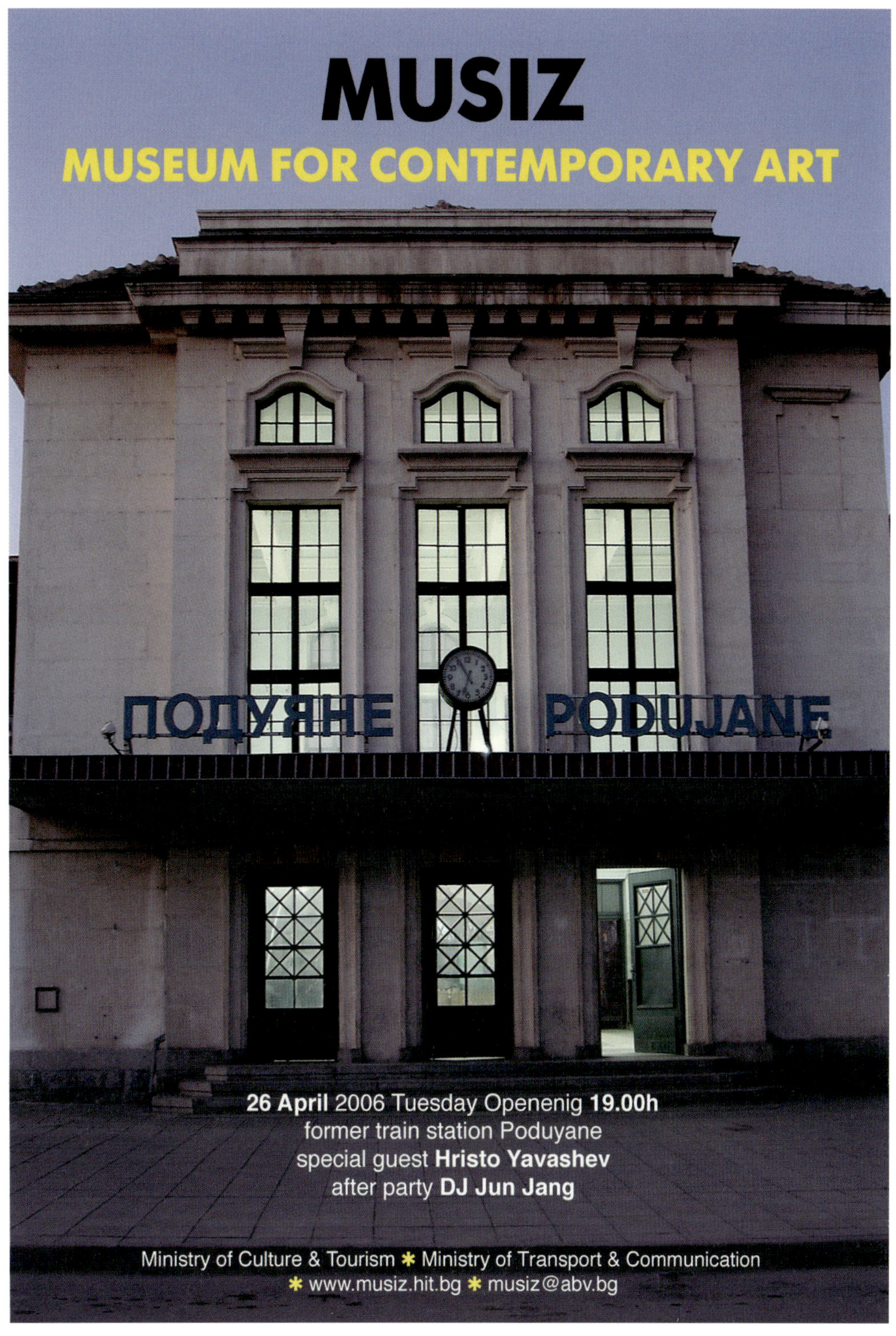

MUSIZ, 2005
Einladung zur Eröffnung des Museums für Zeitgenössische Kunst, Sofia |
Invitation for the opening of the Museum for Contemporary Art, Sofia

Chronik einer Manipulation

Februar – April 2005

1. Treffen mit dem Pressesprecher des Ministeriums für Verkehr und Transport im Café des Bulgaria Hotels. Ziel war es, eine offizielle Genehmigung für die Durchführung eines Ausstellungsprojekts im Poujane Bahnhof zu erreichen. Vier Wochen später erhielt ich die Antwort: Der Bahnhof wird renoviert und ist für ein derartiges Event nicht geeignet.

2. Ich modifizierte das Projekt. Ich entschloss mich,aus dem Bahnhof keinen realen Ausstellungsort zu machen, sondern das Projekt als rein fiktives Medienevent durchzuziehen.

3. Ich begann mich nach Billboards umzusehen und rief Zhoro Rouzhev an. Es stellte sich heraus, dass er nicht mehr in diesem Metier arbeitete, mir aber behilflich sein konnte, Werbeflächen frei oder günstiger nutzen zu können.

4. Maria Vassileva traf sich mit einem Freund ihres Bruders, der Eigentümer einiger Billboards ist, doch er wollte sich nicht an dem Projekt beteiligen, aus Angst, „von den Haien gefressen zu werden".

5. Ich wandte mich also an die sogenannten "Haie". Pravdolyub Ivanov vermittelte den Kontakt zur Wallstreet Agentur. Dort stellte sich heraus, dass einer der Inhaber ein Surfer war, eine von mir sehr geschätzte Person. Außerdem war er selbst auch Künstler. Er stellte mir vier Billboards im Stadtzentrum Sofias zur Verfügung.

6. Ich ging zu „Famecards" und wir vereinbarten eine Art Tauschhandel: Der Besitzer setzte sich für einen Artikel in der Zeitschrift „Egoist" ein und ich sicherte zu, die Einladungskarten des Museums für Zeitgenössische Kunst bei ihm drucken zu lassen. Etwa sechs Monate vor dem Event erschien ein Artikel in „Egoist" und der Grafiker des Magazins stimmt zu, die Einladungskarten, Poster und Plakate zu gestalten.

7. Zu diesem Zeitpunkt wollte ich eigentlich Marcel Broodthaers für eine Mitarbeit gewinnen, doch Nedko Solakov brachte mich davon ab, Broodthaers stünde den Institutionen zu kritisch gegenüber und Solakov überzeugte mich, dass es nicht geschickt sei, die Eröffnung des Museums gleich mit einer Institutionskritik zu verbinden. Das überzeugendste Argument war jedoch, das Broodthaers' Kunst in Bulgarien nicht besonders beliebt ist. Broodthaers war von Christo abgelöst worden, einem zeitgenössischen Künstler, der in Bulgarien überaus populär ist und der ein weitaus größeres Interesse hervorzurufen vermag.

8. Die erste Idee für den Namen des Museums war eine simple Abkürzung: MCA (Museum of Contemporary Art). Iara Boubnova wandte jedoch ein, dass bereits mindestens 20 Museen auf der ganzen Welt diesen Namen trügen. Wir begannen über verschiedenste Kürzel nachzudenken bis wir uns auf МУСИЗ (MUSIZ) einigten.

9. Maria Vassileva schrieb die Pressemitteilung und kuratierte damit die Ausstellung bzw. Sammlung, indem sie in die Pressemitteilung kurzum all jene Künstler aufnahm, die sie dort gerne sehen würde.

10. Die Einladungskarte wurde von Nadya Lyahova gestaltet. Sie orientierte sich in der Gestaltung an einer Party-Einladung der Amerikanischen Botschaft in Sofia.

11. Wir versuchten, im Vorfeld in der Presse drei Artikel unterzubringen, welche die Eröffnung des Museums ankündigen sollten. Svetlana Kuyumdjieva startete den ersten Versuch, aber die Zeitung „24 Hours" weigerte sich, einen Artikel abzudrucken. Ich kontaktierte Katya Atanasova vom Magazin „Capital Light". Sie lehnte zwar nicht direkt ab, doch ich hörte von Dritten, dass sie nicht im Entferntesten daran dachte, etwas zu veröffentlichen. Der dritte Versuch, diesmal bei Diana Popova von der „Kultura" Zeitung, war schließlich erfolgreich.

12. Wir schickten die Pressemitteilung an die bulgarische Nachrichtenagentur BTA, unmittelbar danach berichteten die meisten Zeitungen über das Event.

13. Die große Werbekampagne startete vier Tage vor der "Eröffnung". Sechs Tage zuvor war die Einladung versandt worden. Die ersten 50 Einladungen enthielten eine falsche Telefonnummer, die sich schließlich als die eines einfachen Bürgers aus Plowdiw herausstellte. Dies war nicht intendiert. Die restlichen Einladungen mussten daher unverzüglich verbessert werden, indem sie mit einem Aufkleber mit der korrekten Telefonnummer versehen wurden. Die Stimmung war angespannt.

14. Die Einladungen wurden gemäß der Mailing-Liste der Sofia Art Gallery verschickt, die ins Ausland gerichteten orientierten sich an dem Verteiler von Lachezar Boydzhiev. Das Kulturzentrum "Red House" unterstützte uns und vermittelte uns die Namen und englischen Anschriften der Botschafter. All dies geschah unter der kompetenten Leitung von Raymonda Moudova. Die Einladungen enthielten eine Telefonnummer mit der Bitte um Zusage. Die eingegangenen Anrufe sind dokumentiert, sie stammten von Sekretärinnen von Direktoren, Galeristen, Diplomaten und Universitätsdekanen.

15. Rund um die Uhr wurden Plakate geklebt, um zu verhindern, dass sie im letzten Moment überklebt würden. Die Einladungskarten wurden an allen öffentlichen Orten Sofias verteilt. Web- und E-Mail-Adressen wurden eingerichtet. Wir erhielten eine große Anzahl von Nachrichten per E-Mail, die meisten von Journalisten, die wissen wollten, wann Christo eintreffen würde, um ihn bereits am Flughafen abzufangen. All diese E-Mails wurden gleichlautend beantwortet: Dass Christo es vorzöge, erst während der Eröffnung öffentlich aufzutreten und wir ihnen daher leider nicht den Zeitpunkt seines Eintreffen mitteilen könnten.

16. Die Journalisten begannen nach anderen Informationsquellen zu suchen – sie riefen Christos Verwandte an. Dann rief Vlado Yavashev [Christos Neffe, A.d.R.] Nedko Solakov und Nedko wiederum mich an. Ich rief Vlado an und erläuterte ihm die Situation. Er schluckte es zwar, war aber nicht gerade begeistert. Bereits einen Tag zuvor hatte ich einen Anruf von Rostislava Gentcheva vom bulgarischen Fernsehsender bTV erhalten, der ich bereits im Januar von dem Projekt berichtet hatte. Sie brachte offensichtlich die Plakate in Sofia mit meinem Projekt in Verbindung. Ich brachte es nicht über mich, sie zu belügen und sie versprach, mich zu unterstützen und es niemanden zu erzählen. Als Dank für ihr Schweigen waren Nedko und ich am Tag der Eröffnung Gäste des Vormittagsprogramms von bTV.

17. Ich erfuhr, dass der Direktor des Podujane-Bahnhofs im Fernsehen aufgetreten war, um mitzuteilen, dass im Bahnhof nichts stattfinden würde. Er verkündete, dass es kein Museum für zeitgenössische Kunst geben würde, weder im Podujane-Bahnhof, noch am Hauptbahnhof noch sonst irgendwo. Er betonte jedoch, dass er an sich nichts gegen ein solches Museum habe.

18. Dann fand die „Eröffnung" am Podujane-Bahnhof statt. Mehr als 300 Menschen kamen, unter ihnen der Direktor des Nationalen Kunstmuseums „Rouse Art Gallery", der Vorstand der Verbands Bulgarischer Künstler, der Rektor der Nationalen Kunstakademie, die Botschafter Belgiens, Italiens und Englands sowie der Direktor des British Council, Vertreter des Goethe-Instituts in Sofia, Künstler, Regisseure, Journalisten, Gäste aus Sofia, ganz Bulgarien und dem Ausland.

19. Über 50 Artikel berichteten über das Event. Im Internet und in den Zeitungen entbrannten Diskussionen über das Projekt.

A Chronicle of Manipulation

February – April 2005

1. Meeting with the PR officer of the Ministry of transport at the Bulgaria Hotel café. The aim was to get official permission to realize the project at Poduyane railway station. Four weeks later the response was that the station would be refurbished and it would not be convenient to hold an event there.

2. I modified the project. I decided to have the project mislead the media instead of making the station look like a museum.

3. I started looking for billboards and I called Zhoro Rouzhev. It turned out that he had stepped out of this business and had no way of helping me get either a billboard for free or a rent discount.

4. Maria Vassileva met with a friend of her brother's who has a few billboards, but he was worried about attracting media attention since he was "afraid of the big sharks" in the business.

5. I turned to the "big sharks." Pravdoliub Ivanov got us in touch with the Wallstreet agency. When I went there it turned out that one of the bosses is a surfer, a legendary figure of whom I am a big fan. And he is an artist as well. He gave me four billboards in the centre of Sofia for free.

6. I went to "Famecards" and we agreed on something like a barter deal: the owner put an article in the Egoist magazine and I let him do the MUSIZ promotional cards. Six months before that there was an article in "Egoist" mentioning the future opening of the museum, and eventually the magazine designer agreed to do the cards, posters and billboards.

7. At that point I wanted the project to involve Marcel Broodthaers, but Nedko Solakov dissuaded me because Broodthaers deals with criticism of institutions and it was inappropriate to associate the opening of the museum with any criticisms. The argument that won me over was that Broodthaers 's work is not well known in Bulgaria. He was replaced with Christo—a contemporary artist who is the most famous in Bulgaria and who would generate the greatest interest.

8. The name of the museum was originally going to be the simple abbreviation MCA (Museum of Contemporary Art). But Iara Boubnova objected that at least about 20 museums around the world bear this name. We started brainstorming about abbreviations until Iara suggested MUSIZ.

9. Maria Vassileva wrote the press release. And she practically curated the museum by including the artists who she thought should be there.

10. Nadya Lyahova did the invitation using the design of a party invitation of the American embassy in Sofia.

11. Then we tried to get three articles published, which were to announce the opening of the museum. One of the attempts was with Svetla Kuyumdjieva but the "24 hours" newspaper rejected the publication. I got in touch with Katya Atanassova from "Kapital Light" but she was not particularly willing either—I understood from other people that she was not going to put in anything. The third attempt was with Diana Popova for "Kultura" newspaper, and this one worked.

12. We sent the press release to the BTA. Immediately afterwards most newspapers published the information about the event.

13. The promotional campaign started four days before the opening. The invitations were released six days earlier by mistake. The first 50 were sent out with a wrong phone number, which turned out to be of an unknown Plovdiv user. This was not intended to be part of the project. The other 200 invitations had to be corrected within just a

few hours by covering the wrong number with a little sticker, which added incredible tension to the preparation process.

14. The invitations were sent out to the mailing list of the Sofia City art gallery and we used Luchezar Boyadjiev's mailing list to reach recipients abroad. The Red House Centre for Culture and Debate helped with the names of the ambassadors in Sofia and the addresses of the embassies in English. Raymonda Moudova expertly managed the whole organization. There was a phone number for confirmations on the invitations and there is a record of the incoming calls (directors' secretaries, gallery managers, diplomats, heads of departments, etc.).

15. The posters were being distributed almost 24 hours a day to avoid other posters being placed on top of them. The promotional cards were distributed in all bars, cafes and restaurants in Sofia. A website and an email address were set up. A huge number of emails were received mainly from journalists who wanted to know when Christo was arriving so that they could be at the airport. The reply was that Christo wanted his first public appearance to be at the opening and that unfortunately we could not announce the date and time of his arrival.

16. The journalists started looking for other sources of information—they were calling Christo's relatives. Following this, Vlado Yavashev called Nedko Solakov who in turned rang me. I phoned Vlado and explained what it was about; he put up with it—he was definitely not pleased. A day before that I got a phone call from Rostislava Gencheva from bTV; I had mentioned the project to her sometime in January and she had now realized the connection between the posters in Sofia and my project. There was no way to lie to her, I told her what it was about and she promised to co-operate and not to give away anything. In return for her silence Nedko Solakov and I were guests in the morning programme of bTV on the day after the opening.

17. I was told that Poduyane railway station manager appeared on television in order to announce that nothing was going to happen at the station. He said that there was not going to be a museum of contemporary art at Poduyane railway station, or at the Central station, or elsewhere, but that he had nothing against the museum.

18. Then the opening took place at Poduyane railway station. More than 300 people were present among whom were the director of the National Art Gallery, the director of the Art Gallery in Rousse, the chairperson of the Union of Bulgarian Artists, the rector of the National Arts Academy, the ambassadors of Belgium, Britain and Italy, the director of the British Council, representatives of Goethe Institute Sofia, artists, directors, journalists, Bulgarian and foreign guests.

19. There were more than 50 articles covering the event. There were "hot" discussions in chats, in the forums of newspapers, etc.

14:13 Minutes Priority

14:13 Minutes Priority (dt. 14,13 Minuten Vorfahrt) ist der Titel einer Performance, die im Rahmen des 1. Schillerfestivals in Weimar 2005 stattfand. Der Titel bezieht sich auf die Dauer der Performance, die 14 Minuten nach ihrem Beginn von der Polizei gestoppt wurde. Die Performance besteht aus sieben PKWs, die in einem Kreisverkehr, der die Innenstadt, die Vororte und eine Einkaufsmeile in Weimar miteinander verbindet, zirkulierten. Die in der Performance involvierten Fahrzeuge blockierten den Verkehr für all jene, die in den Kreisverkehr fahren oder ihn verlassen wollten. Diese Arbeit basiert auf der Performance *One Hour Priority* (2000), in welcher der Künstler in einem Kreisverkehr im Stadtzentrum Sofias eine Stunde von seinem Vorfahrtsrecht Gebrauch machte.

14:13 Minutes Priority is the name of a performance that took place within the Schiller Festival in Weimar in 2005. The title refers to the duration of the performance, which was stopped by the police at the 14th minute after it started. The performance consists of seven cars moving in the roundabout that connects the downtown area, the suburbs and the shopping mall of Weimar. The cars involved in the performance blocked the traffic for all those who tried to enter or exit the roundabout.
This work is based on the *One Hour Priority* (2000) performance where the artist is driving a car in a roundabout in the centre of Sofia for one straight hour using his right of priority.

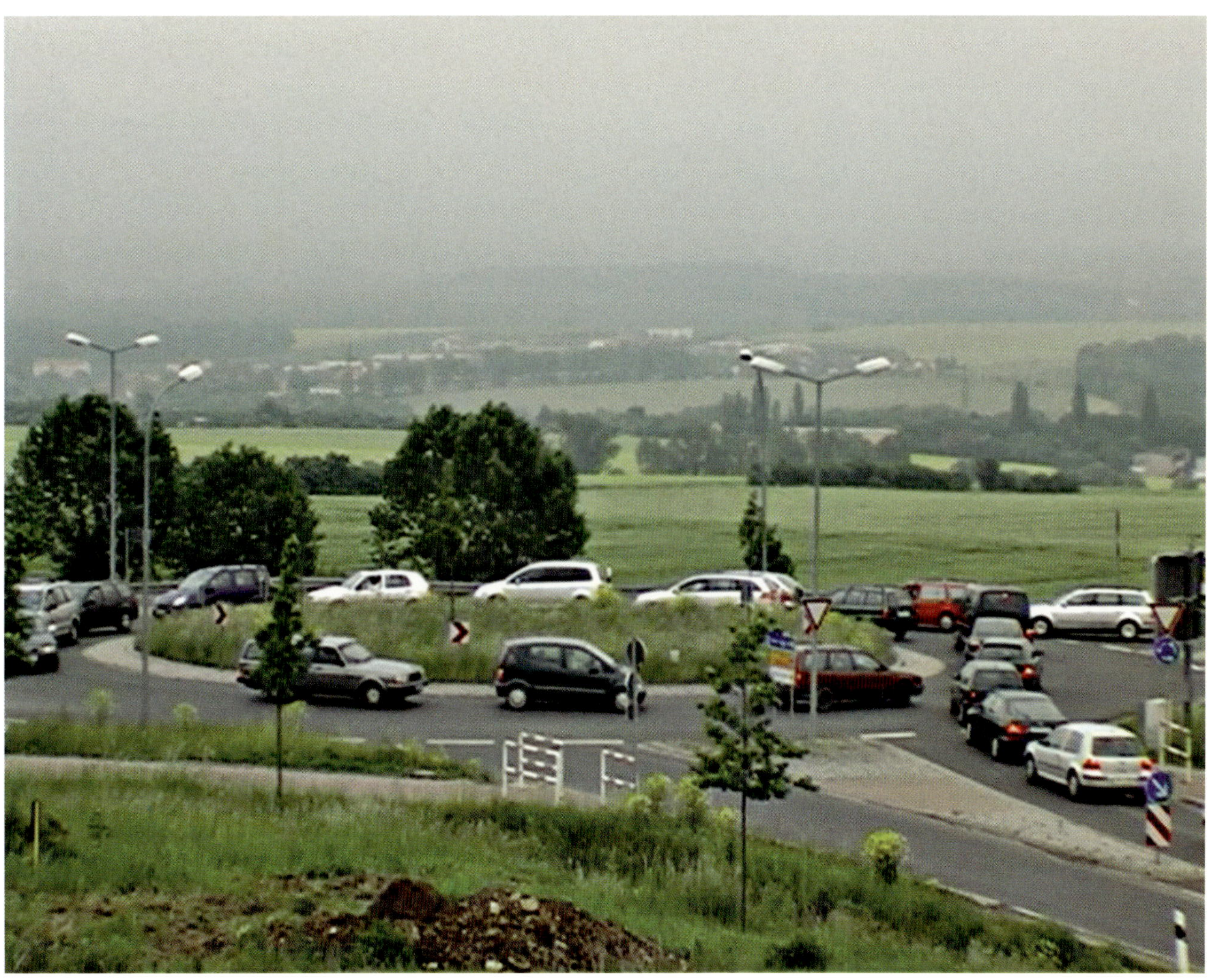

14:13 Minutes Priority, 2005
Performance, Weimar 2005
Videostill der Dokumentation | Still from the video documentation

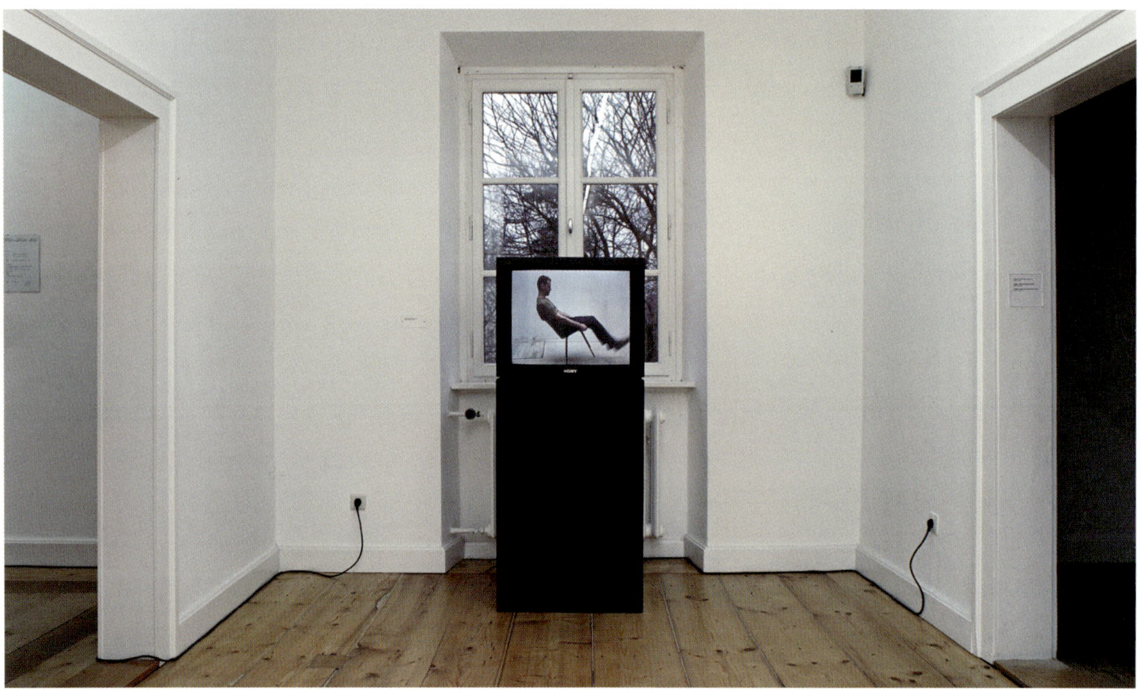

Teleporting Machine, 2005
Video, DVD, 7:25 min | Video, DVD, 7:25 min
Installationsansicht | Installation view Kunstverein Braunschweig

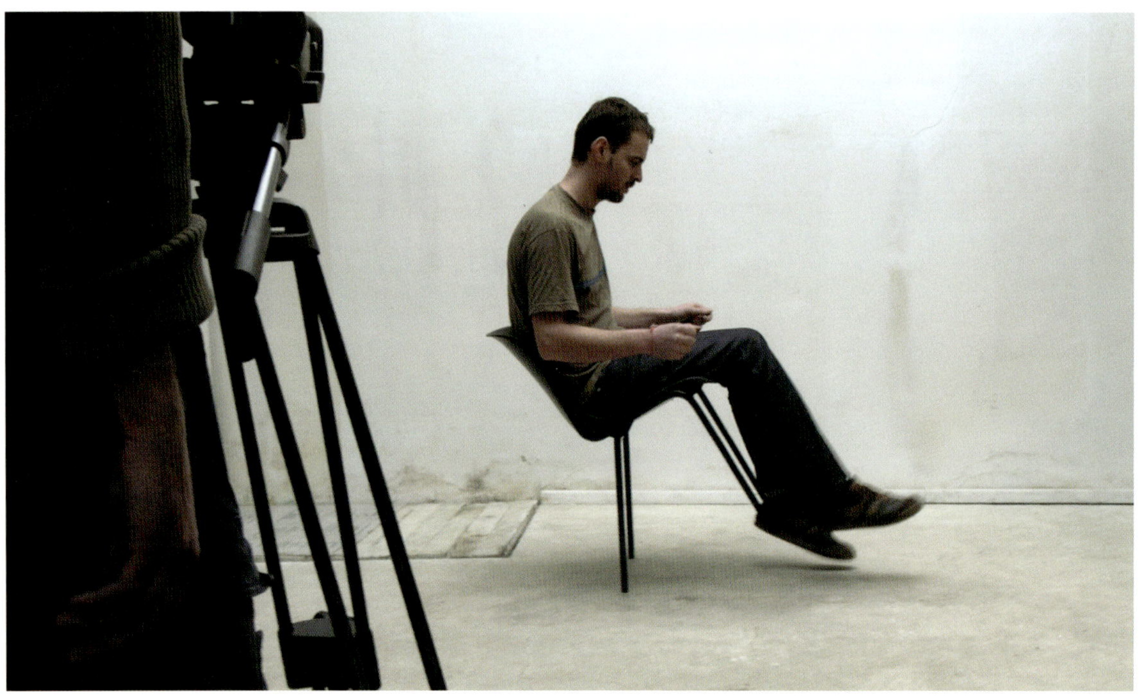

Teleporting Machine, 2005
Fotodokumentation | Photo documentation
Foto | Photo: Alexander Gerganov

Matrix

„Ich bat einige meiner Bekannten, mir den Plot von Matrix II – einem Film, den ich selbst nicht gesehen hatte – zusammenzufassen. Ein jeder erinnerte sich an unterschiedliche Momente und ich begann den Film gemäß ihrer Erinnerungen aus Originalfilmmaterial neu zu konstruieren. Ich nutzte allein die Szenen, die in den Schilderungen meiner Freunde auftauchten und hielt mich an die von ihnen vorgegebene Reihenfolge. Auf diese Weise entstand aus dem ursprünglichen Matrix II-Film, dessen Vollversion ich bis heute nicht gesehen habe, eine 16-minütige Neuversion."

"I asked several friends to tell me the story of the Matrix 2—a film I hadn't seen yet. Each one of them remembered different moments and I decided to rebuild the film according to their stories, using footage from the Matrix 2. I used only the scenes my friends were telling me about, following the order in which they were told to me. This way I achieved a 16-minute film out of the original Matrix 2, which complete version I still haven't seen."

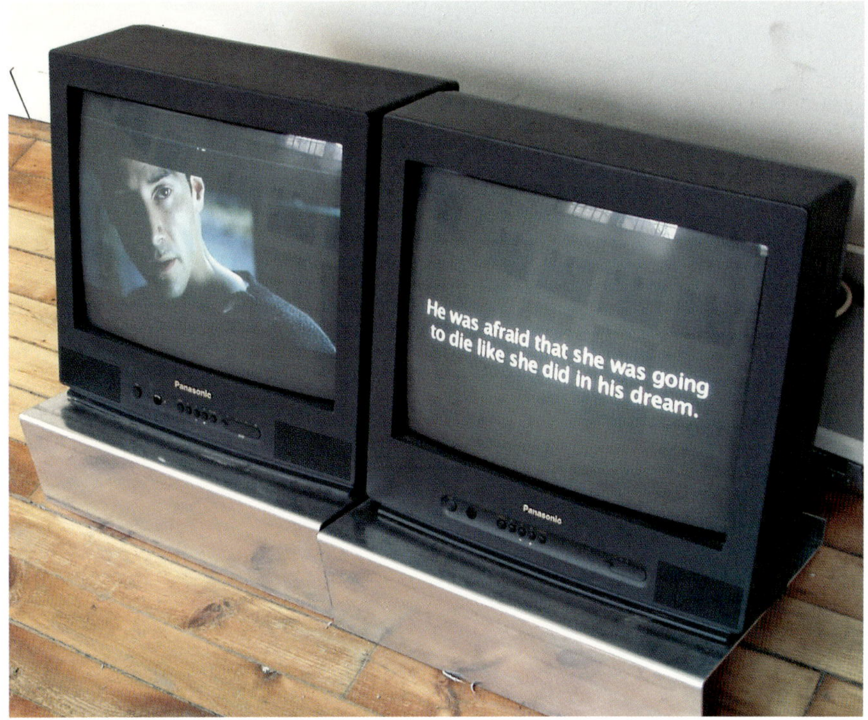

Matrix, 2004
Zwei-Kanal-Video | Two-channel video installation, 2 DVDs, je | each 15:45 min
Installationsansicht | Installation view Red House Center for Culture and Debate, Sofia 2005

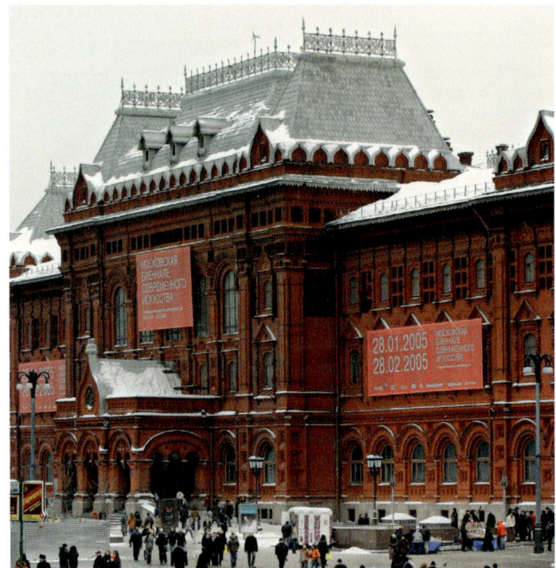 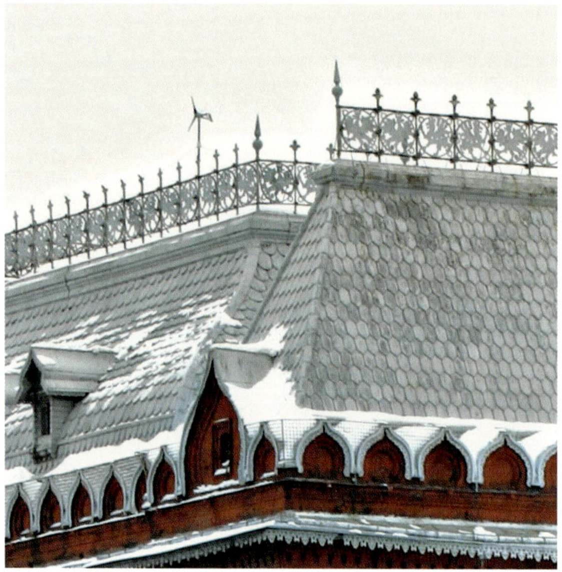

Wind of Change

„Ein junger bulgarischer Künstler präsentiert eine hintersinnige wie komplexe Installation: Auf dem Dach des Museums ist eine elektrische Vorrichtung installiert, die – neue Technologie nutzend – erneuerbare und ökofreundliche Energie erzeugt. Dieser Mini-Motor, der von Windkraft angetrieben wird, besteht aus einer sich drehenden Windhose, die nicht nur die Windrichtung anzeigt, sondern gleichzeitig die Energie erzeugt, mit der die Überwachungskameras des Museums gespeist werden. Bei Windstille bleiben die Kameras schwarz und die geschützten Objekte der Gefahr von Raub und Vandalismus ausgesetzt."

Ami Barak im Ausstellungskatalog *Dialectics of Hope*
1st Biennial of Contemporary Art, Moskau 2005

Wind of Change

"A young Bulgarian artist presents an artful and intricate installation, offering an electrical device which works with new technologies to provide renewable and eco-friendly energy. This mini-engine, driven by wind-power, is located on the roof of the museum. It houses a weather-vane which rotates with the wind, and not only indicates the wind's direction but also produces electricity for surveillance cameras installed in the museum. Naturally, the surveillance cameras remain black in quiet weather and the secured objects are then at risk of burglary or vandalism."

From the text of Ami Barak for the catalogue *Dialectics of Hope*
1st Biennial of Contemporary Art, Moscow 2005

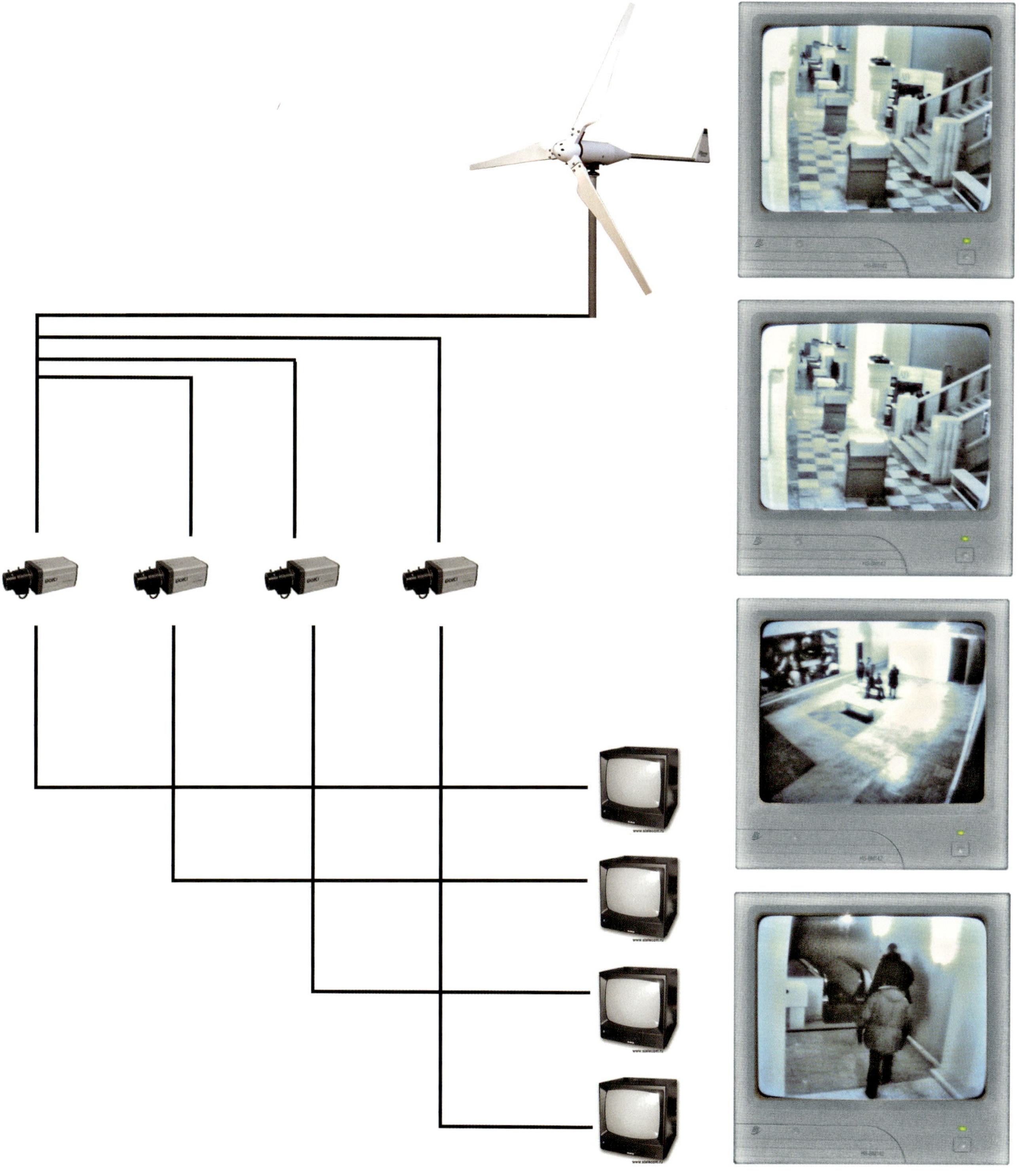

Wind of Change, 2005
Mixed Media, 1ˢᵗ Biennial of Contemporary Art
Moskau | Moscow, 2005
Fotos | Photos: Romily Eveleigh

One Hour Priority, 2000
Video, 60 min

Das Video dokumentiert eine Performance, bei der Ivan Moudov in einem Kreisverkehr in Sofia eine Stunde lang von seinem Vorfahrtsrecht Gebrauch macht.

One Hour Priority, 2000
Video, 60 min

The video work documents a performance where the artist is driving a car in a
roundabout in the centre of Sofia for one hour using his right for priority.

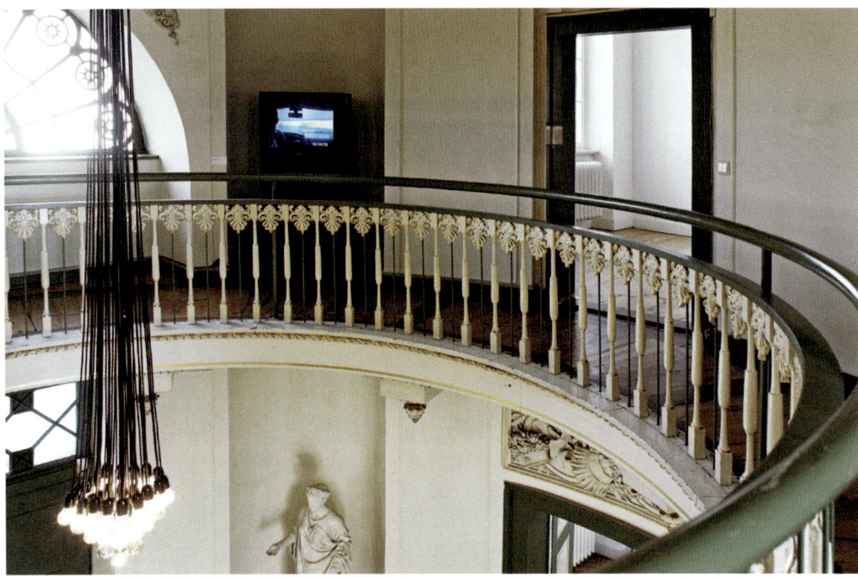

One Hour Priority, 2000
Installationsansicht | Installation view Kunstverein Braunschweig

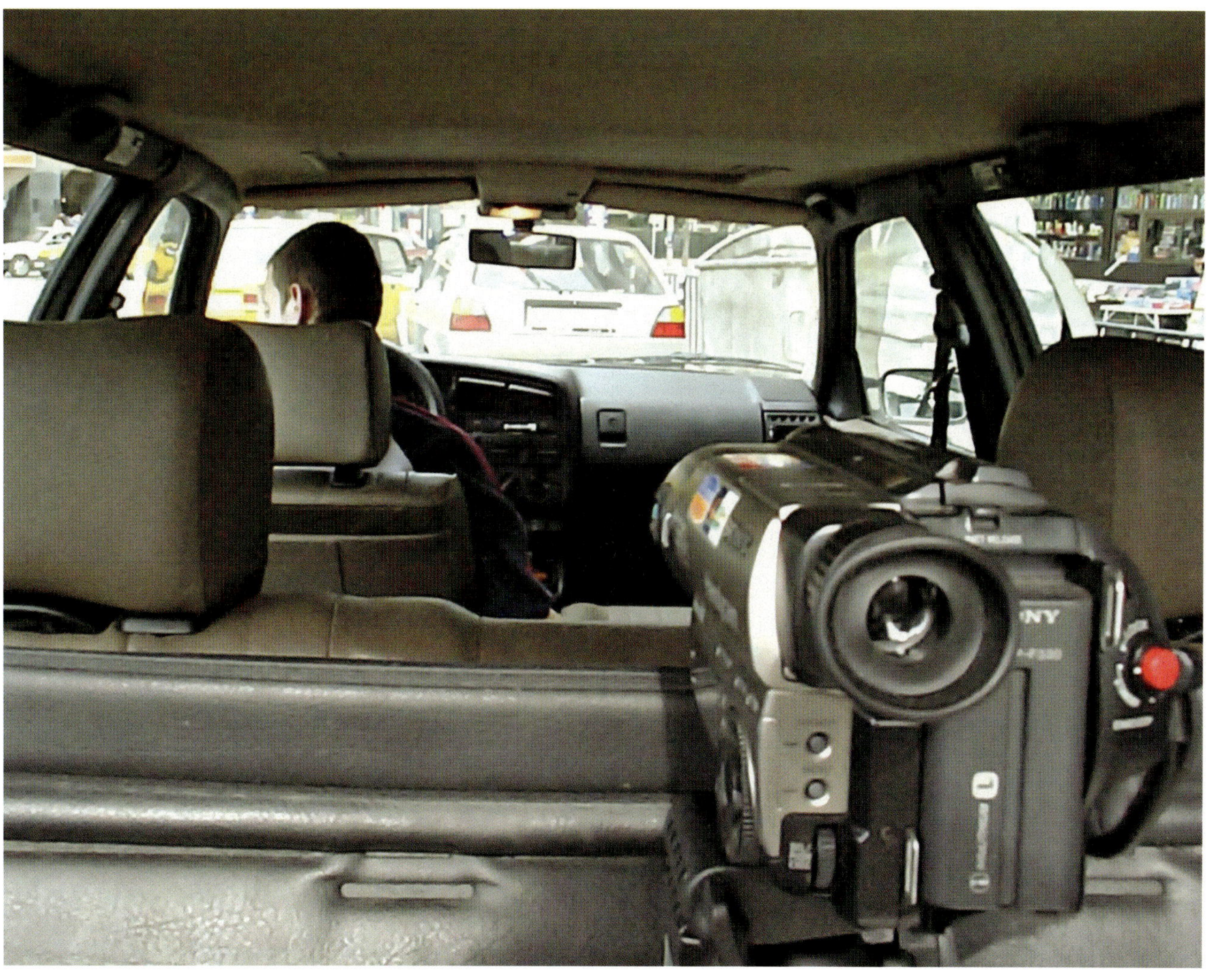

One Hour Priority, 2000
Videodokumentation | Video documentation, 60 min
Foto | Photo: Peter Raichev

Traffic Control, 2000

„Die Polizei ist in Bulgarien ein Symbol für unkontrollierte Macht und Autorität. Gesetze und sogar Verkehrsregeln können relativ frei ausgelegt werden
und man weiß nie genau, wessen Recht die Polizei eigentlich schützt.
Für mich war es interessant zu untersuchen, wie es wäre, die Seite zu wechseln,
selbst derjenige zu sein, der über Macht verfügt und wie eine Uniform meine
eigene Position und Sichtweise zu verändern vermag.
Ich setze mich einer Situation aus, in der ich für normale Bürger genau die
Autorität repräsentiere, die ich selbst fürchte. Gleichzeitig ist diese Aktion völlig illegal. In Österreich, wo die Gesetze weitaus strenger und die Bürger we-
sentlich autoritätsgläubiger sind, war die Situation sogar noch interessanter.
Ich trage die – einem Österreicher unbekannte – Uniform eines bulgarischen
Polizisten, zähle jedoch auf ihren Respekt gegenüber dem Gesetz, ganz gleich,
wer es repräsentiert. Ich dringe in das System ein, zugleich als Krimineller und
Autoritätsperson.“

Traffic Control, 2000

"The Police in Bulgaria is often a symbol of unregulated power and authority.
Laws and even road regulations could be ambiguously treated and you never
know whose right exactly the policemen are protecting.
For me it was interesting to know what it is to be "on the other side"; how it
is to be the one who has the power; how wearing a uniform can change my
position and point of view. I put myself into a situation where for the normal
citizens I represent the same authority that I fear. At the same time my action
is totally illegal.
In Austria where laws and regulations are much stricter and citizens are much
more respectful to authorities, the situation is even more interesting. I'm wearing the uniform of a Bulgarian policeman, which Austrians cannot identify,
but I'm counting on their respect for the law, no matter, who is representing
it. I'm entering their system both as a criminal and a person of power."

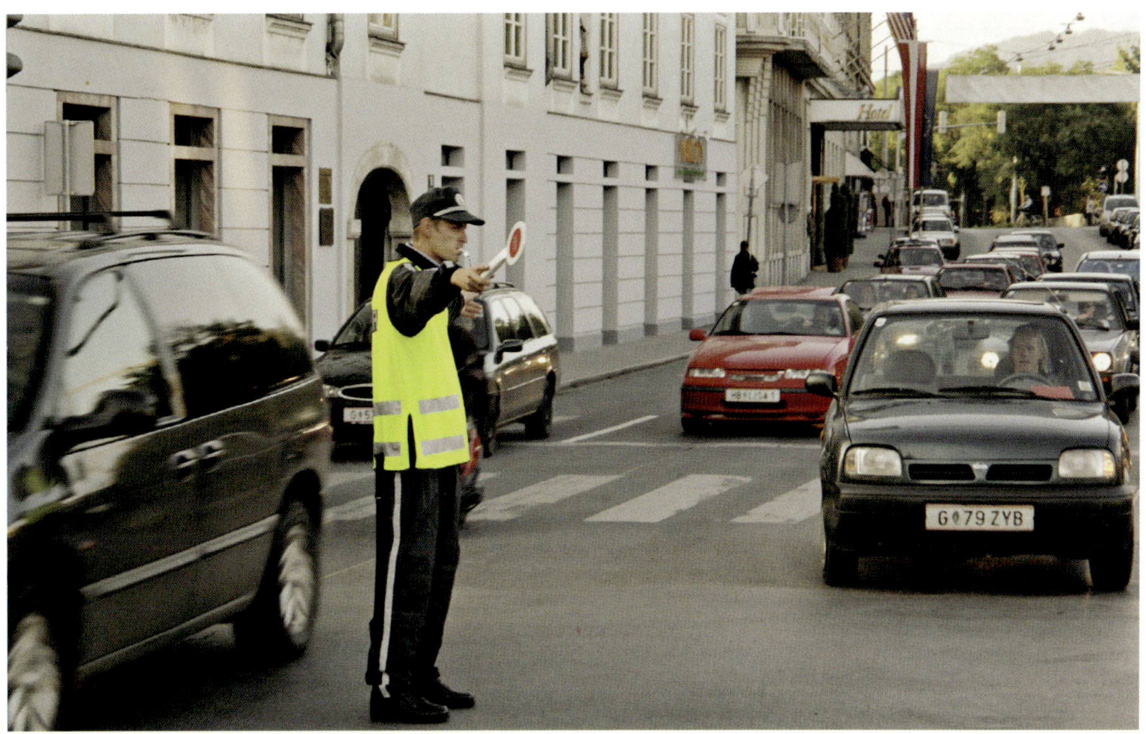

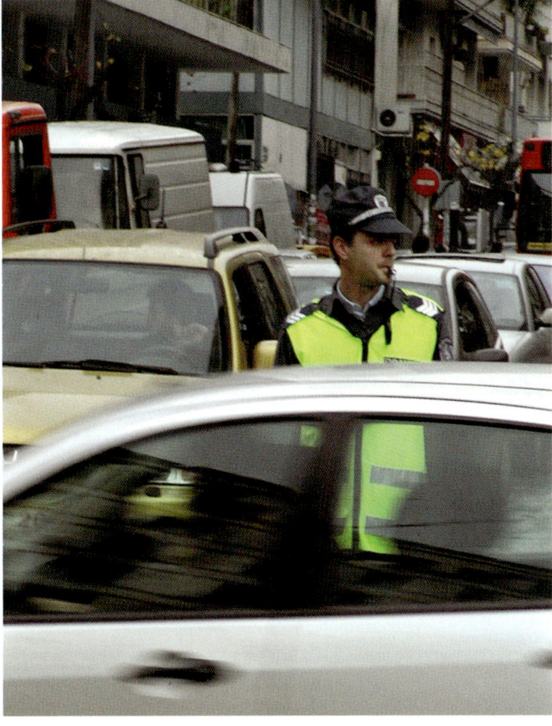

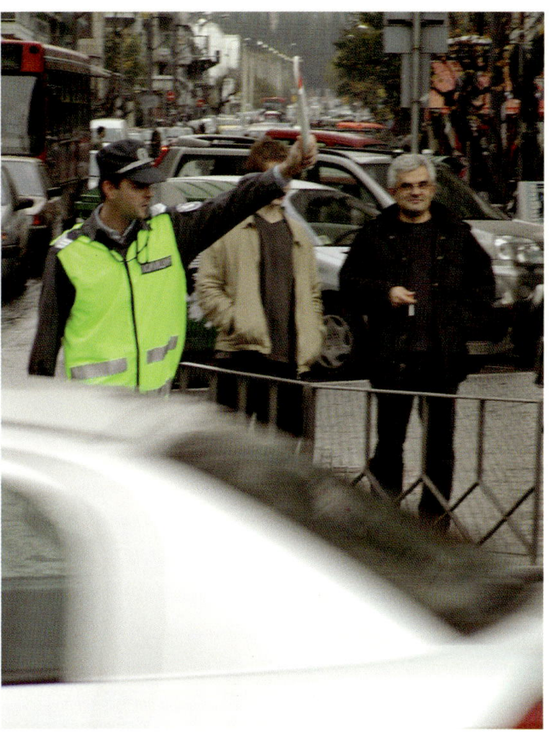

Traffic Control, 2001/2003
oben | top: Performance, „Never stop the action"
<rotor> association for contemporary art, Graz, Österreich | Austria 2001
Foto | Photo: Ilina Koralova
unten | below: Performance, "New Balkan Artists"
Hellenic Culture Organization S.A. Thessaloniki's Department Cultural Olympiad, Griechenland | Greece 2003
Fotos | Photos: Irena Lagator

4, rue Ste. Catherine

„Du kennst das Filmmaterial, das ich vom Fenster meiner Wohnung in Nantes aufgenommen habe. Ich habe drei Tage damit verbracht, urinierende Leute zu beobachten und habe 50 davon gefilmt. Wie abgesprochen pinkelten sie alle an ein und den selben Müllcontainer, der sich zwischen einem Computergeschäft und einer Zeitarbeitsfirma namens „Manpower" befindet. Das fünfstündige Videomaterial habe ich zu einem 35-minütigen Film editiert. Das Pinkeln ist in der Kunstgeschichte ziemlich präsent, man denke an unzählige Brunnen, Gemälde oder Duchamp und die verschiedenen Remakes seiner Arbeiten durch zeitgenössische Künstler. Der Film ist aus einer erhöhten Perspektive gefilmt, die eine große Distanz vermittelt. Natürlich ist es witzig, doch gleichzeitig ist da dieser Aspekt des Voyeurismus und des Stalkings, der an eine Tierhetz im Wald erinnert."

4, rue Ste. Catherine

"You know the footage taken from the window of the flat where I lived in Nantes. I spent three days stalking peeing people and I filmed fifty of them. As if by agreement, they all peed on the garbage container which is between the computer shop and the part-time employment agency called "Manpower". The five hours worth of video tapes I edited into 35 minutes long film. Peeing is quite present in the history of art with the numerous fountains, paintings, Duchamp and the numberless "re-makes" of his work by contemporary artists. The film is shot from a high view point which provides a distance. One can laugh easily but at the same time there is this aspect of voyeurism and stalking that is similar to hunting animals in the forest."

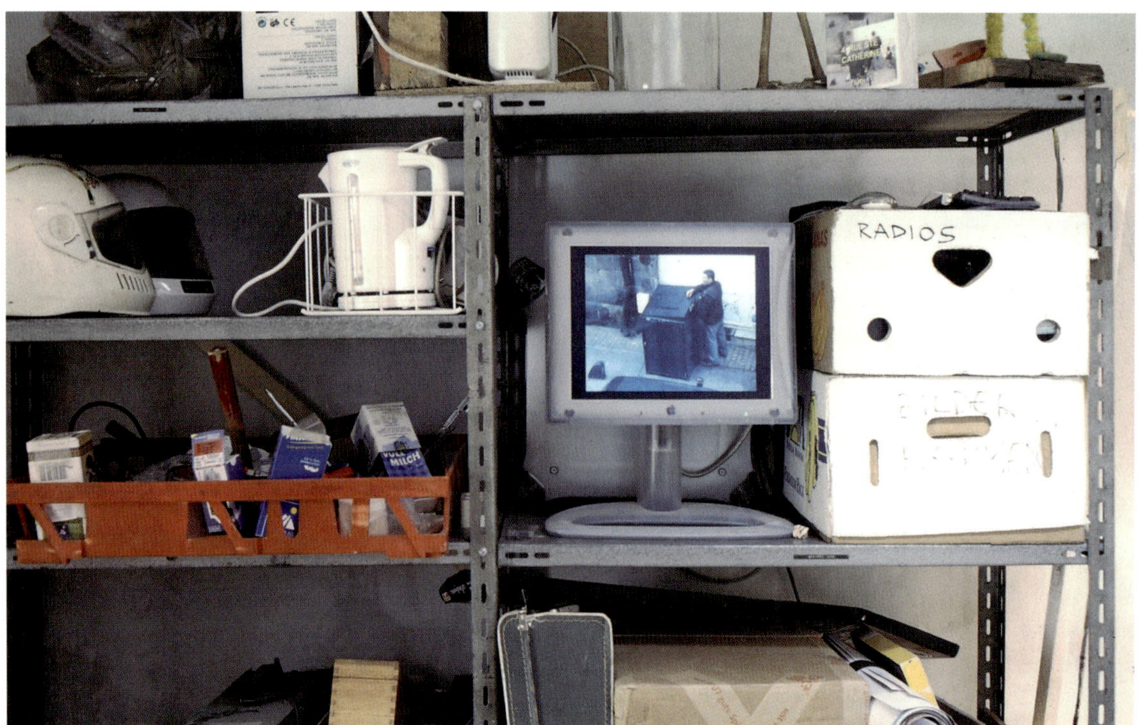

4, rue Ste. Catherine, 2002
Installationsansicht | Installation view Gelatin Institute, Wien | Vienna 2004

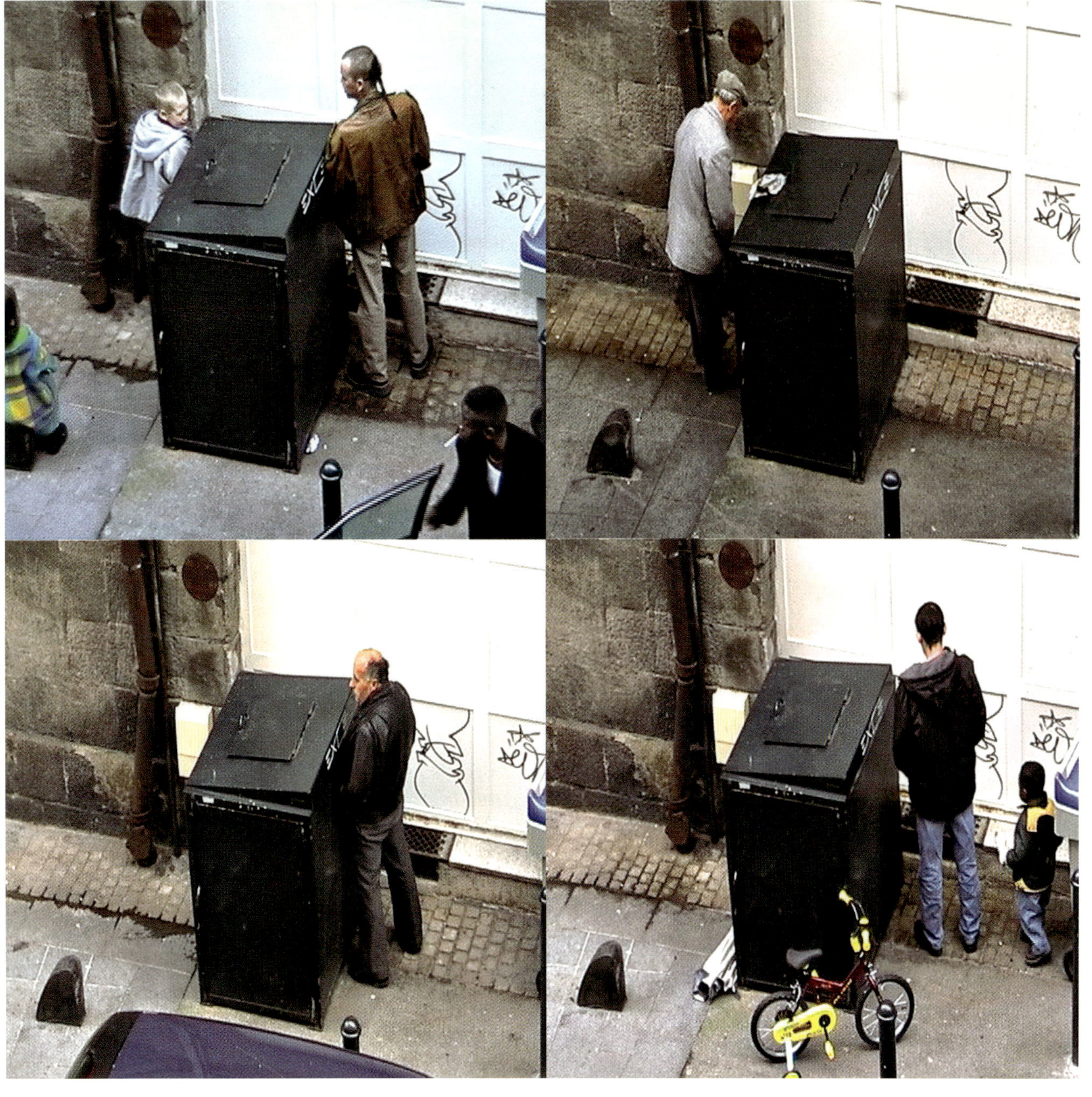

4, rue Ste. Catherine, 2002
Videostills | Video stills

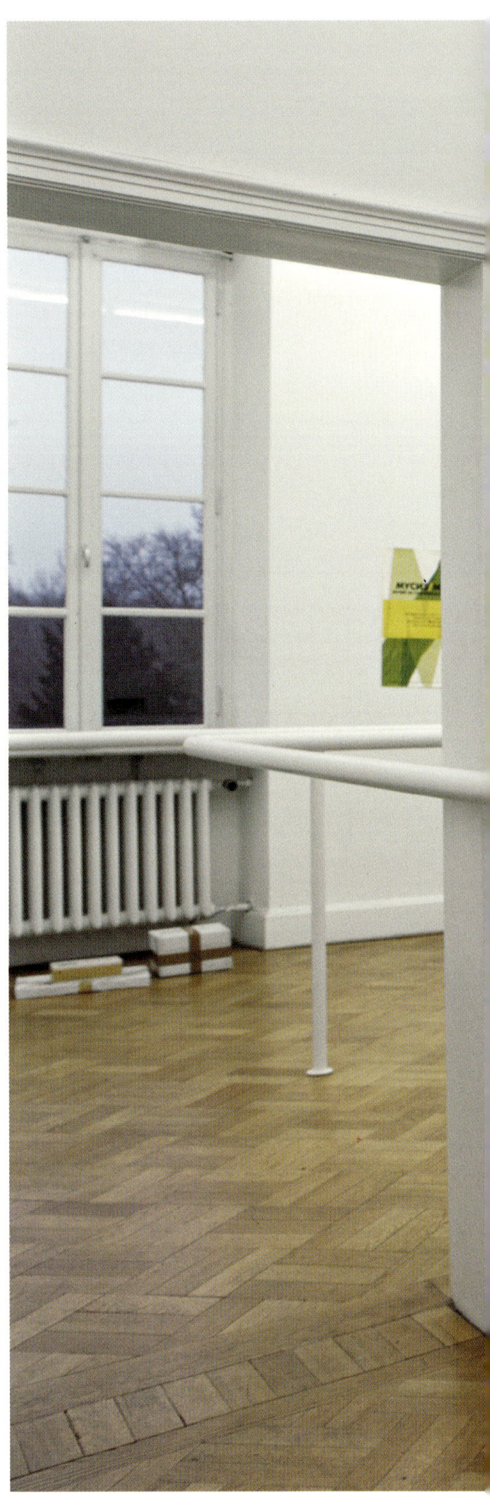

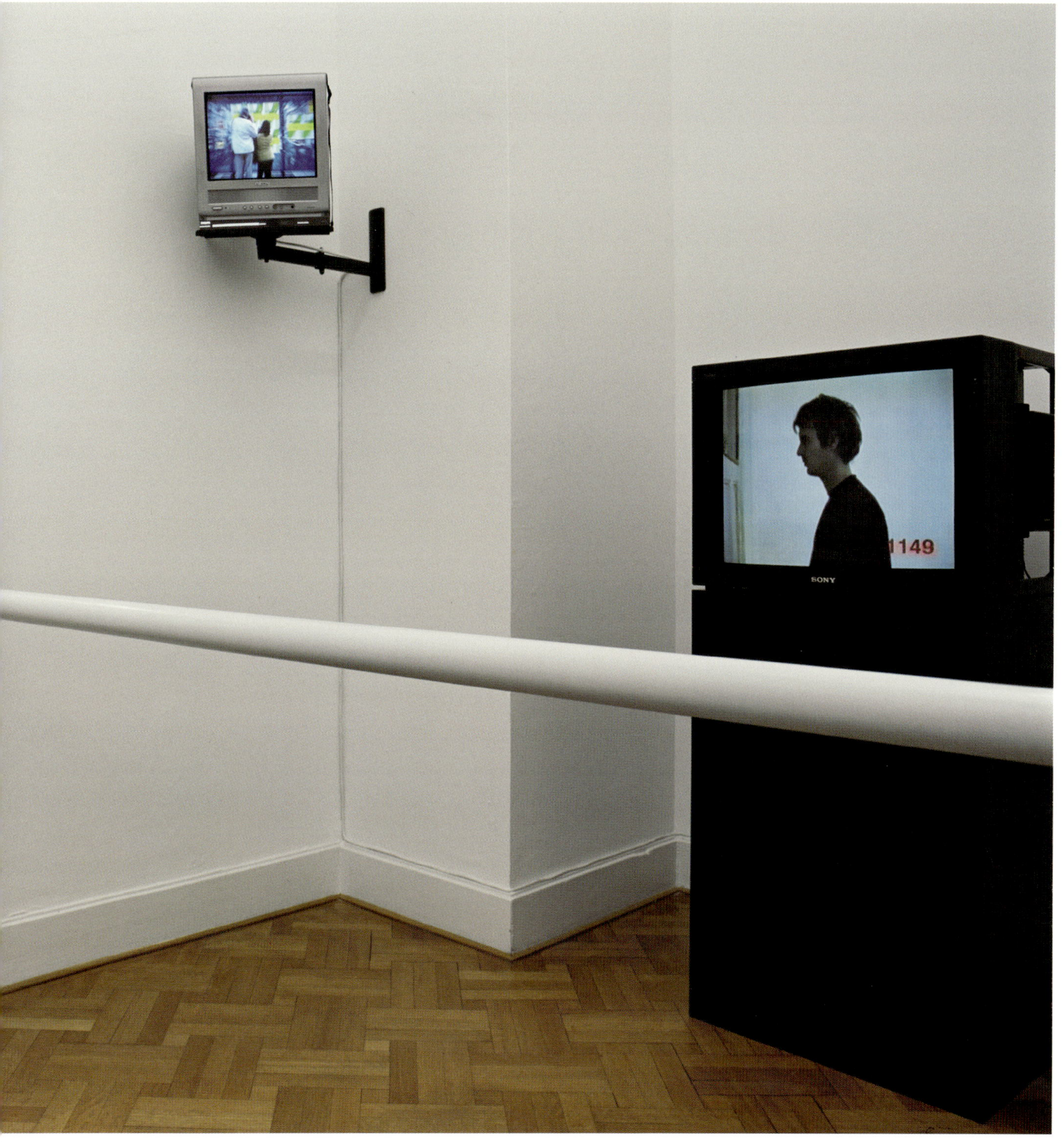

The 2000 Syndrome, 1998
Installationsansicht | Installation view Kunstverein Braunschweig, 2008

Die kulturellen Lektionen von Ivan Moudov

Dessislava Dimova

Am Ende des 19ten Jahrhunderts, lange bevor Sacha Baron Cohen mit Borat[1] herauskam, schuf der bulgarische Schriftsteller Aleko Konstantinov die Figur Bai Ganyo – einen ungehobelten und sich beständig überschätzenden Reisenden aus einem rückständigen Land des Balkans (Bulgarien), der sich auf einmal im Zentrum des modernen, zivilisierten Europas befindet. Konstantinovs Buch „Bai Ganyos Reisen nach Europa" (1895) kritisiert die Geisteshaltung der neuen Kleinbürgerklasse im postottomanischen Bulgarien und hält die erschreckende Kluft fest, die sich zwischen der modernen Welt und einem rückständigen Land auftut, das sich im Jahre 1878 gerade erst einmal von der fünf Jahrhunderte dauernden, feudalen Herrschaft der Ottomanen befreit hat. Seit dem Ende des 19ten Jahrhunderts erinnert Bai Ganyo die Bulgaren in schamvoller Weise daran, wie groß die kulturelle Kluft zwischen ihrem Land und Europa ist und lässt sie schmerzhaft erkennen, wie anders sie doch sind. Die Reisen des Protagonisten sind ein Beispiel für einen misslingenden und unmöglichen Kulturaustausch, weil beide Parteien in diesem Prozess sich in keiner Weise verändern. Bai Ganyos Glauben an sich selbst wird trotz der Überlegenheit der „Europäer" durch nichts erschüttert, auch weil seine sonderbaren Manieren bei seinen kultivierten Gastgebern nicht mehr als nur ein höfliches Interesse erregen. Obwohl Konstantinov zweifellos den rückständigen Sitten seines Protagonisten kritisch gegenüber steht und dieser im Verlauf des Buches immer unsympathischer wird, hat der Leser bei seiner Lektüre am Ende doch Probleme, mit welcher Seite er sich überhaupt identifizieren soll.

Der Borat unserer Tage hat Ähnlichkeit mit dem Bai Ganyo aus dem 19ten Jahrhundert, nur dass seine Reisen in die USA in einem größeren, globaleren Zusammenhang stehen. Die Geschichte ist zudem ungleich komplexer. Borat ist nicht nur ein Symbol für den Zusammenprall zweier Welten – die eine durch ihre Geschichte isoliert, die andere durch die Medien stets im Zentrum der Aufmerksamkeit –, sondern er ist auch eine Karikatur des Fremden, eine Art falscher Fremder, den weder sein eigenes Volk, noch seine Gastgeber als solchen anerkennen. Seine Erfahrungen sind genauso absurd für seine angeblichen Landsleute wie für die Fremden, die Gegenstand seiner „Lektionen" sind. Beide Seiten werden durch ihn gezwungen, sich selbst im Spiegel der Klischees des jeweils anderen zu sehen.

Ivan Moudov bestimmt seine Rolle als Kulturreisender im Bereich der Bildenden Kunst ganz so wie ein zeitgenössischer Aleko Konstantinov und mit einem Talent zur Provokation, wie es Borat hat. Auch seine „Lektionen" stecken ganz bewusst voller Missverständnisse und sind oft geradezu skandalös, wenn sie nicht nur die Mechanismen der weltweiten Kunstszene hinterfragen, sondern auch seine eigene Biografie und Rolle als Künstler.

Ivan Moudovs künstlerische Gesten befremden und verwirren uns. Das Ziel seiner Kritik ist nie klar umrissen. Es ist schwer zu sagen, ob er auf Seiten des „Ostens" oder des „Westens" steht, ob er für oder gegen das System ist oder auch nur, was genau das System ist. Anders als die Reisen von Konstantinovs Protagonisten, drohen Moudovs Kulturreisen nicht nur die Welt ihres Besuchers zu erschüttern, sondern auch die des Künstlers selbst sowie die Gegenstände seines Interesses als Kulturtourist.

[1] Aus dem Film „Borat: Cultural Learnings of America for Make Benefit Glorious Nation of Kazakhstan", 2006.

In Moudovs Welt ist niemand unschuldig – nicht sein eigenes Volk, nicht die Fremden, noch der Künstler, das Publikum oder die Institutionen.

In seiner Performance *Traffic Control* (2001) verkleidet er sich als bulgarischer Verkehrspolizist, stellt sich auf eine viel befahrene Kreuzung im österreichischen Graz und regelt den Verkehr, bis ihn die Ortspolizei festnimmt. *New Hope* (2006) ist ein falscher Lift, bei dem sich nur der Boden bewegt. Wenn der „Lift" nach oben fährt, werden die Benutzer gegen die Wand gedrückt, wie man das aus den Filmen der Serie „Star Wars" kennt. In *Wind of Change* (2005) hat der Künstler Überwachungskameras im Ausstellungsraum untergebracht, deren Strom von einem Windgenerator kommt. Die Installation – an die Kameras sind Monitore angeschlossen – funktioniert folglich nur dann, wenn es genug Wind gibt, um den nötigen Strom zu produzieren. Moudov fragt uns auf diese Weise: Wohin trägt uns der Wandel? Ist Wandel ein einseitiges Phänomen? Kann der Zufall Ideologie ersetzen? Ändert sich die Macht bei einem Orts- und Kostümwechsel? Was geschieht mit unseren Hoffnungen, wenn es uns gelingt, sie zu verwirklichen?

In 2002 beginnt Moudov mit der Sammlung seiner *Fragments*. Die Fragmente sind winzige Stücke von Kunstwerken, die der Künstler aus Museen, Galerien und Kunstinstituten in ganz Europa stiehlt. Moudov stellt seine Sammlung – u. a. ein Teil von einem Staubsauger von Jeff Koons, ein Dia aus einer Diaschau von Douglas Gordon, ein Stück Eierschale von Marcel Broodthaers sowie eine Karo Neun aus einer Installation von George Brecht – in einer genauen Kopie von Marcel Duchamps *Boîte en valise* aus. Bis heute sind vier solcher Ausstellungskoffer entstanden.

Die Rolle, in die Moudov bei dieser Arbeit geschlüpft ist, ist die des kultivierten Wilden. Eines Fremden, den die Welt westlicher Hochkunst magisch anzieht, der aber ihre Prinzipien nicht genau versteht und der ihren Institutionen und Kunstwerken wenig Respekt entgegen bringt. Moudovs *Fragments* sind ein Echo. Durch dieses Echo verstehen wir, wie die großen europäischen Kunstsammlungen am Anfang der Museumsgeschichte zustande kamen. Die *Fragments* kehren die Kunstgeschichte um. Mit ihnen werden wir zu Zeugen einer neuen Expedition in „unbekanntes" Land und eines nicht so rühmlichen Versuches der Peripherie, die Kultur des Zentrums zu besiegen.

Der Kunstsammler als Symbol von kultureller Zentralgewalt und öffentlichem Status ist Gegenstand einer ähnlich „politisch unkorrekten" Analyse im Werk *The (African) Art Collector*, 1992–2000, von Nedko Solakov, der einige sehr wertvolle Kunstwerke aus westlichen Kunstmuseen auslieh und in einer Strohhütte ausstellte. Sowohl Moudovs „Fragments" als auch Solakovs *Art Collector* thematisieren die Frage, welche Folgen ein Rollentausch hat: Was passiert, wenn jemand, der zuvor Gegenstand des Interesses von Sammlern war, nun plötzlich selbst zum Sammler wird?

Allerdings ist Moudovs Werk nicht nur eine Museumsinszenierung. Um die *Fragments* zusammen zu bringen, musste er die Integrität anderer Kunstwerke verletzen und die Gesetze verschiedener Länder brechen. So hat er die Vorstellung vom Sammler und vom Museum in die Absurdität getrieben. Sein Wunsch, die Kunstwerke bei sich zu haben, sie zu besitzen, sie (wenn auch nicht in Gänze) in einem neuen Kontext auszustellen und dem Betrachter zu erneuter Wertschätzung anzubieten, hat ihn die Werke zerstören oder zumindest beschädigen lassen. Seine Westentaschen-Sammlung ähnelt einer Wunderkammer en miniature. Aber anders als in einer Wunderkammer sind die Exponate darin ausschließlich Teile von Werken etablierter und (institutionell anerkannter) Künstler. Ihre Fragmentierung lenkt den Blick zurück zu ihrem Ursprung, zu den verschiedenen Stoffen und Materialien, aus denen sie einmal hergestellt wurden, wodurch ihre Verbindung zur alltäglichen Welt der Dinge wieder sichtbar wird.

Es scheint, als sei das Museum in unseren Tagen der Anmaßung schuldig geworden. Man kann seiner nicht mehr Erwähnung tun, ohne seine autokratische Rolle zu kritisieren. Schon seltsam, aber jeder Versuch, eine Alternative zum herkömmlichen Museum zu entwickeln, hat oft genug „illegale" Züge getragen. Duchamps *Boîte en valise* (1936–1941) ist dafür kein schlechtes Beispiel. Während der deutschen Okkupation Frankreichs reiste er unter falschem Namen als Käsehändler und schmuggelte seine Miniatursammlung nach Marseille und von da nach New York.[2]

Moudovs Werk kommentiert wie das von Duchamp den Weg von Kunstwerken und ihre letztendliche Bestimmung zu Museumsexponaten.[3] Doch trotz der Tatsache, dass Moudovs Sammlung ursprünglich Ähnlichkeit mit Duchamps Miniaturmuseum hatte, verkehrt sie das Wesen seines Werkes. Nicht nur in dem Punkt, das Duchamps tragbares Künstlermuseum Miniaturversionen eigener Werk enthält, während Moudov Fragmente von Werken anderer Künstler sammelt. Duchamps Miniaturen sind zudem (aurafreie) Reproduktionen von Werken, die sowieso wenig Aura haben, da es sich bei ihnen um Ready-mades handelt. Außerdem erleben sie noch eine weitere Transformation auf Grund ihrer Institutionalisierung – sie werden im Museum in einen neuen Kontext gestellt. Moudov seinerseits ist ein ebenso leidenschaftlicher wie skrupelloser Kunstsammler, der nicht davor zurück schreckt, die Kunstwerke anderer zu zerstören, um sie für die Zwecke seines Aktenkoffermuseums passend zu machen. Auf diese Weise verstärkt er paradoxerweise die Authentizität der Werke und verwandelt sie in Fetische. Die Fragmente tragen die Aura des Ganzen und der Handschrift des Künstlers, der sie schuf.

Seit der Einführung des Ready-made und der „Entmaterialisierung" der Kunst in den sechziger und siebziger Jahren verbindet sich der Wert eines Kunstwerks eher mit dem Namen und der Handschrift des Künstlers als mit dem Werk selbst. Sie sind manchmal der einzige Beweis der Autorschaft und der Authentizität des Werks. Nicht zufällig werden Ivan Moudovs Fragmente von detaillierten Beschreibungen von Künstler und Werk begleitet, vom Titel des Werks und von Angaben, in welchem Museum es zu sehen ist. Die Fragmente, von denen viele von Ready-mades stammen, steigern die Authentizität des originalen „Alltagsobjekts". Sie werden zu Gegenständen, welche die Hand des Künstlers berührt hat. Wie bei der Redefigur der Synekdoche, die einen Teil für das Ganze setzt, speichern die bedeutungslosen und ihrem Kontext entrissenen Teile die ganze Arbeit. Sie lassen sich in Beziehung setzen zu dem originalen Werk, von dem sie stammen, aber auch zum gesamten Œuvre des Künstlers und zum Ansehen der Institution, welche das Werk besitzt und ausstellt.

Ivan Moudovs tragbares Museum ist keine Alternative zum Kunstinstitut als letztendliche Heimat des Kunstwerks. Das soll es auch nicht sein, und außerhalb des Kunstsystems kann es selbst auch gar nicht existieren – nur innerhalb desselben haben und erhalten die Fragmente ihren ursprünglichen Wert. Außerhalb desselben und ohne das Kunstsystem sind die Fragmente nicht mehr als die zerbrochenen Stücke der Gitarre aus einem Rockkonzert, wie Antonionis Film „Blow Up" sie zeigt. Sobald das Konzert vorbei ist, und ihre kaputten Stücke achtlos und weggeworfen auf der Straße liegen, hat die Gitarre jeden Wert und jeden Reiz verloren.

[2] Jean Clair, „Marcel Duchamp, Catalogue Raisonné de l'œuvre", Bd. 7, Paris, 1977.

[3] Benjamin Buchloh interpretiert die Entstehung von Duchamps *Boîte en valise* im Licht „einer Dialektik der Institutionalisierung und Transformierung künstlerischer Praxis des Kunstartefakts einerseits und andererseits unter dem Aspekt der Bedingungen seiner technischen Reproduktion, die er in den Hochkunstdiskurs mit seiner Ready-made Definition eingeführt hat". In A. A. Bronson und Peggy Gale, Herausgeber, „Museums by Artists" in „Toronto: Art Metropole",1983, S. 45.

Am Ende landen sie beide, Duchamps wie Moudovs tragbare Museen, im Kunstmuseum. Genau wie Broodthaers Atelier, das der Künstler 1968 in ein fiktives Museum of Modern Art verwandelte und das später (1975) als Teil einer Ausstellung in einem echten Museum wieder hergestellt wurde.

Die Museumskritik ist so alt wie das Museum selbst. Sie kommt zugleich mit der Entstehung und Institutionalisierung des Museums im 19ten Jahrhundert auf. In den sechziger und siebziger Jahren des letzten Jahrhunderts ist diese Kritik Teil der Werke vieler Künstler, von denen einige ihr eigenes „Museum" gründeten. Letztlich stellt ihre Kritik die Macht der Kunstinstitute in Frage und den Kontext, in dem Kunstwerke präsentiert und rezipiert werden. Wichtig ist in diesem Zusammenhang, dass die Documenta 5 in Kassel 1972 „Künstlermuseen" vorstellte. Marcel Broodthaers, Claes Oldenburg und Daniel Buren sind nur einige der Künstler, die verschiedene Aspekte des Museums als Institution untersucht haben. Broodthaers' „Museum of Contemporary Art, Eagle Department", auf das sich Ivan Moudov oft bezieht, hinterfragt die Stellung des Museums und Künstlerateliers in der Kunstwelt. Hinterfragt weiter die Prinzipien, die für die Zusammenstellung einer Sammlung gelten sowie die Hierarchie, in der das Kunstsammeln und -ausstellen stehen. Und hinterfragt schließlich die Wertmaßstäbe, welche die Kunstinstitute an die Kunst anlegen. Ivan Moudov sieht sich ganz bewusst in dieser Tradition.

Zugleich spiegelt sich in seiner Arbeit zum Museum noch eine ganz andere Situation. Zeitgenössische Künstler betrachten Kunstinstitute nicht als Verkörperungen eines status quo, gegen den sie kämpfen. Die Rolle dieser Institute bei der Festsetzung des Wertes von Kunstwerken sowie bei ihrer Distribution und Präsentation nimmt ständig ab, während der Einfluss des Marktes immer weiter wächst Die Museen stellen sich heute viel besser auf Ideen ein, welche Künstler schon in den sechziger und siebziger Jahren vertraten, und übernehmen oft die Aufgabe des Künstlerateliers als Ort von Experiment und Chaos.

Moudov stellt aus der sehr lokalen, bulgarischen Perspektive ein Gegengewicht her zur schwächer werdenden Rolle des Museums. Als ein Künstler der Peripherie, wo Kunstmuseen eine andere Geschichte als im Westen haben (Bulgarien hat z.B. gar kein Museum für Gegenwartskunst), gibt er der globalen Diskussion über Kunstinstitute eine ganz neu Wendung – bis hin zur Thematisierung des Fehlens eines Kunstmuseums.

2005 schuf der Künstler die Simulation der Eröffnung eines Museums für zeitgenössische Kunst in Sofia. Anders als Broodthaers (er eröffnete sein eigenes Museum in seinem Brüsseler Atelier mit einer Sammlung von Holzkisten und Postkarten, auf denen Abbildungen von französischen Gemälden des 19ten Jahrhunderts zu sehen waren) hat Moudov nicht versucht, eine Sammlung zusammenzustellen oder eine Ausstellung zu simulieren. Aber wie Broodthaers interessiert sich Moudov für den symbolischen Wert des Museums. Indes konzentriert sich seine Analyse der Institution auf die Notwendigkeit, einen belebten (im Gegensatz zu einem kalten, neutralen, unbelebten) Ort zu schaffen und das Museum mit der jeweiligen Stadt und Kommune zu verbinden. Er will eine Kommunikation, die sich nicht auf die Vermittlung „ewiger" Werte verlässt, sondern in der Lage ist, ein großes und unterschiedliches Publikum anzuziehen.

Die Eröffnung des Museums für zeitgenössische Kunst in Sofia (in der bulgarischen Abkürzung: MUSIZ) wurde durch ein Kunstinstitut am Ort (dem Institut für zeitgenössische Kunst) bekannt gegeben. Es veröffentlichte eine korrekte Pressemeldung und plakatierte die Neuigkeit in und um Sofia herum. Die Wahl des kürzlich renovierten Bahnhofs Podoueneh für das Museum schien einleuchtend und „legitim" – Moudov bediente sich hier sehr klug des weltweiten Trends leer stehende, nicht mehr benutzte Orte für die Kunst zu nutzen. In der Stadt hatte man zuvor schon diskutiert, dass dieser Bahnhof bald geschlossen würde und was wohl am Besten mit ihm anzufangen wäre. Während der „Eröffnung" füllte das Publikum den Wartesaal, wo es keine Spur von Kunst zu entdecken gab, und war schockiert, dass es den Raum mit Menschen teilen musste, die, wie gewohnt, ihren Geschäften nachgingen und auf ihre Züge warteten. Die Erwartungen des Publikums waren das Wichtigste an der ersten Ausstellung des Museums. Das Ereignis verwandelte sich in einen faszinierenden Test von Kunstprozessen in Bulgarien. Das nicht vorhandene Kunstmuseum überraschte nicht nur Botschafter und Kulturattachés aus fremden Ländern (die gekommen waren, um ihre Repräsentationspflichten zu erfüllen), sondern auch Schlüsselfiguren aus der Kunstszene des Landes. Hatten sie denn erwartet, dass ein Museum für zeitgenössische Kunst ganz plötzlich und über Nacht entsteht, ohne dass eine öffentliche Diskussion seinem Bau voran geht? Ivan Moudovs *MUSIZ* hatte ganz augenscheinlich den Ehrgeiz, genau diese Diskussion auszulösen.

Das *MUSIZ* ist nur als virtuelles Museum möglich und nicht mit einem konkreten Inhalt. Ein Museum, das ausschließlich als das Bild existiert, das die Medien von ihm entworfen haben und nicht durch wirkliche Kunstwerke, die es beherbergt. Der Bahnhof war ein Museum für eine Nacht. Der Plan für ein Museum, ein fiktives Institut, um mit der Kunstwelt von gleich zu gleich zu kommunizieren.

Es ist kein Zufall, dass das Museum eine zentrale Rolle in Ivan Moudovs „Kulturlektionen" spielt. Walter Grasskamp betrachtet das Museum als „erstes Institut der Globalisierung", das in unserer Zeit bereits ein „globales Institut" ist.[4] Europas Museumskonzept wird bis heute exportiert und funktioniert daher beinahe in der ganzen Welt. So wie Grasskamp es sieht, ist es „der erfolgreichste Export im Kontext kultureller Globalisierung."[5] Ivan Moudov bezieht sich auf diese Einschätzung, wenn er in einem Interview sagt: „Das *MUSIZ* Projekt ist zwar ortsspezifisch, aber hat dennoch Gültigkeit für weltweite Prozesse. Es vergeht nicht ein Monat, in dem nicht irgendwo auf der Welt ein neues Museum eröffnet würde. Allein in China gibt es Pläne, in den nächsten zehn Jahren 2000 Museen zu gründen."[6] Wenn europäische Museen und ihre Sammlungen den Kunsttransfer von Europa nach China unterstützen und legitimieren, darf es nicht überraschen, dass Moudovs halbzivilisierter Reisender seine Anerkennung durch Zugang zu den Kunstinstituten der Welt und durch die Gründung eigener Institute anstrebt.

Als zeitgenössischer bulgarischer Künstler arbeitet Moudov vor allem in der „westlichen" Kunsttradition, auch wenn sein Wissen um die westliche Kunstproduktion der Moderne äußerst beschränkt war, als er anfing, als Künstler zu arbeiten (was auch auf viele seiner bulgarischen Künstlerkollegen zutrifft). In dieser Perspektive haben die *Fragments* die Aufgabe, Lücken zu füllen und eine Kunstgeschichte darzustellen, die es für ihn nie gab. In der Biografie des Künstlers repräsentieren die *Fragments* seinen Versuch, aufzuholen und mit dem Rest der Kunstwelt gleichzuziehen. Moudov eignet sich die westliche Kunsttradition nicht nur als Intellektueller an, sondern auch auf ganz konkrete, physische Weise. So schafft er uns einen forensischen Beweis für seine Entwicklung als Künstler.

[4] „Daher waren die barocken Wunderkammern frühe Agenten der Globalisierung. Sie brachten Gegenstände aus der ganzen Welt nach Europa, die man dort nicht kannte und die das Bild von der Welt formten. So war bereits das Museum in seiner frühen Form ein ‚Institut der Gobalisierung'." Walter Grasskamp, „Das Museum und andere Erfolgsgeschichten kultureller Globalisierung" in CIMAM, Jahreskonferenz, 2005. *Museums: Intersections in a Global Scene.* http://forumpermanente. incubadora.fapesp.br/portal/ events/meetings/reports/sessao2

[5] Ebenda.

[6] Interview, veröffentlicht in „Gavin Morrison und Fraser Stables, Herausgeber, „Lifting", Atopia Projects, Edinburgh, 2007.

Ein näherer Blick auf den Inhalt von Moudovs Aktenkoffern enthüllt eine interessante Tatsache. Drei von ihnen enthalten Fragmente, die von Kunstwerken aus westlichen Kunstinstituten gestohlen wurden. Der vierte ist merkwürdigerweise Fragmenten vorbehalten, die von Werken stammen, die zentral- und osteuropäische Künstler schufen oder Künstler vom Balkan und postkommunistische Künstler. Seltsam daran ist, dass Modov mit seinem offensichtlich globalistischen und egalitären Ansatz eine solche Einteilung schafft oder auch nur verstärkt. Aber die Strategie des Künstlers verdeutlicht nur die Fakten. Die Zahl der Werke von Künstlern aus dem Osten in etablierten, westlichen Kunstinstituten ist bis heute eine zu vernachlässigende Größe. Die meisten Fragmente im vierten Koffer stammen aus Ausstellungen, die ausschließlich „den anderen Europäern" gewidmet wurden Gleichermaßen erstaunlich ist die Tatsache, dass viele dieser Fragmente den Weg dorthin gefunden haben, weil Künstler sie Moudov anboten oder weil Kuratoren und Museumsdirektoren ihr stillschweigenden Einverständnis dazu gaben.

In Venedig werden die Fragen, welche die *Fragments* aufwerfen, zweifellos noch einmal neue Bedeutung gewinnen. Der bulgarische Pavillon auf der Biennale, der selbst Teil einer Ausstellung ist, die auf nationaler Repräsentation gründet, zeigt Moudovs Sammlung kultureller Trophäen. Seine ganz persönliche Auswahl unter den besten Kunstwerken einer global agierenden Szene. Seine Trophäen verbinden die nationalen Minimuseen in Venedig untereinander.

Auf der Biennale von Venedig wird Moudovs Sammlung zum ersten Mal vollständig gezeigt. Es ist zugleich das ganz offizielle Ende der Sammel- und Forschungsaktivität des Künstlers. Es scheint, als nehme ihm seine Präsenz auf der Biennale das Recht, weiter als der naive Fremde in der Szene aufzutreten. Als einer, der nur ein bloßer Betrachter der europäischen Kunst ist. Durch seinen Auftritt in Venedig hat er in jedem Fall die notwendige Legitimation erworben, um als Künstler mit einer eigenen Geschichte anerkannt zu werden.

Das Ende von Moudovs Sammeltätigkeit ist gleichwohl nicht das Ende seines Willens, weiterhin die Mechanismen und Zeichen der globalisierten Kunstwelt zu studieren. In Venedig will er seine Idee vorantreiben, die nationalen Pavillons miteinander zu vernetzen, indem er ihren Kuratoren die Möglichkeit bietet, ihre Eröffnungen mit bulgarischem Wein zu feiern, der speziell für diesen Anlass auf Flaschen gezogen wurde. Wein zu trinken ist ein weitaus freundlicheres Ritual als Fragmente anzuschauen, die von berühmten Kunstwerken entwendet wurden, und hat zudem ein größeres Globalisierungspotential. Wahrscheinlich ist diese Vorstellung auch in Moudovs Drang präsent, die Rolle von Museen und Kunstinstituten zu kommentieren. Die Weingabe kann man als symbolisches Opfer verstehen. Sie vollzieht sich auf dem Altar der mystischen Rolle des Museums, wie Daniel Buren sie versteht.[7] Das ist eine Rolle, die keine der institutionellen Metamorphosen der letzten Jahrzehnte hat abschaffen können.

[7] Buren definiert das Museum als „privilegierten Raum mit einer dreifachen Aufgabe: ästhetisch, ökonomisch, mystisch." Und: „Das Museum (die Galerie) begründet den mystischen Körper der Kunst." Daniel Buren, „Function of the Museum" in A. A. Bronson und Peggy Gale, Herausgeber, „Museums by Artists" in „Toronto: Art Metropole", S. 57, 1983.

Erstmals erschienen im Katalog *A Place You Have Never Been Before – Bulgaria at the 52nd International Art Exhibition – La Bienale di Venezia*, (Hg. Vessela Nozharova) Venedig 2007

Übersetzt von Michael Stoeber

The Cultural Learnings of Ivan Moudov

Dessislava Dimova

At the end of the 19th century, a long time before Sacha Baron Cohen came up with Borat[1], Bulgarian writer Aleko Konstantinov created the character of Bai Ganyo—a coarse, over-confident traveller from a backward Balkan country (Bulgaria) who finds himself in the middle of modern, civilised Europe. Konstantinov's *Bai Ganyo travels to Europe* (1895) is a criticism of the mentality of the newly-born petit bourgeoisie in post-Ottoman Bulgaria and a record of the frightening difference between the modern world and a country that had just emerged from five centuries of feudal Ottoman rule in 1878. Since the end of the 19th century, Bai Ganyo has been for Bulgarians a shameful reminder of the cultural gap between their country and Europe and a source of painful recognition of otherness. The character's journeys are an example of a failed, impossible cultural exchange of the kind in which both parties remain unchanged by the interaction—Bai Ganyo's faith in himself remains unshaken despite the superiority of "Europeans", while his peculiar manners merit little more than polite interest on behalf of his civilised hosts. Although Konstantinov is unambiguously critical of his protagonist's "backward" morals and makes him less and less agreeable as the story develops, it is difficult for readers to identify with either one side or the other.

Modern-day Borat is similar to 19th century Bai Ganyo, except his travels to the U.S. are on a grander, more global scale. The story is inevitably more complex and Borat is not merely an example of the clash of two worlds—one historically isolated, the other endlessly driven by the media—but is also a caricature of the foreigner, a kind of fake foreigner who is not recognised by either his own people or his hosts. His experiences are equally absurd and confusing to both his alleged compatriots and to the foreigners who are the object of his "learnings". Both sides are forced to see themselves through each other's clichés of the other.

Ivan Moudov constructs his role as a cultural traveller in the field of the visual arts much like a contemporary Aleko Konstantinov and with a sense of provocation similar to Borat's. His own "learnings" are deliberately filled with misunderstandings and are often outright scandalous, questioning not only the mechanisms of the world's visual arts scene but his own story and role as an artist.

Ivan Moudov's gestures bewilder and confuse. The object of his critique is never clearly identifiable, and it is difficult to say whether he is taking sides with "the East" or "the West", whether he is for or against the system or even what exactly the system is. Unlike the travels of Konstantinov's character, Moudov's cultural journeys threaten to shake not only the world of the viewer but also that of the artist himself and the objects of his interest as a cultural tourist.

[1] From the film, *Borat: Cultural Learnings of America for Make Benefit Glorious Nation of Kazakhstan*, 2006.

In Moudov's work no one is innocent—not his own people nor the foreigners, the artist, the public or the institutions.

In his performance *Traffic Control* (2001) he dressed up as a Bulgarian traffic policeman and stood on a busy crossroad in Graz, Austria, controlling the traffic until he was arrested by local police. *New Hope* (2006) is a trap lift in which the only moving part is the floor: when the "lift" moves upwards, it compresses the passengers against the ceiling in a manner known from the *Star Wars* series. In *The Wind of Change* (2005) the artist installed surveillance cameras inside the exhibition space and powered them with a wind generator. The installation (monitors linked with the cameras) is only on when there is enough wind to produce power. Moudov's questions to us are: Where is change taking us? Is change a one-way phenomenon? Can fortuity replace ideology? Does power change when it moves from one place to another and changes dress/uniform? What happens to our hopes when we move towards them?

In 2002 Ivan Moudov began to compile his *Fragments* collection. The fragments are bits of works of art stolen by the artist, literally, from museums, galleries and art centres across Europe. Moudov laid out his collection—containing a vacuum cleaner mouthpiece from a work by Jeff Koons, a slide from a Douglas Gordon slide show, a fragment from Marcel Broodthaers' eggshells and a nine-of-diamonds playing card from a George Brecht installation—in an exact replica of Marcel Duchamp's *Boîte en valise*. To date, there are four of these cases.

The role Moudov has chosen for himself in this work is one of an educated savage, a foreigner who is attracted by the world of Western high art but does not quite understand its principles and shows little respect for its institutions and the artworks themselves. Moudov's *Fragments* echo the manner in which parts of the great European art collections were compiled at the dawn of museum history. In *Fragments* art history is reversed, and we witness a new expedition into "unknown" lands and a not-so-glorious attempt by the periphery to conquer the culture of the centre.

The art collector as a symbol of cultural centrality and public status is the object of similar "politically incorrect" analysis in *The (African) Art Collector* (1992–2000) by Nedko Solakov, who assembled some of the most valuable works from Western art museums and installed them in a straw hut. Both Moudov's *Fragments* and Solakov's *Art Collector* raise the question of the consequences of reversed roles: what happens when someone who was previously the object of collectors' interest turns into a collector himself?

Moudov's work, however, is not merely a museum *mise-en-scene*. To assemble it, the artist had to violate the integrity of other artworks and break the laws of several countries. He has thus pushed the collector idea and the museum concept to the point of absurdity. In his desire to become intimate with the artworks, to own and be able to display them in a new context (albeit not in their entirety), to offer them for re-appreciation, he has practically destroyed or at least damaged them. His briefcase collection resembles a miniature curiosity cabinet. Unlike the objects in a curiosity cabinet, however, the artefacts in it have been taken exclusively from the works of established (institutionally legitimised) artists; their fragmentation brings the focus back on the variety of sources and materials from which they were initially made and seems to re-establish their original connection with the real world.

It is as if the museum nowadays is guilty by presumption and no mention of its name can pass without criticism of its autocratic role. Curiously, attempts to come up with an "alternative" to the museum have often had an "illegal" dimension. Duchamp's *Boîte en valise* (1936-1941) is a case in point. During the German occupation of France, Duchamp travelled under a false identity as a cheese merchant and smuggled his miniature pieces to Marseille and from there on to New York.[2]
Moudov's work, like Duchamp's, is a commentary on the movement of artworks and their final destination as museum pieces.[3] But despite the fact that Moudov's collection initially resembles Duchamp's miniature museum, it actually turns the characteristics of Duchamp's work upside down. The difference is not simply that Duchamp's case contains miniature versions of his own works, while Moudov collects fragments from real works by other artists. Duchamp's miniatures are (aura-stripping) reproductions of works which have little aura to start with (ready-mades). In his case they undergo yet another transformation resulting from their institutionalisation—they are re-contextualised in a museum environment. Moudov, on the other hand, is a passionate and unscrupulous art collector who does not even shun from destroying the works in order to fit them to the size of his briefcase. In this way, he paradoxically reinforces the authenticity of the works and turns them into a fetish. The fragment bears the aura of the whole and that of the artist who created it.

Since the introduction of the ready-made and the "dematerilisation" of art in the 60s and 70s, the value of an artwork has shifted from the work itself to the artist's name and signature, which can sometimes be the only proof of a work's authorship and authenticity. It is no coincidence that Ivan Moudov's briefcases are accompanied by a description detailing the artist, the title of the work from which each fragment was taken and the museum where it is on display. The fragments—many taken from ready-mades—enhance the authenticity of the original "everyday objects"; they become objects touched by the hand of the artist. As with the trope of synecdoche, where a part of something stands for the whole, the meaningless, decontextualised fragments in Moudov's work concentrate in themselves the value of the whole work. They can be related not only to the original work from which they were taken but also to the artist's whole body of work and the reputation of the institution which owns and displays them.

Ivan Moudov's portable museum is not an alternative to the art institution as the final destination of artworks. It is not meant to be and is incapable of existing outside the environment of the artworld—the only place where the fragments can re-acquire and enhance their original value. Outside and without the art system, the fragments are like the piece of broken guitar from the rock concert scene in Antonioni's *Blow Up*, where once the concert is over and the discarded piece is found on the street, it is useless and undesirable.

In the end, both Moudov's and Duchamp's portable museums end up in the real museum. Just like Broodthaers's studio, which the artist turned into a fictional Museum of Modern Art in 1968, was later reproduced (1975) as part of an exhibition in a real museum.

The critique of the museum is as old as the museum itself, dating from its birth in the 19th century, as early as the institutionalisation of the museum had begun. In

[2] Jean Clair. *Marcel Duchamp, Catalogue Raisonné de l'oeuvre*, 1977. Vol. VII, Paris.
[3] Benjamin Buchloh interprets the creation of Duchamp's *Boîte en valise* in the light of "the dialectic of institutionalisation and the transformation of the artistic practice into the object of the aesthetic cult on the one hand and the conditions of technical reproduction as he has introduced them into the high art discourse with the definition of his ready made on the other", in A. A. Bronson and Peggy Gale, eds. *Museums by Artists*, (Toronto: Art Metropole, 1983), 45.

the 60s and 70s of the 20th century such criticism is implicit in the works of many artists, some of whom founded their own "museums". Ultimately, their criticism questioned the power of art institutions and the context in which artworks are presented and perceived. Significantly, Documenta 5 in Kassel in 1972 showcased "artist's museums". Marcel Broodthaers, Claes Oldenburg and Daniel Buren are but a few of the artists who have analysed various aspects of the museum as an institution. Broodthaers's *Museum of Contemporary Art*, Eagle Department, to which Ivan Moudov often refers, raised questions of the place of the museum and the artist's studio in the art world, of the principles of organisation of a collection, of the hierarchy of art collecting and art exhibiting, and of the ways in which artworks are valorised by art institutions. Ivan Moudov consciously grounds himself in this tradition.

At the same time, Moudov's work on the role of the museum reflects a very different situation. Today's artists do not see art institutions as embodiments of a status quo they are struggling against. The role of art institutions in determining the value, distribution and presentation of art is diminishing, while the importance of the market is growing. Modern museums are better adapting to the ideas introduced by artists in the 60s and 70s and often assume the function of studios as places of experimentation and chaos.

Moudov provides a counterbalance to the weakening role of the museum from a very local, Bulgarian perspective. As an artist from the periphery, where museum institutions have a different history from that in the West (e. g. Bulgaria has no Museum of Contemporary Art), Moudov introduces a novel dimension to the global discourse on art institution—the lack of an art museum.

In 2005 the artist simulated the opening of a Museum of Contemporary Art in Sofia. Unlike Broodthaers (who opened his own Museum in his Brussel's studio with a collection of wooden picture crates and post card reproductions of 19th c. French paintings), Moudov did not try to put together a collection or simulate an exhibition. In a way similar to Broodthaers, Moudov is interested in the symbolic value of the museum. His institutional analysis, however, focuses on the necessity for an inhabited (vs. a cold, neutral, uninhabited) space and on the relation of the museum to the city and the locality. He is interested in a type of communication which does not rely on "eternal" values but seeks to attract a wide and varied audience.

The opening of the Museum of Contemporary Art in Sofia (abbreviated in Bulgarian as *MUSIZ*) was publicised by a local art institution (the Institute of Contemporary Art) sending out a proper press release and putting up posters around Sofia announcing the event. The choice of the recently renovated Podoueneh railway station as the place for the Museum was interesting and "legitimate"—a clever use of the world-wide trend to breathe new life into empty, disused spaces by inhabiting them with art. Rumours had gone around town that the station would soon be closing and discussions had already started as to what its best future use might be. During "the opening" the public filled up a waiting room that bore no trace of artistic intervention and was shocked to discover that it had to mix with people who were going about their business as usual, waiting for their trains. The public's expectations were the most important component of the Museum's first exhibition. The event turned into an intriguing test of art processes in Bulgaria. Surprised by the absence of a real museum were not only the foreign ambassadors and cultural attachés (there to fulfil their duties) but also a number of key figures from the country's art scene. Had they expected a Museum of Contemporary Art to spring up overnight, out of the blue, with no public debate preceding its construction? Ivan Moudov's *MUSIZ* quite likely set itself the ambition of provoking such a debate.

MUSIZ is only possible as a museum of appearance, not one of content, as a museum that exists through the image it projects via the media and not through the presentation of real art works. The railway station was a museum of one night only, an intention for a museum, a fictional institution for communicating with the world of art on an equal footing.

It is no coincidence that the museum has had a central role in Ivan Moudov's "cultural learnings". Walter Grasskamp sees the museum as "the first institution of globalisation" which in our day is already a "globalised institution".[4] Europe's museum concept has been exported and functions throughout almost the entire world. In Grasskamp's view, it is "the most successful European export in the context of cultural globalisation"[5]. Ivan Moudov refers to this understanding when he says in an interview: "The *MUSIZ* project is specific to its locality but is connected to processes around the world. There is a new museum opening somewhere on the planet almost every month. In China only, there are plans to open 2000 museums in the next ten years."[6] If museums and museum collections support and legitimise the functioning of art from Europe to China, then it is no surprise that Moudov's not-fully-civilised traveller seeks to legitimise himself by gaining access to the world's art institutions and by creating institutions of his own.

As a contemporary Bulgarian artist, Ivan Moudov works mostly in the "Western" art tradition, although (as with many of his fellow Bulgarian artists) when he started his career his knowledge of his Western predecessors' work was limited. In this respect, *Fragments* has the mission of filling the gaps, making up for a history that never was. In the artist's own biography, *Fragments* are his way of catching up with the rest of the world. Moudov appropriates the Western tradition not only on an intellectual but also on a literal, physical level and produces forensic evidence for his development as an artist.

A closer look at the contents of Ivan Moudov's briefcases reveals an interesting fact. Three of them contain fragments from artworks stolen from Western European art institutions, while, oddly, the fourth is designated for fragments from works by Central and Eastern European, Balkan or post-communist artists. What is strange is that Moudov, who apparently works from a globalising, egalitarian impulse, should create such a division or reinforce an existing one. But the artist's choice confirms a fact of life—the number of works by Central and Eastern European, Balkan or post-communist artists in the established art institutions in Western Europe is insignificant. Most of the fragments in the fourth briefcase have been taken from exhibitions dedicated exclusively to "other European" artists. Equally intriguing is the fact that some of the fragments have found themselves in Moudov's collection by offer from the authors of the works or with the silent consent of curators and directors of art institutions.

In Venice, the problems raised by *Fragments* will no doubt acquire new significance. The Bulgarian pavilion at the Biennale, itself part of an exhibition based on national

[4] "So the Baroque chamber of curiosities were early agents of globalization, as they brought objects from the entire known world to Europe, from which images of the world were formed there. The museum, in this early form, was therefore already an *institution of globalization*." Walter Grasskamp. "The Museum and Other Success Stories in Cultural Globalisation." CIMAM 2005 Annual Conference. Museums: *Intersections in a Global Scene.* http://forumpermanente.incubadora.fapesp.br/portal/events/meetings/reports/sessao2
[5] Ibid
[6] Interview to be published in: Gavin Morrison and Fraser Stables, eds. *Lifting,* (Edinburgh: Atopia Projects, 2007).

representations, is showcasing Moudov's collection of cultural trophies—the artist's pick from "the best" in the globalising art scene. His trophies link the national mini-museums in Venice together.

At the Biennale, Moudov's collection will be shown for the first time in its entirety, and this will mark the official end to the artist's collector and research activities. It is as if his very presence in Venice will divest him of his right to pretend to be a naïve foreigner, a mere observer of European art. By being shown in Venice, he will have gained the minimum requirements for an artist history of his own.

The end of Moudov's fragments collecting, however, is not an end to his impulse to study the mechanisms and insignia of the globalised art world. In Venice the artist will be developing further his idea of integrating the separate territories of national pavilions by offering their curators the opportunity to open their exhibitions with Bulgarian red wine produced especially for the occasion. Wine drinking is a friendlier ritual than looking at fragments broken off from famous artworks and has a far greater globalising potential. Quite likely, this idea is also rooted in Moudov's thirst for commentary on the role of museums and art institutions. The wine offering can be interpreted as a symbolic sacrifice at the altar of the mystic role of museums (after Buren)[7], a role which no institutional metamorphosis from the last few decades has been able to take away.

[7] Buren defines the museum as: "Privileged place with a triple role: Aesthetic, Economic, Mystical." "The Museum (The Gallery) constitutes the mystical body of Art." Daniel Buren. "Function of the Museum," in A. A. Bronson and Peggy Gale, eds. *Museums by Artists,* (Toronto: Art Metropole, 1983), 57.

This text was first published in the catalogue of *A Place You Have Never Been Before – Bulgaria at the 52nd International Art Exhibition – La Bienale di Venezia* (Ed. Vessela Nozharova), Venice 2007

Biografie | Biography

geboren 1975 in Sofia (Bulgarien) / born in 1975 in Sofia (Bulgaria)
lebt und arbeitet in Sofia (Bulgarien) / lives and works in Sofia (Bulgaria)

Ausbildung | Education

2002   Master of Arts, National Academy of Fine Arts, Sofia
1995   Graduated from the High School of Applied Arts in Sofia

Einzelausstellungen | Solo Exhibitions

2008   *Ivan Moudov. Trick or Treat*, Kunstverein Braunschweig, kuratiert von / curated by Hilke Wagner

2008   *Ivan Moudov, Welcome*, prometeogallery di Ida Pisani, Mailand / Milano, kuratiert von / curated by Katia Anguelova
Ivan Moudov, The 1st at Moderna, Moderna Museet, Stockholm, kuratiert von / curated by Ulf Eriksson

2007   *Already Made*, Siemens ArtLab, Wien / Vienna, kuratiert von / curated by Iara Boubnova

2006   *MUSIZ*, Studio Tommaseo, Triest, kuratiert von / curated by Maria Vassileva
Guide (mit / with Sibin Vassilev), Centre for Contemporary Art, Plowdiw / Plovdiv
New Hope, Goethe Institut, Sofia

2005   *Reloaded*, Warszawski Aktyw Artystow, Warschau / Warsaw, kuratiert von / curated by Zbigniew Libera
Ivan Moudov, Quartier 21, Temporary Home Gallery, Wien / Vienna, kuratiert von / curated by Vlad Nanca
Fragments, ATA Center / Institute of Contemporary Art, Sofia, kuratiert von / curated by Iara Boubnova
MUSIZ, Poduyane Station, Sofia
4 x 4, Red House Center for Culture and Debate, Sofia, kuratiert von / curated by Vessela Nozharova

2000   *Still Life*, Remont Gallery, Belgrad / Belgrade
Still Life, ATA Center for Contemporary Art, Sofia

1998   *The 2000 Syndrome*, mit Dessislava Dimova, ATA Center for Contemporary Art, Sofia

Gruppenausstellungen | Group Exhibitions

2008   *Römer VI – Kommunikologie*, Kunststiftung Baden-Württemberg, Stuttgart
Zero Gravity. The Architecture of Social Space im Rahmen der 14. Week of Contemporary Art, Ancient Baths CCA,
Plowdiw / Plovdiv, kuratiert von / curated by Vessela Nozharova und / and Bettina Steinbrügge
On a clear day you can see forever, hilger contemporary, Wien / Vienna
Contemporary Art of Europe, Chateau Pommery, Reims, kuratiert von / curated by
Fabrice Bausteau und / and Barbara Soyer
La nuova Estetica Continuo e discontinuo, Accademia di Belle Arti, Bari
Rondpoint (Roundabout), La BF15, Lyon
VideoSalon 3, galerija10m2, Sarajevo, kuratiert von / curated by Nadia Timova
moleculART, Raiko Alexiev Gallery, Sofia, kuratiert von / curated by Boris Kostadinov
New Acquisitions, Sofia Art Gallery, Sofia, kuratiert von / curated by Maria Vassileva

2007   *A Place You Have Never Been Before*, 52. Biennale di Venezia, Bulgarischer Pavillon / Bulgarian Pavilion,
kuratiert von / curated by Vessela Nozharova
Multiplicities, ARC Projects, Sofia, kuratiert von / curated by Chris Byrne & Iliyana Nedkova
Résidents, Espace EDF Electra, Paris, kuratiert von / curated by Nathalie Viot
Lifting. Art and Theft, Peacock Visual Arts, Aberdeen, kuratiert von / curated by Atopia Projects
Shortlist 2007, Sofia Art Gallery, Sofia, kuratorisches Komitee / curatorial committee
Everyday Life, Hellenic American Union, Athen / Athens, kuratiert von / curated by Artemis Potamianou
In Search of Lost Time, Sofia Art Gallery, Sofia, kuratiert von / curated by Vyara Mlevevska und / and Svetlana Kyumdjieva
The Collection, Trafo Gallery, Budapest, kuratiert von / curated by Nikolett Eross
Le Souvenir, ACC Galerie Weimar, kuratiert von / curated by Frank Motz und Knut Birkholz
Small Objects, Short Video, Corridor Gallery, Plowdiw / Plovdiv
European re-Union, Galerie ArtPoint, Wien / Vienna, kuratiert von / curated by Maria Vassileva

2006   *Neither a White Cube, Nor a Black Box*. History in the Present Tense, Sofia Art Gallery, Sofia, kuratiert von / curated by
Maria Vassileva und Iara Boubnova
Art is Always Somewhere Else / AWOL, 2nd Young Artists' Biennial, Bukarest, kuratiert von / curated by
Jenny Brownrigg, Branko Franceschi, Irina Grabovan, Simona Nastac und / and Oana Tanase
I (ICH) An exhibition in three acts, Performative Ontology, Secession, Wien / Vienna, kuratiert von / curated by Vit Havranek
You Won't Feel A Thing: On Panic, Obsession, Rituality And Anesthesia, Kunsthaus Dresden,
kuratiert von / curated by Aneta Szylak
Polish year in Madagascar, Atlas Gallery, Lodz, kuratiert von / curated by Janek Simon
Wild Capital, Kunsthaus Dresden, Dresden
JA / I, FUTURA – space for contemporary art, Prag / Prague, kuratiert von / curated by Vit Havranek
Video works from Bulgarian Artists, Miller Weitzel Gallery, Detroit
On Difference #2, Württembergischer Kunstverein, Stuttgart, kuratiert von / curated by Galia Dimitrova
Hoerner / Antlfinger and Ivan Moudov, Jet, Berlin, kuratiert von / curated by Annette Weisser

2005   *Serial Cases*, Forum Stadtpark, Graz, kuratiert von / curated by <ROTOR>
Location Shots, Galerie Erna Hecey, Brüssel / Brussels, kuratiert von / curated by Raimar Stange
Play Sofia, Kunsthalle Wien, kuratiert von / curated by Hedwig Saxenhuber
Hot Testing, Ecit, Peja, Kosovo, kuratiert von / curated by <ROTOR>
Dialectics of Hope, 1st Moscow Biennial of Contemporary Art, Moskau / Moscow, kuratiert von / curated by
Joseph Backstein, Daniel Birnbaum, Iara Boubnova, Nicolas Bourriaud, Rosa Martinez und Hans-Ulrich Obrist
Translation Alternatives, Akademie der Bildenden Kunst, Wien / Vienna, kuratiert von / curated by Kamen Stoyanov
Strange, Familiar and Unforgotten, Galerie Erna Hecey, Brüssel /Brussels
Tatort und Phantombild, Weimar, kuratiert von / curated by Katharina Hohmann und Katharina Tietze
Freeze, Center for Contemporary Art, Plowdiw / Plovdiv

2004   *Love it or leave it*, 5th Cetinje Biennial, Cetinje, Montenegro, Dubrovnik, Kroatien / Croatia, Tirana, Albanien / Albania,
kuratiert von / curated by Rene Block und Natasa Ilic
Untitled (As yet), VI Yugoslav Biennial of Young Artists, Vršac, Serbien / Serbia, kuratiert von / curated by
Sinisa Mitrovic, Ana Nikitovic und / and Jelena Vesic
Privatizations. Contemporary Art from Eastern Europe (The Post-communist Condition), Within Luchezar Boyadjiev's
Freedom (is) for beginners, Kunstwerke – Institute for Contemporary Art, Berlin, kuratiert von / curated by Boris Groys
The Sneeze, Gazon Rouge Gallery, Athen / Athens, kuratiert von / curated by Peter Lloyd Lewis, Natasha Makowski
Junge Akademie, Akademie der Künste, Berlin, kuratiert von / curated by Angela Lammert
Borderline cases, SCC, Belgrad / Belgrade
Revolution is Not What it Used to Be, S1 Artspace, Sheffield, England, kuratiert von / curated by Michelle Cotton

2003   *Video Screening 04*, Galerie Martin Janda / Raum Aktueller Kunst, Wien / Vienna
       Superformances, Musee d'Art Moderne et Contemporain, Straßburg / Strasbourg
       In the Gorges of the Balkans, Museum Fridericianum, Kassel, kuratiert von / curated by Rene Block
       Blood & Honey, The Essl Collection, Wien / Vienna, kuratiert von / curated by Harald Szeemann
       Hybrid – Liquid, Casino Luxembourg, Luxemburg
       Window Licking, Galerie Olivier Houg, Lyon
       ImportExport, Sofia Art Gallery, Sofia, kuratiert von / curated by Maria Vassileva

2002   *Reconstructions*, 4th Cetinje Biennial, Montenegro, kuratiert von / curated by Iara Boubnova, Andrej Erofeev
       Manifesta 4, The European Biennial of Contemporary Art, Frankfurt/Main, kuratiert von / curated by
       Stephanie Moisdon Trembley, Nuria Enguita Mayo und / and Iara Boubnova
       In Search of Balkania, Neue Galerie, Graz, kuratiert von / curated by Roger Conover, Eda Cufer und / and Peter Weibel
       Circulation, Zoo Gallery, Nantes
       Double Bind, ATA Center for Contemporary Art, Sofia, kuratiert von / curated by Iara Boubnova und Georg Schollhammer
       Trieste Contemporanea European Video Art Presentation, Trieste, kuratiert von / curated by Maria Vassileva
       Nadezda Petrovic Memorial, Nadezda Petrovic Art Gallery,Čačak, Serbien / Serbia, kuratiert von / curated by Zoran Eric

2001   *Looming Up*, Aspekte Galerie der Münchner Volkshochschule, München / Munich, Kunsthalle Exnergasse,
       Wien / Vienna, kuratiert von / curated by Walter Seidl
       Trendification, <rotor> Association for Contemporary Art, Graz, kuratiert von / curated by Walter Seidl
       Never Stop the Action, Three Days Actionist Art in the City of Graz, <rotor> Association for Contemporary Art, Graz

2000   *What, How and for Whom*, Zagreb, Wien / Vienna, kuratiert von / curated by
       Ivet Curlin, Ana Dević, Nataša Ilić und / and Sabina Sabolović
       Paranoia Style, ATA Center for Contemporary Art, Sofia, kuratiert von / curated by Dessislava Dimova
       Turning the Page, Apollonia Art Festival, Sozopol, Bulgarien / Bulgaria, kuratiert von / curated by Dessislava Dimova
       Video Archaeology, Sofia, kuratiert von / curated by Boris Kostadinov und / and Iliyana Nedkova

Bibliografie (Auswahl) | Bibliography (selected)

Ausstellungskataloge | Exhibition Catalogues

2008   „Ivan Moudov. Trick or Treat", *Kunstverein Braunschweig*, Braunschweig

2007   „Think with the Senses, Feel with the Mind. Art in Present Tense", *La Biennale di Venezia*, Venedig / Venice

2006   „A Place You Never Seen Before", *National Art Gallery*, Sofia
       „Ivan Moudov. MUSIZ", *Trieste Contemporanea*, Trieste
       „You won't feel a thing: on panic, obsession, rituality and anesthesia", *Kunsthaus Dresden*, Dresden
       „Wild Capital" *Kunsthaus Dresden*, Dresden
       „Autobiographies", *Tranzit, SECESSION*, Wien / Vienna
       „Play Sofia", *Springerin*, Wien / Vienna

2004   „Dialectics of Hope", *1st Moscow Biennial of Contemporary Art*, Moskau / Moscow
       „The City as a Museum". Visual Seminar 4. Resident Fellows Program. *ICA-Sofia / CAS-Sofia / Revolver*, Sofia
       „Love it or leave it", *5th Cetinje Biennial*, Cetinje-Kassel

2003   „Export-Import. Contemporary Art from Bulgaria". *Sofia Art Gallery*, Sofia, (Februar / February)
       „In den Schluchten des Balkan" (In the Gorges of the Balkans), Kassel
       „Blut&Honig – Zukunft ist am Balkan". *Sammlung Essl*, Wien / Vienna, (Mai / May)

2002   „In Search of Balkania/A Users' Manual". *Neue Galerie Graz*, Graz, (Oktober / October)
       Manifesta 4, Frankfurt / M.
       „Reconstructions", *4th International Biennial*, Cetinje, Montenegro

Artikel (Auswahl) | Reviews (selected)

2008   „New Museums for New Countries", von / by Laura Pierantoni und Margaret Tali, *Inside* (Frühling / Spring), S. 42 / p. 27
       „Ivan Moudov's Already Made",Janus, (Januar / January), S. 27 / p. 27
       „Light", *Science and Art*, (Februar / February), S. 8 / p. 8